बीड़ी उद्योग के उपेक्षित श्रमिक

बीड़ी उद्योग के उपेक्षित श्रमिक

अवधेश कुमार

GYAN

बीड़ी उद्योग के उपेक्षित श्रमिक

ISBN: 978-81-212-1335-6

मूल्यः ₹ 481

भारत में सन् 2016 में प्रकाशित

ज्ञान पब्लिशिंग हाऊस,
5, अंसारी रोड, दरियागंज,
नई दिल्ली–110002
Phone : 9811692060

ई–मेलः books@gyanbooks.com

मुद्रितः जी. प्रिंट प्रोसेस, दिल्ली

समर्पण

महामना पण्डित मदन मोहन मालवीय जी

के श्रीचरणों में.........

विषय-सूची

प्राक्कथन

डॉ अवधेश कुमार द्वारा लिखित पुस्तक 'बीड़ी उद्योग के उपेक्षित श्रमिक' का मैंने अवलोकन किया। पुस्तक अपने समग्र रूप में सैद्धान्तिक एवं अनुभवात्मक तथ्यों से समायोजित है। इसमें परम्परागत बीड़ी उद्योग में संलग्न महिलाओं की सामाजिक दशाओं का अध्ययन करने का प्रयास किया गया है, जो मिर्जापुर जनपद के अहरौरा क्षेत्र पर आधारित है। इसके अन्तर्गत महिला बीड़ी श्रमिकों की जीवनशैली, कार्य और सेवायोजन की प्रकृति, सामाजिक सुरक्षा से सम्बन्धित विभिन्न कल्याण कार्यक्रम और इनसे लाभान्वयन आदि को जानने का प्रयास किया गया है। सैद्धान्तिक स्तर पर इस पुस्तक में विस्तृत रूप से साहित्य सर्वेक्षण की प्रस्तुति की गयी है जिनको एक जगह पर समाविष्ट करना एक प्रशंसनीय कदम है। अध्ययन में बीड़ी उद्योग के उद्भव एवं विकास, बीड़ी बनाने की क्रिया विधि, बीड़ी से सम्बन्धित विभिन्न तथ्य, मिर्जापुर के वनोत्पाद और श्रमिक समस्याओं आदि को उजागर करने का प्रयास किया गया है।

धूम्रपान बाजार में 76 प्रतिशत लोगों को रोजगार अकेले बीड़ी उद्योग प्रदान करता है। बीड़ी पीने वालों को भले ही गरीब माना जाता

हो, लेकिन अपने इस लत पर खर्च करने में ये गरीब किसी से कम नहीं हैं। वैधानिक चेतावनी के बावजूद प्रत्येक एक सिगरेट पर दस बीड़ी फूकनें का उल्लेख राष्ट्रीय नमूना सर्वेक्षण में मिलता है। सर्वेक्षण के अनुसार, बीड़ी रोलिंग में बड़ी तादाद में महिलाओं की संलग्नता है। गृह आधारित उद्योग होने के कारण महिला बीड़ी कारीगरों का संगठित होना अति कठिन कार्य है। नियोजक एवं ट्रेड यूनियन भी इन्हें श्रम शक्ति का महत्वपूर्ण अंग नहीं मानते। पुरुषों की तुलना में कमजोर सौदेबाजी क्षमता और वैकल्पिक रोजगार के अभाव के कारण ये दयनीय जीवन जीने को बाध्य हैं और जिन्दा रहने के लिए बीड़ी रोलिंग का कार्य करती हैं। परिवार के सदस्य भी इस कार्य में इनका सहयोग करते हैं।

प्रस्तुत पुस्तक डॉ. अवधेश की मौलिक कृति है, जो आई.सी.एस. एस.आर. के शत–प्रतिशत अनुदान से ज्ञान पब्लिशर, नई दिल्ली द्वारा प्रकाशित किया जा रहा है। मुझे विश्वास है कि यह पुस्तक पूर्वी उत्तर प्रदेश जैसे पिछड़े क्षेत्र में बीड़ी श्रमिकों की समस्या के प्रति जनमानस में जागरूकता बढ़ाने, उनके लिए प्रभावकारी रणनीति तैयार करने, इस उपेक्षित वर्ग की दशा को सुधारने में सहायक होगी।

डॉ जे. एन. सिंह
प्रोफेसर, समाजशास्त्र विभाग
काशी हिन्दू विश्वविद्यालय
वाराणसी

आमुख

बीड़ी गृह आधारित उद्योग एवं परम्परागत कार्य है। प्रायः देखा गया है कि जिन समुदायों की सांस्कृतिक परम्परा में महिलाओं के लिए पर्दा एवं एकान्तता पर जोर दिया जाता है, उन समुदायों में महिलाओं के लिए बीड़ी रोलिंग जैसे गृह आधारित कार्य को ही सामाजिक स्वीकृति मिलती है। निर्धन महिलाएं अपनी आजीविका तथा पारिवारिक दबाव के चलते इस कार्य को यह जानते हुए भी कि तम्बाकू की तेज गन्ध उनके फेफड़ों को झुलसा देगी; अत्यधिक श्रम करती हैं। मालिकों एवं ठेकेदारों के मनमानी शर्तों पर काम करने के बावजूद उन्हें उपेक्षा एवं व्यक्तित्वहीनता का शिकार होना पड़ता है। बीड़ी रोलिंग के क्षेत्र में गरीब, अशिक्षित श्रमिकों की बढ़ती संख्या तथा स्थिति को देखते हुए वर्तमान अध्ययन में मिर्जापुर के महिला बीड़ी श्रमिकों की सामाजिक दशाओं को जानने का प्रयास किया है।

अध्ययन के सन्दर्भ में, मैं, डॉ जे0 एन0 सिंह, प्रोफेसर समाजशास्त्र विभाग, काशी हिन्दू विश्वविद्यालय, वाराणसी का हृदय से आभारी हूँ जिनके सहयोग से अध्ययन कार्य को पूर्ण करने में मुझे आरम्भ से अंत तक विद्वतापूर्ण निर्देशन प्राप्त होता रहा। मेरे द्वारा समय–असमय का ध्यान न रखते हुए विश्राम के समय

में भी व्यवधान उत्पन्न करने पर आपने सदैव मुझे अपना स्नेहिल व्यवहार प्रदान किया। पूर्व विभागाध्यक्ष प्रो0 मंजीत चतुर्वेदी एवं प्रो0 जयकांत तिवारी का भी आभारी हूँ जिनका शुभाशीष एवं उचित मार्गदर्शन मुझे निरन्तर मिलता रहा। विभाग के अन्य गुरुजनों के प्रति भी हृदय से कृतज्ञता ज्ञापित करता हूँ, जिनका सहयोग एवं आशीर्वाद अध्ययन काल में मुझे प्राप्त होता रहा।

मैं अपने उत्तरदात्रियों उन महिला बीड़ी श्रमिकों का विशेष रूप से आभारी हूँ जिन्होंने अपना अमूल्य समय निकालकर अध्ययन से सम्बन्धित महत्वपूर्ण जानकारियां प्रदान कीं।

मैं प्रेरणास्रोत रही ममतामयी माँ स्व0 श्रीमती अन्नपूर्णा केशरी एवं पूज्य पिता श्री घनश्याम दास केशरी के चरणों में नतमस्तक होकर विनम्र आभार एवं कृतज्ञता व्यक्त करता हूँ, जिनके आशीर्वाद एवं प्रोत्साहन से वर्तमान अध्ययन कार्य सुगमता से पूर्ण कर पाया।

मैं अपने समस्त मित्रगण के प्रति भी आभारी हूँ जिन्होंने अध्ययन को पूर्ण कराने में अपना बहुमूल्य समय एवं उचित मार्गदर्शन प्रदान किया।

प्रस्तुत पुस्तक आई.सी.एस.एस.आर (ICSSR) मानव संसाधन विकास मंत्रालय, भारत सरकार के वित्तीय सहयोग से प्रकाशित की जा रही है, जिसके लिए मैं, भारतीय सामाजिक विज्ञान अनुसंधान परिषद (ICSSR) के उप–निदेशक श्री अजय कुमार गुप्ता जी का आभारी रहूँगा।

मैं उन सभी लेखकों के प्रति भी हार्दिक कृतज्ञता ज्ञापित करता हूँ जिसकी रचनाओं एवं शोधपत्रों का उपयोग मैनें अपनी पुस्तक लेखन में किया है।

मैं पुनः समग्र रूप से सभी का हार्दिक धन्यवाद ज्ञापित करता हूँ।

डॉ अवधेश कुमार

1

बीड़ी उद्योग में संलग्न श्रमिक

बीड़ी शब्द की उत्पत्ति बीड़ा (Beeda) से हुयी है।[1] तम्बाकू को पत्ती में रोल करके धूम्रपान करने का कोई ऐतिहासिक साक्ष्य उपलब्ध नहीं है।* तम्बाकू की खेती 17वीं शताब्दी के अन्त में हुई[2] हुक्का धूम्रपान स्थानीय लोगों में प्रचलित था। इसके बाद बीड़ी का विकास गुजरात के खेड़ा और पंचमहल जिले में जहाँ तम्बाकू की खेती उच्च थी, हुआ। प्रारम्भ में बीड़ी गुजराती समुदाय द्वारा अपने उपभोग के लिए बनाये जाते थे, लेकिन इसकी बढ़ती प्रसिद्धि ने इसे गृह आधारित व्यवसाय के लिए आगे बढ़ने के लिए तत्पर किया। शीघ्र ही बीड़ी, हुक्का की अपेक्षा लोगों में अधिक प्रचलित हुआ क्योंकि बीड़ी, हुक्का सहभागिता में उत्पन्न बाधा से परे था, व्यक्ति दूसरों की जाति व धार्मिक भावनाओं को बिना प्रभावित किये हुए इसका सेवन कर सकता था। आधुनिक बीड़ी उद्योग के पिता सम्भवतः गोमतीपुर, जिला अहमदाबाद के मोहन लाल पटेल थे।[3]

बीड़ी बनाने का पहला लिखित प्रमाण 1902[4] के पहले मध्यप्रदेश के जबलपुर जिले में दर्ज किया गया है। बीड़ी उत्पादन

की प्रक्रिया और कौशल सरल और जल्द सीखने वाली है। कुछ बच्चे और विकलांग व्यक्ति भी इस कार्य में संलग्न हैं। इस क्षेत्र में बीड़ी के बण्डल बनाने में किसी मशीन का इस्तेमाल नहीं होता। अतः इस उद्योग को आसानी से एक स्थान से दूसरे स्थान पर स्थापित किया जा सकता है। अत्यधिक मात्रा में बीड़ी उद्योग को बड़े व्यापारी द्वारा नियन्त्रित किया जाता है, जो विभिन्न राज्यों के न्यूनतम मजदूरी व अन्य कानूनों का लाभ ग्रहण करते हैं।

19वीं शताब्दी से भारतीय बीड़ी उद्योगों का व्यावसायीकरण प्रारम्भ हुआ।[5] तम्बाकू खेती विस्तार के फलतः[6] वर्ष 1930 के दौरान इसकी तीव्र गति से वृद्धि हुई।[7] महात्मा गांधी द्वारा भारतीय उद्योगों एवं भारतीय वस्तुओं की सहयोग की सहायता से भी, इसकी वृद्धि हुई।[8] शायद इसी के कारण, भारतीय शिक्षित वर्ग सिगरेट की अपेक्षा बीड़ी को प्राथमिकता देने लगा।[9] उस समय मुस्लिम नेता भी सिगरेट की अपेक्षा बीड़ी पर जोर देते थे, सिगरेट के विदेशी उत्पाद होने के कारण।[10] 20वीं शताब्दी के मध्याह्न बीड़ी निर्माण उच्च प्रतिस्पर्धात्मक उद्योग की तरह उभरा।[11] फैक्ट्री आधारित बीड़ी उत्पादन 1940, 1950, 1960 के बढ़ते नियम–कानूनों के परिणामतः घटने लगा और बीड़ी बनाना एक गृह उद्योग हो गया जिसमें घरेलू महिलाएं कार्यरत थीं।[12]

बीड़ी तम्बाकू उत्पादन–कैरा (गुजरात), बेलग्राम, निपानी (कर्नाटक) में केन्द्रित है जबकि अधिकांश मंगलोर, मैसूर, नियानी (कर्नाटक), पुणे और नासिक (महाराष्ट्र), जबलपुर, दामोह और सागर (मध्य प्रदेश), रायपुर (छत्तीसगढ़), तिरूनेलवेली और चेन्नई (तमिलनाडु), कन्नौर (केरल) व निजामाबाद, करीमनगर और बारंगल (मध्य प्रदेश) में बनता है। केरल में बीड़ी उद्योग सम्बन्धी कोई कच्ची सामग्री पैदा नहीं होती फिर भी इस प्रदेश में करोड़ों बीड़ियां बनती हैं और 8.5 लाख लोग इस उद्योग में कार्य कर रहे हैं। कर्नाटक के दक्षिण कन्नाडा में पूरे देश में जितनी बीड़ी बनती है उसका 17 प्रतिशत केवल यहीं बनता है।[13]

सभी आवश्यक कच्ची सामग्री बीड़ी उद्योग के लिए भारत में उत्पादित की जाती हैं। इसके लिए किसी अन्य मशीनरी एवं विदेशी विनिमय आदि की आवश्यकता नहीं होती है। ग्रामीण क्षेत्र में बीड़ी उद्योग आय का प्रमुख साधन है। यह गरीबों को रोजगार प्रदान करता है, विशेषतः घरेलू महिलाओं को।[14] बीड़ी बनाने में मुख्यतः कच्ची सामग्री में तम्बाकू और तेन्दू पत्ता है।

(क) तम्बाकू

तम्बाकू भारत का एक महत्वपूर्ण उत्पादन है। अमेरिका और चीन के बाद भारत तम्बाकू उत्पादन का तीसरा प्रमुख देश है। विश्व तम्बाकू का एक तिहाई हिस्सा भारत द्वारा ही उत्पाद किया जाता है, जो कृषि आय का एक महत्वपूर्ण स्रोत है। तम्बाकू पान, सुपारी के साथ खाने में उपयोग होता है। भारत में 60 लाख एकड़ भूमि पर इसकी खेती होती है। तम्बाकू उत्पादक में मद्रास प्रमुख उत्पादक और उसके बाद मुम्बई और उत्तर–प्रदेश आते हैं।[15]

भारत में मुख्यतः दो प्रकार के तम्बाकू पौधे उगाये जाते हैं:

1. निकोटिना रसटिका
2. निकोटिना टोबैकम

किसान द्वारा उपयोग किया गया पत्ती गहरा हरा–भूरा रंग का होता है, जो निकोटिन युक्त (लगभग 8 प्रतिशत) होता हैं। यह मुख्यतः हुक्का, चबाने व सुधनी में उपयोग होता है। निकोटिन के दूसरी पत्ती का रंग बहुत खराब होता है, जिसका इस्तेमाल मुख्यतः सिगार, सिगरेट, चूर्ण बनाने में होता है। भारत सरकार द्वारा 1943 में तम्बाकू पर उत्पाद कर लगाने का और कुल 10 लाख रु0 प्रत्येक वर्ष तम्बाकू के उत्पादन और विपणन में सुधार के लिए ICAR को देने का निर्णय लिया गया। यह कार्य अप्रैल 1945 से केन्द्रीय तम्बाकू समिति (CTC) द्वारा किया जा रहा है।[16]

तम्बाकू क्षेत्र में राष्ट्रीय नमूना सर्वेक्षण के अनुसार 76 प्रतिशत को रोजगार अकेले बीड़ी निर्माण उद्योग प्रदान करता है। इनमें 10 मीलियन श्रमिक बीड़ी उद्योग में कार्य करते हैं। 2008 में प्राप्त एक आंकड़े के अनुसार 48 प्रतिशत भारतीय तम्बाकू का उपयोग बीड़ी बनाने में किया जाता है। तम्बाकू के सेवन से बीमारी और मौत भी बढ़ रही है। तम्बाकू बीड़ी श्रमिकों के स्वास्थ्य को ही नहीं बल्कि उनके पारिवारिक सदस्यों को भी नुकसान पहुंचाता है।* भारत और चीन में तम्बाकू से सम्बन्धित बीमारियों की वजह से मृत्यु की अधिकता है। महिलाओं और बच्चों के मध्य तम्बाकू सेवन करने की संख्या में लगातार वृद्धि हो रही है। N.S.S.O. (1998) के अनुसार विश्व के अन्य देशों की तरह भारत में भी तम्बाकू का सेवन 15 से 24 वर्ष आयु के युवाओं ने करना प्रारम्भ कर दिया है।[17] पटेल (1999) व रूडमैन (2001) के एक अध्ययन के अनुसार अनुमानतः भारत में प्रतिदिन, 5,500 किशोर तम्बाकू का सेवन करते हैं, 4 मिलियन युवक जिनकी आयु 15 वर्ष के अन्दर है हमेशा तम्बाकू का इस्तेमाल करते हैं। 'टाइम्स आफ इण्डिया' मई 31, 2011 के अनुसार उ0प्र0 के वाराणसी तथा पूर्वी क्षेत्र में भी तम्बाकू उत्पादों की मात्रा तथा सेवन में लगातार वृद्धि हो रही है।*

(ख) तेन्दू पत्ती

तेन्दू एक विशेष प्रकार की पत्ती है जिसे बीड़ी रोलिंग में इस्तेमाल किया जाता है। तेन्दू (बाटनिकल नाम Diospyro-smelanoxyllon) स्वदेशीय झाड़ीदार पौधा है जो केन्द्रीय भारत के विभिन्न राज्यों में फैला है, विशेषतः मध्य प्रदेश में (जो कुल उत्पाद का 2/3 उत्पादन करता है)। लगभग 75 प्रतिशत उत्पाद का यह खुद उपयोग करता है। शेष 25 प्रतिशत नजदीकी राज्यों को निर्यात की जाती है। सामान्यतः तेन्दू पत्ता घनी झाड़ियों में उगायी जाती है जो राज्य सरकारों के

संरक्षण में होता है। इस प्रकार यह आर्थिक व्यवस्था को व्यवस्थित करने में सहायक होता है।[18]

बीड़ी बनाने की क्रिया विधि

बीड़ी बनाने की प्रक्रिया* बहुत ही आसान व तीव्र सीखने वाली प्रक्रिया है जो इस प्रकार है :

(i) सर्वप्रथम तेन्दू पत्ती कार्ड बोर्ड और कैंची की सहायता से या छोटे टिन प्लेट से आवश्यक आकार में काट लिया जाता है जो नियोजक द्वारा दिया जाता है (बीड़ी आकार मांग के अनुसार कटे हुए तेन्दु पत्ती का आकार भिन्न होता है) कटी हुई पत्ती आर्द्रता युक्त होती है जिसे एक या दो घंटे रखने के बाद बीड़ी बनाने के उपयोग में लाया जाता है, जब पत्ती मुलायम हो जाती है।

(ii) उचित मात्रा में तम्बाकू मिश्रण को कटे हुए पत्ते पर फैला दिया जाता है और फिर पत्ती को घुमाकर शंकु आकार दे दिया जाता है। दोनों छोर शूल धातु की सहायता से मोड़कर मजदूर अपने दाहिने हाथ के प्रथम अंगुली की सहायता से जोड़ते हैं। यह शूल धातु बीड़ी को गोल घुमाने के काम में लाया जाता है। बीड़ी के नुकीले स्थान वाले भाग को सूती धागे की सहायता से मध्य भाग तक सील दिया जाता है जो इसके शंकू आकार को बनाये रखता है। बीड़ी के एक बंडल में कहीं 16 और कहीं–कहीं 25 बीड़ियां होती हैं।[19] इन बण्डलों को मुंशी, मेठ, ठेकेदार या नियोजक को दे दिया जाता है।

धूम्रपान बाजार में बीड़ी

बीड़ी धूम्रपान–व्यक्ति में क्रानिक वोनकाइटिस, तपेदिक और श्वांस सम्बन्धी रोगों को बढ़ाता है। इसके सेवन से फेफड़े के कैंसर की भी सम्भावना 5 से 6 गुना बढ़ जाती है।[20] तमिलनाडु

में हुए अध्ययन से ज्ञात होता है कि 47 प्रतिशत ग्रामीण पुरुषों की मृत्यु तपेदिक से हुई जिसका कारण बीड़ी धूम्रपान पाया गया।[21] बीड़ी से हो रहे स्वास्थ्य के नुकसान को देखते हुए भारत सरकार द्वारा 'पैकिंग एवं लेवलिंग' कानून 2008 के तहत बीड़ी–सिगरेट या अन्य तम्बाकू उत्पाद पर सचित्र चेतावनी देने के लिए कहा गया है। 6 मई, 2009 के एक रिपोर्ट के अनुसार यह सचित्र चेतावनी पैकेट के एक ओर के कुल 40 प्रतिशत क्षेत्र में होने चाहिए।

बीड़ी धूम्रपान के दुष्परिणामों के बावजूद भारतीय बाजार में इसका वर्चस्व है। प्रत्येक एक सिगरेट पर 10 बीड़ी पीने का उपयोग किया जाता है।[22]

अन्तर्राष्ट्रीय वयस्क तम्बाकू सर्वेक्षण (भारत 2010) के अनुसार भारत में सिगरेट पीने वाला हर व्यक्ति महीने में औसतन 399.20 रूपये इस पर फूंक देता है। झारखण्ड में सिगरेट पीने वाला हर व्यक्ति हर माह 181.70 रूपये सिगरेट पर खर्च करता है। सिगरेट पर जिस राज्य के लोग सबसे ज्यादा रकम उड़ाते हैं, वह अरूणांचल प्रदेश है। धूम्रपान बाजार में बीड़ी का भी कम महत्व नहीं है। बीड़ी पीने वालों को भले ही गरीब माना जाता हो, लेकिन अपने इस लत पर खर्च करने में वे भी कम नहीं। बीड़ी पर इनका मासिक खर्च 93.40 रूपये है। बीड़ी–सिगरेट पीने वालों में बिहार और झारखण्ड के लोगों को सबसे कम रकम इस लत पर लुटाते पाया गया है। बिहार में जहां बीड़ी पीने वाला व्यक्ति हर महीने औसतन 42.70 रूपये खर्च करता है, वही झारखण्ड में 46.60 रूपये। लेकिन राज्यस्थान के लोगों को बीड़ी पर सबसे ज्यादा औसतन 147.80 रूपये इस लत पर लुटाते पाया गया है।

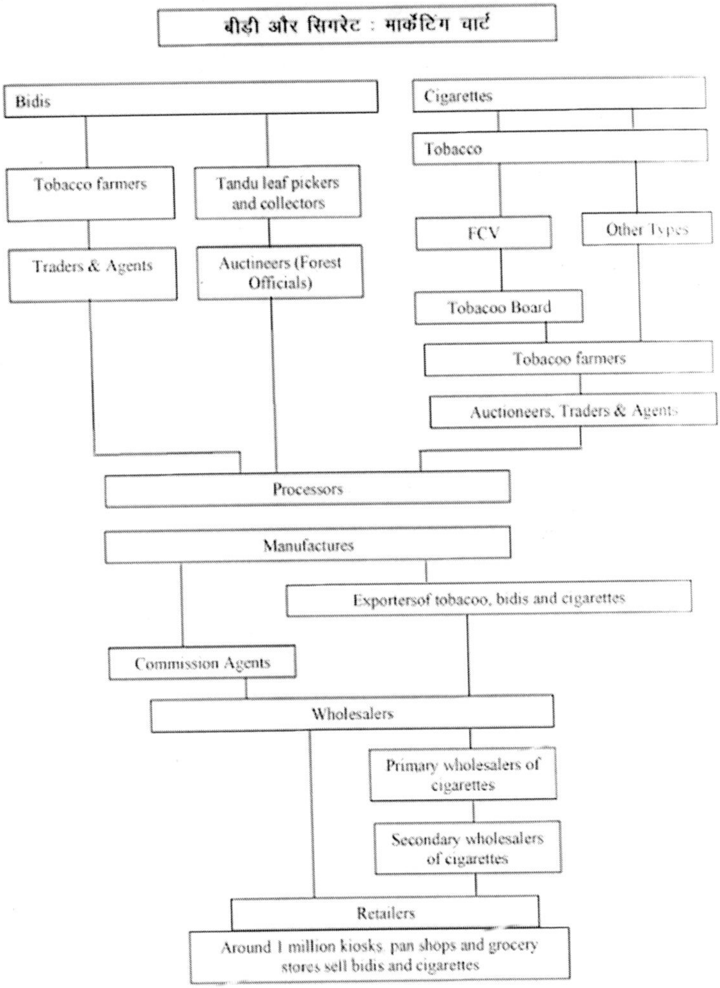
बीड़ी और सिगरेट : मार्केटिंग चार्ट
Bidis
Cigarettes
Tobacco
Tobacco farmers
Tandu leaf pickers and collectors
FCV
Other Types
Traders & Agents
Auctineers (Forest Officials)
Tobacoo Board
Tobacoo farmers
Auctioneers, Traders & Agents
Processors
Manufactures
Exportersof tobacoo, bidis and cigarettes
Commission Agents
Wholesalers
Primary wholesalers of cigarettes
Secondary wholesalers of cigarettes
Retailers
Around 1 million kiosks pan shops and grocery stores sell bidis and cigarettes

बीड़ी से सम्बन्धित कुछ तथ्य

1. बीड़ी रोलिंग कार्य–मध्य प्रदेश, आन्ध्र प्रदेश, केरल, तमिलनाडु, उत्तर प्रदेश और पश्चिम बंगाल में केन्द्रित है।[23]
2. लगभग 62 प्रतिशत तेन्दू पत्ती मध्यप्रदेश में उगाई जाती है।
3. लगभग 80 प्रतिशत बीड़ी तम्बाकू गुजरात से आता है, शेष कर्नाटक से।
4. 10 मिलियन श्रमिक बीड़ी उद्योग में कार्य करते हैं।
5. असंगठित उद्योग में संलग्न महिला श्रमिकों में से 76–95 प्रतिशत महिला श्रमिक केवल बीड़ी कार्य में संलग्न हैं।[24,25]
6. लगभग 20 मिलियन सीमावर्ती मजदूर तथा 6 मिलियन किसान तम्बाकू की खेती में संलग्न हैं।[26]
7. लगभग 4 मिलियन व्यक्ति बीड़ी रोलिंग में पंजीकृत हैं और लगभग 1 मिलियन गरीब जनजाति व ग्रामीण व्यक्ति तेन्दू पत्ती तोड़ने के कार्य में संलग्न हैं।[27]
8. बीड़ी कार्य में संलग्न व्यक्ति 1000 बीड़ी रोल पर दिन में 12 घण्टे से भी ज्यादा कार्य करने पर जो पाते हैं, वह भारत सरकार द्वारा निर्धारित न्यूनतम मजदूरी से काफी कम है।[28]
9. 1000 बीड़ी पर 14 रू0 एक्साइज कर लगता है।[29]
10. एक किलो तम्बाकू में 3000 बीड़ी तथा एक किलो पत्ती में 1300 से 2000 बीड़ियां बनती हैं।

बीड़ी उद्योग में महिलाएं

राष्ट्रीय नमूना सर्वेक्षण के अनुसार तंबाकू क्षेत्र में 76 प्रतिशत लोगों को रोजगार अकेले बीड़ी उद्योग प्रदान करता है। बीड़ी (रोलिंग) कार्य में बड़ी तादाद में महिलाओं की संलग्नता है। गृह

आधारित कार्य होने के कारण महिला बीड़ी कारीगरों का संगठित होना एक अति कठिन कार्य होता है, जिसके कारण इस कार्य में अधिकांश महिलाएं अत्यंत दयनीय जीवन जीने हेतु अभिशप्त हैं। प्रायः देखा गया है कि जिन समुदायों की सांस्कृतिक परंपरा में महिलाओं के लिए पर्दा एवं एकांतता पर जोर है, उन समुदायों में महिलाओं के लिए बीड़ी निर्माण जैसे गृह आधारित कार्य को ही 'सामाजिक स्वीकृति' मिलती है।

निर्धन मुस्लिम परिवार की महिलाएं अपने घरेलू श्रम के अधिकतम उपयोग के लिए बीड़ी रोलिंग कार्य के अवसर को स्वीकार लेती हैं। परिवार के महिला श्रम का उपयोग पारिश्रमिक पूर्ण अवसर की उपलब्धता पर निर्भर करता है। इसके अलावा महिलाएं स्थापित रीति–रिवाज से खिलाफत कर दूसरे गैर घरेलू कार्य को स्वीकारने की स्थिति में नहीं होती है।* 1980 के दशक में जब बीड़ी रोलिंग कार्य कारखाना भवन से कारीगर के घर पर स्थानांतरित हो गया तब इस कार्य में महिलाओं की भागीदारी और बढ़ गई। बीड़ी कंपनी द्वारा यह स्थानांतरण विधान द्वारा बीड़ी कारीगरों के लिए निर्धारित सामाजिक सुरक्षा एवं अन्य कानूनी उलझनों से बचने के उद्देश्य से किया गया था। यद्यपि महिलाएं अपने पारिवारिक आर्थिक दबाव के कारण इस कार्य में लग तो जरूर जाती हैं लेकिन इससे उनके जीवन में एक ओर संघर्ष का सामना करना जुड जाता है, जिसकी कीमत अपनी नींद, आराम, फुरसत के पल, इज्जत** आदि को गंवाकर चुकानी पड़ती है।

अंतर्राष्ट्रीय श्रम संगठन ने अपने अध्ययन में पाया है कि इन महिला बीड़ी कारीगरों को बिचौलिए (ठेकेदार, एजेंटों, वेंडर) द्वारा तैयार करने के लिए कच्ची सामग्री की कम आपूर्ति की जाती है। इन श्रमिकों को 1000 बीड़ी रोल करने हेतु 800 ग्राम तेन्दू पत्ता, 300 ग्राम तंबाकू एवं एक लच्छा सूती धागा मिलना चाहिए

किन्तु इन बिचौलियों द्वारा इस सामग्री की प्रायः अपर्याप्त मात्रा में आपूर्ति की जाती है। महिला बीड़ी श्रमिकों को इन बिचौलियों के घर पर कम कच्ची सामग्री की आपूर्ति की शिकायत करते हुए देखा जा सकता है। ठेकेदार से पर्याप्त मात्रा में कच्ची सामग्री की आपूर्ति करने के लिए दबाव बढ़ाने पर कारीगर को काम मिलना भी बंद हो जाता है। गरीबी की गर्त में गिरी इन महिला कारीगरों के सामने ठेकेदार से कम मात्रा में कच्ची सामग्री को स्वीकारने के सिवाए कोई विकल्प ही नहीं होता है। इस अपर्याप्त आपूर्ति को महिला ऊँचे मूल्य पर अच्छी सामग्री खरीद कर पूरा करती है। ऐसा नहीं करने पर इन महिला कारीगरों की मजदूरी से इसी अनुपात में ठेकेदार द्वारा कटौती कर ली जाती है। इसलिए महिलाएं मजदूरी में कटौती एवं काम नहीं मिलने के भय से खुद ही इस कमी को पूरा करती हैं, जो उन्हें अपने बटुए से लगाना होता है। इसके अतिरिक्त ठेकेदारों द्वारा तैयार बीड़ी को बड़े पैमाने पर खराब गुणवत्ता के नाम पर छांट दिया जाता है। इसे वो लेने से अस्वीकार कर देता है। इस छांटी गई तैयार बीड़ी की मजदूरी महिलाओं को नहीं मिल पाता है। साथ ही साथ छांटी गई बीड़ी की संख्या के अनुपात में अगले दिन के लिए कच्ची सामग्री से कटौती भी कर लाती है।

बीड़ी रोलिंग का कार्य हुनर व कुशलता पर आधारित होने के कारण अधिकांश महिलाएं प्रायः अपनी बाल्यावस्था में और कई बार तो 4 वर्ष की उम्र से बीड़ी–रोलिंग के कार्य से जुड़ या जोड़ दी जाती हैं। पचास प्रतिशत महिलाएं 5–10 एवं अन्य पचास प्रतिशत महिलाएं 10–15 वर्ष की आयु में इस कार्य से जुड़ जाती है। इससे महिलाएं वयस्क होने तक सहायक बीड़ी श्रमिक के रूप में मुख्य बीड़ी कारीगर के संयुक्त खाते में ही काम करती हैं। प्रायः मां अपनी बेटियों को यह हुनर सिखाती है । यह 'हुनर स्थानांतरण' इसलिए भी संभव हो पाता है कि इससे इन निर्धन

परिवारों को अपने आर्थिक दबाव को एक सीमा तक कम करने का अवसर मिल जाता है। इस कार्य में महिलाएं परंपरागत रूप से लगी होती है।

बीड़ी कार्य में लगी महिलाओं की कार्य एवं जीवन स्थितियां, सौदेबाजी क्षमता पुरुष श्रमिकों की तुलना में और भी कमजोर होती हैं। न तो नियोजक और न ही ट्रेड यूनियन महिलाओं को श्रमशक्ति का एक महत्वूपर्ण अंग मानते है, क्योंकि वे देखते हैं कि व्यावहारिक जीवन में गृह आधारित कार्य को छोड़कर बाहर दूसरे कार्य को करने में वे पूरी तरह से स्वतंत्र नहीं होती है। इस कार्य में लगी महिला श्रमिकों में निम्न गतिशीलता, निम्न आर्थिक स्थिति एवं अत्यधिक निर्धनता के लक्षण दृश्य होते हैं। इनकी इस कमजोर आर्थिक स्थिति का प्रमुख कारण निम्न मजदूरी, कमजोर सौदेबाजी क्षमता, वैकल्पिक रोजगार का अभाव होना है क्योंकि ये वैसे श्रमिक हैं जिनके पास रोजगार का कोई दूसरा विकल्प नहीं होता है। कम मजदूरी मिलने एवं अत्यधिक शोषण होने पर भी जिंदा रहने के लिए महिलाएं बीड़ी रोलिंग का काम करती हैं और परिवार के सभी सदस्य इस कार्य में उनका सहयोग करते हैं।

बीड़ी श्रमिकों से सम्बन्धित अध्ययन

असंगठित उद्योग में पुरुष तथा महिला श्रमिकों के सामाजिक दशाओं से सम्बन्धित बहुत से अध्ययन हुए हैं लेकिन बीड़ी उद्योग में इससे सम्बन्धित बहुत कम अध्ययन हुए हैं। 1929–31 में सर्वप्रथम 'रायल कमीशन आन लेवर' तथा 1944 में 'श्रम अन्वेषण समिति' द्वारा बीड़ी श्रमिकों की दशाओं पर एक रिपोर्ट प्रस्तुत किया गया [दृष्टव्य, बीड़ी बुलेटिन मई 1977, वा0 XII, नं0 5]। आजादी के बाद बीड़ी उद्योग का प्रथम सर्वेक्षण 1965–66 में भारत सरकार के श्रम ब्यूरो द्वारा किया गया। 1969 में 'नेशनल कमीशन आन लेवर' द्वारा बीड़ी–सिगार उद्योग के श्रमिकों की स्थिति पर

प्रकाश डाला गया। 1974 में तिमिरबसु (1974) द्वारा महाराष्ट्र के नासिक जिले में स्थिति सिनार टाउन का अध्ययन किया गया है।[30] सिनार बीड़ी उद्योग का प्रमुख केन्द्र है। यहां 65 प्रतिशत महिलाएं तथा 35 प्रतिशत पुरुष इस उद्योग में लगे हुए हैं। सामान्यतः पुरुष कारखानों में कार्य करते हैं और महिलाएं घरों में श्रमिक महिलाएं और पुरुष 12 से 16 घण्टे कार्य करके 800 से 1000 बीड़ी बना लेते हैं। प्रति 1000 बीड़ी पर 50 बीड़ी निःशुल्क इन्हें सेवायोजक को देना पड़ता है। महिला श्रमिकों को किसी प्रकार का मातृत्व अवकाश नहीं दिया जाता है। बच्चा पैदा होने के कुछ दिन बाद ही इन्हें काम पर लग जाना पड़ता है। तिमिर बसु का ही एक दूसरा अध्ययन (1977)[31] कोलकाता के बीड़ी श्रमिकों से सम्बन्धित है जिसमें उन्होंने बीड़ी श्रमिकों के स्वास्थ्य दशाओं का अध्ययन करते हुए बताया है कि कोलकाता में बीड़ी श्रमिकों की स्थिति जिनकी संख्या 40 लाख है, बंधुआ मजदूरों से बेहतर नहीं है। देवकृष्ण शारदा (1978) के अनुसार यह आंकड़ा 35 लाख का है।[32]

अनिल अवाचट (1978)[33] द्वारा कर्नाटक के निपानी क्षेत्र का अध्ययन किया गया। निपानी महाराष्ट्र से सटा हुआ मराठी भाषायी क्षेत्र है। यह निकोटिन का उत्पादक क्षेत्र है। निपानी में अवाचट ने पाया कि बीड़ी उद्योग में जो बूढे श्रमिक हैं उनकी दशा ठीक नहीं है। पहले की तरह वे कार्य नहीं कर पाते हैं। इस उद्योग में संलग्न 17000 महिलाओं की भी यही दशा है। मानसून के दिनों में बीड़ी बनाने का कार्य छोड़कर ये खेती के कार्य में लग जाती हैं। बीड़ी उद्योग में इनका यौन शोषण भी होता है। निपानी का ही एक और अध्ययन (1978) के0 मुरली मनोहर[34] द्वारा किया गया। निपानी में बीड़ी बनाने की 13 फैक्टरियां हैं जिनमें 2190 श्रमिक कार्य करते हैं। 5000 श्रमिक तम्बाकू प्रोसेसिंग के 79 उद्योगों में कार्य करते हैं। बीड़ी एवं

तम्बाकू के कार्य को महिलाओं द्वारा किये जाने के कारण इसे महिलाओं का कार्य माना जाता है। आस–पास के गांव की भी बहुत सी महिलाएं इस कार्य को करती हैं।

केरल के मालावार क्षेत्र तथा तालचीर जिले के बीड़ी मजदूरों के आर्थिक दशा का एक सर्वेक्षण एम0 मोहनदास (1980) ने किया है।[35] उन्होंने पाया कि बीड़ी व सीगार एक्ट, 1966 द्वारा प्रदत्त बहुत से सुविधाओं से मजदूर वंचित हैं। असंगठित बीड़ी उद्योग की तरफ रूझान द्वारा पड़ोसी राज्यों में बीड़ी उद्योग के स्थानान्तरण के कारण मजदूरों के मोलभाव की क्षमता में कमी आयी है जिसके कारण बीड़ी मजदूर उपेक्षित हो गये हैं तथा उनकी दशा दुःखद हो गई है। मोहनदास के अनुसार अन्तर्प्रान्तीय बीड़ी उद्योग के सीमान्तरण को पूरे दक्षिणी क्षेत्रों में वेतन में एकरूपता लाकर कम किया जा सकता है। बीड़ी मजदूरों के कारूणिक अवस्था को सुधारने के लिए बनाई गई कानूनी व्यवस्था पूरे ईमानदारी व प्रभावशाली ढ़ंग से लागू नहीं की गई है। यद्यपि 1966 के एक्ट द्वारा गृह आधारित मजदूरों को सारी सुविधाएं प्रदत्त की गई है, किन्तु संस्थागत, धारणागत एवं कानूनी पेचीदगी की वजह से एक्ट लागू नहीं हो पाया। इनके अनुसार बीड़ी मजदूरों के स्थिति में सुधार बीड़ी उद्योग को कारखाना प्रणाली में संगठित करने से हो सकती है। स्व–रोजगार, एवं गृह–आधारित मजदूर को–ऑपरेटिव बनाकर संगठित हो सकते हैं। मोहनदास के अनुसार व्यावसायिक रोगों तथा उनके कारणों का वैज्ञानिक परीक्षण तात्कालिक जरूरत है। तम्बाकू के धुएं गन्दे तथा अस्वास्थ्यकर वातावरण के स्तर का विस्तृत अध्ययन इन रोगों के कारणों पर प्रकाश डाल सकता है। इस तरह का अध्ययन बीड़ी मजदूरों को ESI सुविधाओं को दिलाने में सहायता करेगा।

अमृता अब्राहम (1980) ने मुम्बई के वरली, कमाठीपुरा, सिआन, कुर्ला, मलाड, गोरेगांव, बोरीवली आदि क्षेत्रों के बीड़ी

श्रमिकों के जीवन प्रतिमान, आन्दोलन और संघर्ष का अध्ययन किया।[36] अध्ययन में 90 प्रतिशत बीड़ी कारीगर महिला थीं जो आमदनी का सहायक स्रोत होने के कारण बीड़ी रोलिंग में लगी थीं। तेन्दू पत्ता लाने, भिगोने और काटने–छाटने में इन्हें 4 घण्टे लगते थे और 8 से 10 घण्टे में ये 1000 बीड़ी बना लेती थीं। अध्ययन के अनुसार 25 वर्षों से कार्य करने के बावजूद ज्यादातर का नाम रजिस्टर में दर्ज नहीं था। 10 में से एक महिला को ही भुगतान कार्ड दिया जाता था। फैक्ट्री इन्सपेक्टर या श्रम कार्यालय के अधिकारियों को वे न तो जानती थीं और न ही देखा था।

इलाहाबाद में बीड़ी उद्योग में कार्यरत महिला श्रमिकों का अध्ययन **जेड0 भट्टी (1981)**[37] द्वारा किया गया। यह अध्ययन उनके आर्थिक भूमिका और सामाजिक प्रस्थिति से सम्बन्धित था। इसी तरह आन्ध प्रदेश में निजामाबाद के बीड़ी श्रमिकों का एक अध्ययन (1981) भी द्रष्टव्य है।[38] भारत सरकार के श्रम मंत्रालय द्वारा बीड़ी श्रमिकों के स्थिति का अध्ययन 1981 में किया गया। 1983 में पी0 पुरुषोत्तम[39] द्वारा बीड़ी श्रमिकों के पार्श्वचित्र तथा 1984 में प्रयाग मेहता[40] द्वारा वेल्लोर के बीड़ी श्रमिकों का अध्ययन किया गया। 1985 में गुजरात के बीड़ी श्रमिकों के कार्य की दशाओं का अध्ययन रीनाना झाववाला तथा रीवा धवन[41] द्वारा किया गया। ईश्वर प्रसाद तथा के0वी0 अनुराधा प्रसाद द्वारा भारत के बीड़ी श्रमिकों के कार्य और रहन–सहन पर प्रकाश डाला गया (1985)।[42] 1986 में छाया दत्तार द्वारा निपानी के बीड़ी श्रमिकों का अध्ययन ऐतिहासिक परिवेश में किया गया।[43] 1987 में 'ग्रामीण विकास में बीड़ी रोलिंग' शीर्षक से एक अध्ययन गिरिअप्पा[44] का देखने को मिला। 1989 में इन्दौर के बीड़ी श्रमिकों का एक अध्ययन उनके व्यावसायिक स्वास्थ्य को ध्यान में रखकर मीरा चटर्जी[45] द्वारा किया गया। 1990 में **वेदमलाई** द्वारा अम्बेडकर

जिले के तिरुपट्टूर[46], रवीन्द्र नैय्यर द्वारा (1990) बीड़ी उद्योग के बाल श्रमिक[47], जेयम केनान[48] द्वारा (1990) महिला बीड़ी श्रमिकों के स्वास्थ्य तथा रेहाना और आसिया[49] द्वारा महिला बीड़ी श्रमिकों तथा महीन्द्र कुमार फुस्कडे[50] द्वारा सागर के बीड़ी श्रमिकों (1991) का अध्ययन किया गया। 1991 में आर0 के0 रत्नाकर[51] ने सागर के बीड़ी श्रमिकों और 1991 में ही सेवियो तथा 1992 में नित्या राव[52] द्वारा बीड़ी उद्योग के महिला कारीगरों के व्यावसायिक स्वास्थ्य तथा 1993 में थोंगाराजू द्वारा पुड्डू कोटि के बीड़ी श्रमिकों का अध्ययन उनकी सामाजिक दशाओं को लेकर किया गया।[53]

1993 में **ए0 धर्मालिंगम** ने तमिलनाडु के तिरूनेलवेली जिले के कैवियर गांव के 346 महिला बीड़ी श्रमिकों का अध्ययन[54] उनके सामाजिक–आर्थिक दशाओं, स्वास्थ्य तथा यौन शोषण को लेकर था। धर्मालिंगम का कहना है कि बीड़ी उद्योग के कारण महिलाओं को आर्थिक आजादी अवश्य मिली लेकिन उनकी दशा में बहुत सुधार नहीं हुआ। अब भी 90 प्रतिशत महिलाएं 10 घण्टे कार्य करती हैं और उनमें 50 प्रतिशत की मौत टी0 वी0, अस्थमा से हो जाती है। देश में बहुत सी बीड़ी कम्पनियां है जो मुफ्त स्वास्थ्य सेवाएं प्रदान करती हैं लेकिन इसका लाभ 5 प्रतिशत ने ही उठाया है। 37 प्रतिशत इसके बारे में केवल सुनी हैं, सुविधा कहा है? वे नहीं जानतीं।

1994–95 में भारत सरकार के श्रम मंत्रालय द्वारा बीड़ी श्रमिकों के सामाजिक–आर्थिक दशाओं से सम्बन्धित एक अन्य अध्ययन देखने को मिला। 1995 में नीरा वुरा[55] द्वारा बीड़ी उद्योग में कार्यरत बाल श्रमिकों का अध्ययन किया गया और यह निष्कर्ष दिया गया कि किस तरह मजबूरी में बाल श्रम किये जाने के कारण बच्चे स्कूली शिक्षा से वंचित हो रहे हैं। 1997 में **के0 श्रीनिवास युलू** द्वारा आन्ध्र प्रदेश के बीड़ी श्रमिकों पर उदारीकरण के प्रभाव का अध्ययन किया गया।[56] इस अध्ययन में यह बताया

गया कि सस्ते छोटे सिगरेटों के आ जाने के कारण बीड़ी का मूल्य गिर गया। उच्च सामाजिक प्रस्थिति का द्योतक तथा बीड़ी से दाम में मामूली अन्तर होने के कारण लोग सिगरेट पीने लगे। इससे बीड़ी श्रमिकों के समक्ष आर्थिक मन्दी की समस्या पैदा हो गयी।

पटना में असंगठित उद्योग के बीड़ी श्रमिकों का एक अध्ययन (1999) फजल अहमद[57] तथा 1999 में ही **आर0 श्रीनिवास**[58] ने उनके कार्य की प्रकृति तथा सेवायोजन की समस्याओं तथा सन् 2000 में **शम्पा भट्टाचार्या** तथा **मानस भट्टाचार्या**[59] और 2001 में **एस0के0 दास**[60] ने इनकी समस्याओं का अध्ययन किया। 2002 में **डी0 राजशेखर** तथा **श्रीधर** ने कर्नाटक के दक्षिण कन्नाड़ा जिले के 15 से 40 किमी0 दूर स्थित 3 गांवों उलई बेत्ता, कालिगा और टोकुर का 'बीड़ी उद्योग के बदलते चेहरे' शीर्षक से अध्ययन किया।[61] यह अध्ययन बीड़ी उद्योग के महिला श्रमिकों के कार्य की प्रकृति, स्वास्थ्य दशाओं, कल्याणकारी योजनाओं के लाभ, विचौलियों की भूमिका, स्थानान्तरण तथा परिवर्तन की प्रवृत्तियों से सम्बन्धित था। अध्ययन में इन्होंने पाया कि ज्यादातर महिला श्रमिक 10–12 वर्ष की आयु से ही बीड़ी बनाने के कार्य में लगी थीं। बीड़ी बनाने के लिए अलग से कमरा न होने के कारण ज्यादातर के बच्चे बचपन से ही बीड़ी की गन्ध के अभ्यस्त हो गये थे। 18.8 प्रतिशत की इससे पढ़ाई भी बाधित हुई। जो बच्चियां स्कूल–कालेज जाती थीं, सहायक के तौर पर वे भी बीड़ी बनाने का कार्य करती थीं। महिला श्रमिकों में 47 प्रतिशत कल्याणकारी योजनाओं से परिचित थीं लेकिन सरकारी योजनाओं का लाभ केवल 19 प्रतिशत ने ही लिया।

2002 में एक और अध्ययन **सारावनन**[62] का देखने को मिला। यह अध्ययन वेलूर से 110 किमी0 उत्तर–पश्चिम जोलारपेट और तिरूपत्तूर के बीच कैटरी गांव पर आधारित था। सामाजिक–आर्थिक

दशाओं से सम्बन्धित इस अध्ययन में सारावनन ने पाया कि ज्यादातर श्रमिक बीड़ी बनाने की कला को अपने मां–बाप, पति, रिश्तेदार तथा पड़ोसियों से सीखे थे। 12 प्रतिशत बूढ़ी महिलाओं को छोड़कर शेष किसी को न्यूनतम मजदूरी और विभिन्न अधिकारों की कोई जानकारी नहीं थी। ज्यादातर के पीठ में दर्द होता था तथा उनके पांव और अंगुलियों में बीड़ी बनाने से स्वेलिंग हो जाया करती थी।

अप्रैल 2011 में महिला बीड़ी कारीगरों पर पश्चिमी बंगाल की सीमा से सटे झारखण्ड के पाकुड़ जिले का एक अध्ययन राजेन्द्र पाठक द्वारा किया गया। इस अध्ययन के अनुसार बीड़ी सिर्फ कलेजा ही नहीं फूंकती, पहले बचपन और फिर महिलाओं की जवानी और आखिर में घर–गृहस्थी जला देती है। पाठक के अनुसार अत्यन्त पिछड़े इस क्षेत्र में लोगों के जीवन–यापन का मुख्य धंधा बीड़ी उद्योग है। करीब 80 हजार लोग बीड़ी बनाने के काम में लगे हैं, उनमें भी महिलाओं और बच्चियों की संख्या 70 हजार है। अधिकांश परिवारों के पुरुष सदस्य कोई उद्योग नहीं होने के कारण बेरोजगार हैं। लिहाजा, परिवार के भरण–पोषण के लिये महिलाओं को बीड़ी बनाने का काम करना ही पड़ता है। ऐसे में जो महिला बीड़ी नहीं बना पाती, वह पति और परिवार के लिए बेकार मान ली जाती है और उसका परित्याग कर दिया जाता है। पाकुड़ और महेशपुर प्रखण्ड में बीड़ी न बना पाने के 'जुर्म' में करीब दो दर्जन महिलाएं तलाक का दंश झेल रही है। कई मामले ऐसे भी है, जहां किसी महिला ने कम बीड़ी बनाई तो उसे पति ने तलाक दे दिया।[63]

असंगठित क्षेत्र के बीड़ी उद्योग में संलग्न महिला मजदूरों की सामाजिक एवं आर्थिक स्थिति का अध्ययन डा0 समीर निरंजन[64] (2011) द्वारा किया गया है। यह अध्ययन पश्चिम सिंहभूमि जिले के चक्रधरपुर एवं मनोहरपुर प्रखण्ड के विशेष सन्दर्भ में किया गया है।

अध्ययन के अन्तर्गत मांग और आपूर्ति के आधार पर नये स्रोतों की पहचान कोशिश की गयी है जो महिला बीड़ी कामगारों के लिए बेहतर विकल्प हो सकते हैं, जिसके अन्तर्गत बाजार की उपलब्धता खासकर बाजार की वृद्धि जैसे कारकों पर जोर दिया गया है।

उपर्युक्त असंगठित क्षेत्र में बीड़ी उद्योग तथा बीड़ी श्रमिकों से सम्बन्धित प्रमुख अध्ययन हैं। जिनसे अन्तर्दृष्टि लेते हुए वर्तमान अध्ययन कार्य किया गया है। इस अध्ययन में परम्परागत बीड़ी उद्योग में संलग्न श्रमिक परिवारों की सामाजिक दशाओं का अध्ययन किया गया है।

अध्ययन का महत्व

देश के दक्षिण एवं पश्चिमी भागों में क्षेत्रीय आधार पर बीड़ी श्रमिकों के बहुत से अध्ययन हुए हैं, लेकिन पूर्वोत्तर एवं उत्तरी भारत में ऐसे बहुत ही कम अध्ययन दृष्टव्य हैं। मिर्जापुर के अहरौरा क्षेत्र का यह अध्ययन इस सन्दर्भ में ही एक प्रयास है। इसके अन्तर्गत महिला बीड़ी श्रमिकों के जीवन ढंग, कार्य और सेवायोजन की प्रकृति, सामाजिक सुरक्षा से सम्बन्धित विभिन्न कल्याण कार्यक्रम और उनसे लाभान्वयन आदि को जानने का प्रयास किया गया है। यह अध्ययन पूर्वी उत्तर प्रदेश जैसे पिछड़े क्षेत्र में बीड़ी श्रमिकों की समस्या के प्रति जनमानस में जागरूकता बढ़ाने तथा उनके लिए प्रभावकारी रणनीति तैयार करने में महत्वपूर्ण है। गरीबी रेखा से नीचे रहने वाले, निर्धनता की संस्कृति में पलने–बढ़ने वाले भारतीय समाज के इस उपेक्षित वर्ग की दशा सुधरने में बाधक तत्व कौन हैं और इस सम्बन्ध में स्वयं वे क्या सोचते हैं? इसकी जानकारी प्राप्त कर प्रभावकारी रणनीति को कारगर किया जा सकता है।

Notes

* BEEDI workers cannot perhaps recall how long this trade has been going on. The industry probably came into existence at the dawn of industrialisation to supply a cheap smoking device to the poor labourers. The percent form of beedi owes its origin to the tribal habit of rolling sal leaves for smoking, a practice still popular among the Adivasis. Beedi itself is now big business, employing 40 lakh workers throughout the country, and the government realises about Rs 450 crores annually as revenue from the beedi industry. This huge cottage industry spread all over the country caters to the needs of millions of people; the humble beedi has almost completely replaced the traditional hukka. (Timir Basu : E.P.W., Jan. 22, 1977, p. 81).

*** Tobacco can affect not only the health of the workers themselves but also that of others in the family because, as beedi work is carried out at home, the raw materials are kept at home in small open boxes. Sometimes the same box is used to carry rice and eatables from the grocery shop. When entering a house it is hard to avoid smelling tobacco. The tobacco pieces left on the saris of the beedi workers may fall into their eyes when the saris are hung up. Sometimes toddlers, without knowing the difference between tobacco and eatables, put their hands into the tobacco box and then into their mouths. For instance, when a 40-year old beedi worker was being interviewed, the baby in her lap started crying for no apparent reason; the mother tried to put the baby to her breast thinking that is was hungry; the baby still continued. Crying with no interest in breast milk. The mother beat the child to stop its crying but it did not desist. After pausing for a few moments and watching the face of the crying child, the mother realised that there must be somethings in the baby's mouth; she put a finger into its mouth and took out two small pieces of tobacco. (A. Dharamalingam : EPW, July 3-10, 1993).

** Though the city is estimated to witness high sale of tobacco, mainly in the form of manufactured cigarettes, it is the other forms like 'beedi', 'chhutta' (cigar) and 'khaini' (chewing tobacco), along with rampant use of tobacco in paan masala (Gutkha) and betel squid, that is causing equal, if not more, damage. As per estimates, Tobacco products worth over Rs 2 crore are sold every day in the region, already making it the biggest market in east UP region.

"It is not only the use of tobacco in the form of manufactured cigarettes but other indigenous form of smoking such as beedi chhutta (cigar), chillum and hookah (hubble-bubble) that increases the risk of oral cancer."(Times of India, May 31, 2011).

* Beedi is a crude cigarette in which tobacco is rolled in a small bedi leaf (Tendu) and tied with a cotton thread, A beedi is smaller and less expensive than a cigarette; it is considered the poor man's cigarette. The four main steps involved in producing a beedi are rewinding the thread, cutting the beedi leaves, rolling the beedi, and folding the beedi-head. The bidi is tied when it is fully rolled. Then the bidi-head (or top) which is wider than bottom is folded into complete making process. Beedi assistants who are in the learning process are mainly employed in folding the top. A small iron stick called 'Pottu Kucchi' sed to shape the beedi top. The completed beedis are bundled, each bundle consisting of 16 or 25 beedis, which are then taken to the contractor. (A Dharamalingam : EPW, July 3-10, 1993).

* As far as the Bidi industry is concerned it is basically a house hold industry, where the labourers are mostly engaged in their small houses. Because the preponderant majority is that of the females and children particularly Muslims, who due to cultural inhabitions can not work outside their homes. But since coming from the lower castes their economic condition is also very pitiable. Hence in order to raised and also to supplement their family income they largely get enaged in bidi rolling along with their children. (Fazal Ahmed: Labour in Informal Sector, 1999, pp. 18-19).

** The Checkers in the bidi factories prefer women to make the daily delivery trips because they are easier to cheat. In order to ensure that women make the trip, the checkers begin to reject more and more bidis when the men come. So the man sends his wife. This leads to many kinds of exploitation, especially of the sexual kind.

A woman who is young and good-looking must put up with a lot of (literal) 'manhandling' while bundles of bidis and tobacco change hands. She puts up with it to prevent the checker from rejecting too many of the bidis. This encourages the checkers who address the women in the most familiar terms. It is also the checker's duty to procure women for his boss. If a spirited woman does not tolerate this kinds of behaviour, the checkers started rejecting large number of her bidis. She will soon get the message.

More than the bidi rollers, it is the women who work in the tobacco godowns who becomes victims of the worst kind of sexual exploitation. The bidi roller makes only one trip a day to the factory. The godown worker spends eighteen hours in a state in virtual imprison, under the absolute control of the boss. There is supposed to be a law in this country that bans the employment of women on night shift work; but such laws are broken. This opens up more opportunities for sexual exploitation. (Anil Avachat, E.P.W. Vol. 13, Nov. 29, July 22, 1978).

* Generally, all the members in a beedi household are engaged in the process of manufacturing. For example, the male workers used to get the leaves and tobacco from the agents. Usually it is the women who soak the leaves in water, cut down into the appropriate size and keep them ready for rolling. Then both the men and women roll the beedies. The children would close the beedi ends and tie them with the thread. Later, the men would take them to the beedi agents for sale. Thus, all the family members are directly or indirectly involved in the process of manufacturing. (V. Saravanan: EPW, Vol. 37, No. 52, Dec. 28, 2002).

References

1. Current Science, Vol. 96, Mpè 10, 25 May, 2009, p. 1335.
2. Bidi Cigarettes : An Emerging Threat ot Adolescent Health, Arch Pediatrics Adolescent Medicine 154- Dec. 2000, pp. 1187-1189, and Pranya Lal : Bidi A Short History, Current Science, Vol. 96, No. 10, 2009.
3. Current Science, op.cit., 2009.
4. Report of Socio-Economic Conditions of Women Workers in Selected Bidi units in India, Labour Bureau, Shimla, Ministry of Labour, Govt. of India, 1994-95, p. 1.
5. Labour Problems of Tobacco workers, www.actindi.org.
6. Making ends meet : Bidi workers in India today : A Study of four states, 920 Geneva, 2003.
7. Democracy of work in an Indian Industrial Cooperative, Google Book Search, pp. 23-25. www.books.goole.com.

8. Census of India, Central Provinces and Berar, XII, 1931.
9. Pranay Lal : Bidi- A short History, current Sciences, Vol. 96, Issue 10 May 2009.
10. Iman Hasan, Indian National Movement, Anmol Publication, Vol. 2, 1999, p. 200.
11. Pranay Lal : op.cit., 2009.
12. Bidi workers in India today : A Study of four states, 920, Geneva, 2003, and No Industry, No Solapur, Frontline Magazine, Vol. 21, Issue 22, Oct. 23-Nov. 05, 2004.
13. J. Shoba : In Bidi Smoking and Public Health (eds P.C. Gupta and S. Asma), Ministry of Health and Family Welfare, Govt. of India, 2008, Also, D. Rajasekhar and G. Sridhar : Changing Faces of Beedi Industry : A Study in Kamataka, E.P.W. Vol. 37, No. 39 (Sept. 28- Oct. 4) 2002, pp. 4023-4028, Also, The Wealth of India, Industrial Products (1976), Part IX, To-Z, CSIB, New Delhi.
14. Fazal Ahmad : Labour in Informal Sector, Manak Publications, 1999, pp. 20-21.
15. India at a glance : A comprehensive reference book on India, Orient Longmans Ltd. Delhi, 1959, p. 1259.
16. *Ibid.*, 1959.
17. NSSO, 1998, A Note on Consumption of tobacco in India, NSSO 50th Round (1993-94), SARVEKSHANA, 21(3), No. 74, Jan.-April.
18. Fazal Ahmad : *op. cit.*, 1999, p. 22.
19. *Ibid*, 1999, pp. 23-24.
20. D. Gupta, P. Boffetta, V. Gaborieau, S.K. Jindal : Risk factors of Lung cancer in Chandigarh, India, Indian Journal of Medical Research, 2001; 113, pp. 142-50.
21. V. Gajalakshmi, R. Petro, S. Kanaka, P. Jha : Smoking and Mortality from tuberculosis and other diseases in India, retrospective study of 43,000 adult male deaths and 35,000 controls, Lancet, 2003; 362, pp. 507-15.
22. V. Gajalakshmi R. Petro, S. Kanaka, P. Jha : *Ibid*, 2003.
23. M. Sunley Emil : The tase treatment of bidis, International union Against Tuberculosis and Lung Disease, Jan. 2008, pp. 24-25.

24. R. Sudarshan, R. Kaur : 'The Tobacoo Industry and Women's Employment : Old Concerns and New Emperatives', Indian J. Labour Econ. 42 (4), 1999. pp. 675-685.

25. R. Pande : Structural Violence and Women's Health, In : The Bidis Industry of India, Paper Presented at the Global Symposium on Violence and Health, Kobe, Japan, Oct.- 12-15. 1999.

26. All India Bidi, Industry Federation. www.fct chearing@who.int.

27. *Ibid*.

28. Caught in a Death Trap : The Story of Bidi Rollers of West Bengal and Gujarat, Study Based on Primary Research on Home-based bidi rollers, Voluntary Health Association of India.

29. M. Sunley Emil : The Tax treatment of bidis, Jan. 2008, p p . 24-25. www.tobaccofreecenter.org.

30. Timir Basu : Beedi Workers of Sinnar, Economic and Political Weekly, June 15, 1974, p. 945.

31. Timir Basu : Beedi Workers of Calcutta, Economic and Political Weekly, Jan. 22, 1977, pp. 81-82.

32. Deva Krishna Sharda : Beedi Industry Calls for New Approach, Indian Express, Feb. 22, 1978.

33. Anil Avachat : Bidi Workers of Nipani, Economic and Political Weekly, Vol. 13, No. 29, (July 22, 1978) pp. 1176-1178. Also E.P.W. Vol. 13, No. 30, (July 29, 1978), pp. 1203-1205.

34. Murli Manohar : Bidi Workers of Nipani, July 1978, E.P.W., Vol. VXI, No. 2.

35. M. Mohandas : Beedi Workers in Kerala : Conditions of Life and Work, Economic and Political Weekly, Vol, 15, No. 36 (Sept. 6, 1980), pp. 1517-1523.

36. Amrita Abraham ; Beedi Workers of Bombay, Economic and Political Weekly, Nov. 1, 1980, pp. 1881-1882.

37. Z. Bhatty : The Economic Role nd Status of Women in the Beedi Industry in Allahabad, India International Labour Organisation, Geneva.

38. Bidi Workers and Nizamabad, Aug. 8, 1981, Economic and

Political Weekly, Vol. VXI, No. 32.

39. P. Purushottam : A Profile of Beedi Workers; Social Change, Vol. 13, No. 1. March 1983, pp. 18-23.

40. Prayag Mehta : We are made to mortage our children : Bidi Workers of Yellore, Manushi, Vol. 4, No. 4, May-June, 1984.

41. Renana Jhabwala and Reva Dhawan : Women Who Rolls Bidis; Two Studies of Gujarat, SEWA, Ahmedabad.

42. K.V. Esswara Prasad and Anuradha Prasad : Bidi Workers of Central India : A Study of Production, Process and Working and Living Conditions, National Labour Institute, Noida (U.P.), 1985.

43. Chaya Datar : Divisors and Unity : Bidi Workers at Nipani, Manushi, No. 33, Vol. 6, No. 3, March-April, 1986.

44. S. Giriappa : Beedi Rolling in Rural Development, D.K. Publishers, New Delhi, 1987.

45. Meera Chatterjee : Bidi Workers of Indore, Occupational Health Issue of Home-Based Workers, Indore, SEWA, Gujarat, 1989.

46. L. Vadamalai : A Study of Socio-Economic conditions of Beedi workers and their problems at Tirupattur, North Arcot Ambedkar District (Unpublished Project Report) Sacred Heart College, Tirupattur, 1990.

47. G. Ravindra Nair : Child Pledging in Beedi Industry, Social Welfare, July, 1990.

48. L. Lango Jayam Kannan : Health Hazard of Women Working in Beedi Industries, Social Welfare 6 (12) March, 1990.

49. A.K. Raihana and Asiya A : Socio-Economic Survey of Muslim Women Labour in the Bidi Industry, Journal of Objective Studies 2 (1), Jan., 1990, pp. 107-17.

50. Mahindra Kumar Fuskde : Sagar Bidi Workers Unit to Struggle, New Age, 38 (6), Feb. 10, 1991, p. 7.

51. R.K. Ratnakar : Bidi Workers Meet, Sagar, New Age 39 (7) Feb. 24-26, 1991, p. 12.

52. Nitya Rao : Occupational Health : Issues of Women in Bidi Industry, Mainstream 30 (21) March 14, 1992, pp. 27-28.

53. N. Thangaraju : The Study of Socio-Economic Conditions of

Beedi Workers at Punukoti Village, Tirupattur, 1993.

54. A. Dharmalingam : Female Beedi Workers in a south Indian Village, Economic and Political Weekly, Vol. 28, No. 27-28 (July 3-10, 1993) pp. 1461-1463+1465-1468.

55. Neera Burra : Born to Work : Child Labor in India, Oxford University Press, New Delhi, 1995.

56. K. Srinivas Yulu : Impact of Liberalisation on Beedi Workers, Economic and Political Weekly, Vol. 32, No. 11 (March 15-21, 1997) pp. 515-517.

57. Fazal Ahmed : Labour in Informal Sector, Manak Publications, Delhi, 1999.

58. R. Srinivasan : Study on the Problems Faced by Beedi Rolling Workers, (Unpublished Project Report) Sacred Heart College, Tirupattar, 1999.

59. Shampa Bhattacharya and Monas Bhattacharya : A Study on the Beedi Industry in India : Employment Diversification for the New Millennium 920, New Delhi, 2000.

60. S.K. Das : A Better Deal for Beedi Workers, 920, New Delhi.

61. D. Rajasekhar and G. Sreedhar : Changing Face of Beedi Industry : A Study in Karnatak, Economic and Political Weekly, Vol. 37, No. 39 (Sept. 28-Oct 4, 2002), pp. 4023-4028.

62. V. Saravanan : Wormen's Employment and Reduction of child Labour : Beedi Workers in Rural Tamil Nadu, Economic and Political Weekly, Vol. 37, No. 52, (Dec. 28, 2002-Jan. 3, 2003). pp. 5206-5214.

63. Rajendra Pathak, Dainik Jagaran, April 24, 2011.

64. Social and Economic condition of women workers in unorganised sector of Bidi samir Niranja : unpublished Ph.D., Thesis, Ranchi University, Ranchi, 2011.

2
सैद्धान्तिक एवं अवधारणात्मक पृष्ठभूमि

मनोवैज्ञानिक, शारीरिक, सांस्कृतिक, लैंगिक एवं अन्य समान अवधारणाओं के माध्यम से पुरुष प्रधान समाज के हितों की रक्षा के लिए महिलाओं को द्वितीय श्रेणी में रखा जाता है। उन्हें न केवल प्राकृतिक विषमताओं के कारण असमानता का शिकार होना पड़ता है, अपितु पुरुष प्रधान समाज की जीवनशैली भी उन्हें असमान हितों में आबद्ध कर देती है। उपर्युक्त बिन्दुओं को यदि सैद्धान्तिक परिप्रेक्ष्य में अवधारणीकृत किया जायें और श्रम विभाजन के विभिन्न आधारों पर उनका मूल्यांकन किया जाय तो जो स्थितियां प्रकट होती है[1] उन्हें जैविकीय मानवशास्त्रीय एवं मार्क्सवादी वैचारिकी प्रस्थापनाओं के अन्तर्गत रखकर विश्लेषित किया जा सकता है।

1. श्रम विभाजन का जैविकीय आधार

जैविकीय भिन्नतायें होती हैं जो न केवल उन्हें अलग–अलग करती हैं, अपितु समाज में महिलाओं की आश्रिततापूर्ण स्थिति के

लिए भी उत्तरदायी होती हैं। बच्चों के लालन–पालन और कम गतिशीलता के कारण महिलाएं घरेलू कार्यों में संलग्न रहती हैं।[2] पुरुष अपनी शारीरिक शक्ति के कारण अधिक गतिशील और कठिन कार्यों को सम्पन्न करते हुए समाज में अपनी प्रभुता स्थापित कर लेता है। वस्तुतः दिन–प्रतिदिन के क्रिया–कलापों में पुरुष द्वारा घर के बाहर आजीविका के मौलिक स्रोतों पर अपनी शक्ति से किया गया नियंत्रण उसे महिलाओं की अपेक्षा अधिक अधिकारयुक्त बना देता है।[3] पुरुष अपनी भूमिका निर्वाह के लिए बाहर अन्य पुरुषों से अन्तर्क्रिया करता है जबकि महिलाओं को रसोई व बच्चों के लालन–पालन के कारण घर के अन्दर ही रहना पड़ता है। पुरुष की भूमिका को अधिक मूल्यपरक और शक्तिपरक समझा जाता है क्योंकि सार्वजनिक भूमिकाओं के साथ–साथ अन्य लोगों से अन्तर्क्रिया में यह मान्यता निहित है है कि राजनीतिक शक्ति और सत्ता प्राप्त करने का यही एक मात्र तरीका है। उपर्युक्त परिस्थितियां महिलाओं को निम्न शक्ति और प्रस्थिति से संयुक्त रखती हैं।[4]

जैविकीय भिन्नताओं के आधार पर समाज का साधारण श्रम विभाजन यह भी प्रस्थापित करने का प्रयास करता है कि महिलाएं गर्भावस्था में अपनी आवश्यकताओं की पूर्ति के लिए पुरुषों पर आश्रित रहती हैं जिससे उन्हें अधीनता की स्थिति में बने रहने को बाध्य किया जाता है जबकि पुरुष ऐसी स्थिति में कभी नहीं होता।[5]

प्राथमिक समाज में मानव की जैविकीय आवश्यकताओं की पूर्ति के लिए श्रम विभाजन सरल था। केसलर का कथन है कि पुरुष घर से बाहर अत्यधिक अन्तर्क्रिया करने के कारण वृहद् भौगोलिक क्षेत्रों और क्रियाओं से जुड़ा रहता है, जबकि महिलाएं घरेलू परिवेश में बाह्य समाज के सन्दर्भ में अधिक जानकारी नहीं रखतीं। परिणामतः उनका क्षेत्र अत्यधिक सीमित होता है और वे घरेलू संसार में निजी जीवन व्यतीत करती हैं।[6]

मरडाक ने सामाजिक संरचना की विशिष्टताओं का विवेचन करते हुए समाज में श्रम विभाजन को लैंगिक आधार पर विश्लेषित किया है। उसका कथन है कि लैंगिक आधार पर समाज में श्रम विभाजन सार्वभौमिक है। पुरुष के पास शारीरिक शक्ति अधिक होती है जबकि महिलाओं के समक्ष बच्चों के पालन–पोषण की भूमिका प्राथमिक होती है। 224 समाजों के अन्तर–सांस्कृतिक अध्ययनों का विश्लेषण करते हुए मरडाक ने यह मत स्थापित किया कि पुरुष अपनी अधिक शारीरिक शक्ति के कारण जटिल कार्य भी कर सकता है, जबकि महिलाएं गर्भधारण एवं देख–रेख जैसे मातृत्व बोझ के कारण अपंग बनी रहती है। महिलाओं द्वारा घरेलू कार्यों के साथ–साथ अन्य सामान्य कार्यों में की जाने वाली सहभागिता को अधिक महत्व दिया जाता है।[7] मरडाक का कथन है कि वर्तमान मानव समाज में यह सार्वभौमिक प्रस्थापित सत्य है कि लैंगिक आधार पर श्रम विभाजन पुरुष को लाभ की स्थिति में रखता है।[8]

पुरुष और महिला की लैंगिक विशिष्टताएँ जैविकीय श्रम विभाजन का आधार है। स्पष्टतः पुरुष और महिलाओं के मध्य निहित शारीरिक भिन्नता ने जिन भूमिका संबंधों का निर्माण किया है उन्हीं के अन्तर्गत सामाजीकरण की प्रक्रिया भी संचालित होती है। इवलिन रीड[9] का कथन है कि जैविकीय आधीनता पूर्व निर्धारित जैविकीय अपंगता का प्रतिफल नहीं है, यह विचार प्राथमिक समाजों में नहीं पाया जाता था अपितु ''द्वितीय लिंग'' के रूप में प्रस्थापित यह आधुनिक अवधारणा है। मान्टेग्यू[10] ने भी जैविकीय उपाज्य की आलोचना की है, उसका कहना है कि पुरुष और महिलाओं में निहित लैंगिक आधार पर भूमिका विभाजन जैविकीय भिन्नताओं के संदर्भ में सांस्कृतिक विचार है। उसका कथन है कि कुछ संस्कृतियों में पुरुष और महिलाओं को समान क्रिया–कलापों में सहभागी पाया जाता है जबकि अन्य में लैंगिक

आधार पर भूमिकाओं का निर्धारण जैविकीय निर्धारण नहीं है अपितु यह संस्कृतियों की देन है। इलिस[11] के अनुसार पुरुष और महिला दोनों एक सिक्के के दो पहलू हैं। अतएव श्रेष्ठता और अधीनता का प्रश्न ही नहीं उठता।

उपर्युक्त अध्ययनों के अतिरिक्त फिलिप्स और ट्रेलर (1980), मैकिन्तोस (1981), कोकबर्न (1983, 1985), और हर्टमन (1989) के अध्ययन भी लैंगिक श्रम विभाजन के विभिन्न पक्षों पर प्रकाश डालते हैं। फिलिप्स और ट्रेलर (1980) का कथन है कि लैंगिक श्रम विभाजन का अस्तित्व इस तथ्य पर आधारित है कि स्त्री और पुरुष एक दूसरे से भिन्न कार्यों का सम्पादन करते हैं। महिलाओं के कार्य अकुशल और पुरुषों के कार्य को कुशल या अर्द्धकुशल के रूप में वर्गीकृत किया जाना यह इंगित नहीं करता कि उन्हें कार्य विशेष के लिए कोई प्रशिक्षण दिया गया है या उनमें कोई विशेष योग्यता है। कुशलता की परिभाषा लैंगिक भिन्नता के सिद्धान्त को पुष्ट करती है। महिलाओं के कार्य को पुरुषों की अपेक्षा निम्न स्तर का समझा जाता है। कार्यस्थल पर भी महिलायें अपनी इस व्यक्तिगत विशिष्टता को अवधारित किये रहती है, जिससे उन्हें निचले दर्जे का श्रमिक माना जाता है। वस्तुतः श्रम शक्ति में महिलाओं की स्थिति का तथ्यपरक विवेचन करने में दोहरा श्रम बाजार सिद्धान्त असफल रहा है।[12] कोकबर्न ने इस सिद्धान्त की कुछ कमियों को दूर करने का प्रयास किया है और कुछ योगदान हर्टमान, मैकिन्तोस और रुबरी ने भी किया है। हर्टमान ने अपने अध्ययन के आधार पर यह प्रस्थापित किया है कि श्रम बाजार में कार्य का वर्गीकरण पुरुषों द्वारा किया जाता है। पुरुष श्रम बाजार और घर दोनों में अपनी प्रभुता बनाये रखने के लिए श्रम विभेदीकरण को बढ़ावा देते हैं। वस्तुतः पूँजीवादी समाज में लैंगिक आधार पर श्रम का अलग–अलग बँटवारा किया जाना एक ऐसा प्राथमिक अभिकरण है जिससे स्त्रियों पर पुरुषों

की श्रेष्ठता बनी रहे। साथ ही साथ श्रम बाजार में यह स्त्रियों के लिए कम मजदूरी का भी प्राविधान करता है। पुरुष की अधिक आयु और घरेलू श्रम विभाजन श्रम बाजार में भी महिलाओं की प्रस्थिति को निम्न बनाये रखता है।[13] मैकिन्तोस (1981) ने आर्थिक उत्पादन और श्रम पुरुत्पादन के बीच निहित सम्बन्धों का विश्लेषण करते हुए यह स्पष्ट करने का प्रयास किया है कि घरेलू कार्यों का प्रमुख उत्तरदायित्व और विशेष रूप से बच्चों की देखभाल का कार्य महिलाओं को ही वहन करना पड़ता है जो श्रम बाजार में महिलाओं की स्थिति को कमजोर बनाता है। वस्तुतः पुरुष द्वारा सृजित यह वर्गीकरण उसके अपने हितों की रक्षा और स्त्रियों पर अपना वर्चस्व बनाये रखने का प्रतिफल है।

2. श्रम विभाजन का मानवशास्त्रीय आधार

मानव शास्त्रीय दृष्टिकोण को मानने वाले यह स्वीकार करते हैं कि मानवीय व्यवहार संस्कृति द्वारा निर्देशित और सुनिश्चित किया जाता है। इस प्रकार सामाजिक मानक, मूल्य और भूमिकायें संस्कृति द्वारा निर्धारित होती हैं तथा समाज में एक पीढ़ी से दूसरी पीढ़ी में हस्तान्तरित होती रहती है। इस दृष्टिकोण के प्रस्थापकों का कथन है कि लैंगिक भूमिकाएं जैविकीय न होकर संस्कृति का उत्पाद होती हैं। श्रम का लैंगिक विभाजन विश्वास और मूल्य व्यवस्था के द्वारा सत्यापित किया जाता है और लोग समाजीकरण की प्रक्रिया में अपनी–अपनी भूमिकाएं सीखते हैं। संस्कृति ही असमानता उत्पन्न करती है। शेरी का मत है कि समाज में महिलाओं की प्रस्थिति निर्धारण उनके जैविकीय गुणों के द्वारा नहीं, अपितु उस संस्कृति के कारण होती है जो उनकी जैविकीय स्थिति को परिभाषित और मूल्यांकित करती है। प्रत्येक समाज में प्रकृति की अपेक्षा संस्कृति को अधिक मूल्यवान माना गया है। पुरुष संस्कृति के उपयोग से प्रकृति पर भी नियंत्रण कर सकता है। महिलाओं की प्रस्थिति निम्नता का मूल कारण जैविकीय आधार

पर यह दिया जाता है कि महिलाएं प्रकृति से अधिक नजदीक हैं जबकि पुरुष उससे काफी दूर होता है। माँ के रूप में महिलाओं की भूमिका भी प्रकृति से अधिक नजदीक होने का संकेत करती है। वह बच्चों के समाजीकरण के लिए उत्तरदायी होती है।[14]

महिलाओं और पुरुषों के सन्दर्भ में प्रत्येक समाज में संस्कृति द्वारा निर्धारित भूमिकाओं के विश्लेषण से यह भी स्पष्ट होता है कि पुरुष राजनीति, युद्ध और धर्म से जुड़े होने के कारण अधिक विस्तृत संबंध बनाए रखता है। पुरुष अधिक तथ्यपरक और कम भावनात्मक होते हैं जबकि महिलाओं में यह स्थिति नहीं पायी जाती है। मीड ने आदिवासी समुदाय पर किये गये अपने तीन वृहद् अध्ययनों के आधार पर यह मत प्रस्थापित किया है कि लैंगिक भिन्नता के संदर्भ में दिए गये जैविकीय तथ्य अनुपयुक्त हैं और वे मात्र संज्ञानात्मक निर्माण हैं।[15]

मनोविश्लेषण विधा के जनक सिगमण्ड फ्रायड के दृष्टिकोण में लैंगिक स्थिति महिलाओं की प्रस्थिति और भूमिका में प्रमुख है। फ्रायड ने आणुविक जीवन की सबसे प्रमुख एवं जटिल समस्या को लैंगिकता का नाम दिया है। फ्रायड के दृष्टिकोण में महिलाओं में पुरुष के समान लैंगिक अवयव नहीं होता जिसे वह 'लिंग ईर्ष्या' कहता है। उसके अनुसार बचपन से ही लड़कियों में, लड़कों के समान लैंगिक अवयव न होने की, जैविकीय कमी की भावना बढ़ने लगती है और वह अपने को अलग समझती है। फ्रायड के अनुसार स्त्रीत्व का बोध और उसका विकास उपर्युक्त कारणों से होता है।[16]

फ्रायड के विचारों की आलोचना करते हुए मीलेट का कथन है कि फ्रायड के दृष्टिकोण में महिलाओं में सुपरइगो अधिक दृढ़ नहीं होता।[17] यह मत तथ्यपरक नहीं है। पुरुष प्रधान समाज में पुरुषों की क्रियाओं के अनुरूप महिलाओं के व्यक्तित्व को मापन उचित नहीं है। यदि महिलाएं पुरुष लिंग की कमी के कारण

ईर्ष्या करती हैं तो पुरुषों को भी समान ईर्ष्या होनी चाहिए। स्पष्टतः इस आधार पर बौद्धिकता और तार्किकता युक्त व्यक्ति का निर्माण कल्पना मात्र है। थामसन का कथन है कि फ्रायड के विचार अत्यधिक गहन रहे हैं। लेकिन वह एक पुरुष था और अपनी संस्कृति में पुरुषों की श्रेष्ठता के सिद्धान्त को प्रस्थापित करना उसके लिए अधिक सरल था।[18]

3. श्रम विभाजन का मार्क्सवादी आधार

कार्ल मार्क्स ने महिलाओं की प्रस्थिति और भूमिका के सन्दर्भ में किसी विस्तृत सिद्धान्त की प्रस्थापना नहीं की है। परिवार के संबंध में लिखते हुए उसने पूँजीवादी उत्पादन प्रक्रिया में महिलाओं की सहभागिता और बदलते लैंगिक संबंधों का उल्लेख किया है। बुर्जुआ समाज के पहले के समाजों के सामाजिक संगठन में मार्क्स ने एक आर्थिक उत्पादक इकाई के रूप में महिलाओं के महत्व को स्वीकार किया है। उनका कथन है कि शोषण और दबाव के सभी पूर्व पूंजीवादी स्वरूप टूटेंगे और परिवार अपने पुराने स्वरूप में प्रस्थापित हो जाएगा। मार्क्स का कथन है कि जनसंख्या वृद्धि के साथ–साथ परिवार में निहित दासता धीरे–धीरे बढ़ती है। पति के अधीन दास की भांति जीवन यापन करने वाली पत्नी और उसके बच्चे पूँजीवादी विकास की प्रक्रिया में स्वतंत्र हो जाते हैं। ऐंजिल्स ने परिवार की उत्पत्ति का विश्लेषण करते हुए निजी सम्पत्ति और राज्य को महिलाओं की सत्ता से संबंधित किया है। उसने उत्पादक क्रियाओं की ऐतिहासिक व्याख्या करते हुए यह स्पष्ट किया है कि किस प्रकार महिलाओं को समाज में समान और स्वतंत्र उत्पादक सदस्य से आश्रित और सहकर्मी पत्नी के रूप में रूपान्तरित होना पड़ा है, जिसका मूल कारण परिवार में निजी सम्पत्ति का विकास है। प्राथमिक समाजों में श्रम विभाजन लैंगिक वर्गों पर आधारित था। प्राकृतिक कृषि अभिकरणों की खोज और उसके उपयोग के बाद दास प्रथा वाले समाज से ही निजी

सम्पत्ति की अवधारणा प्रस्थापित हुई और पुरुष महिलाओं का मालिक बन बैठा। यह महिलाओं की ऐतिहासिक हार थी। महिलाओं का घरेलू कार्यों के लिए भी परतंत्रता की स्थिति में जीवन–यापन करना और सम्पत्ति का पिता से पुत्र को हस्तान्तरण होना महिलाओं की सत्ता के कमजोर होने का प्रमुख कारण है। ऐंजिल का कथन है कि प्रत्येक समाज उत्पादन और प्रजनन के दो स्तम्भों पर टिका हुआ है। महिलाएं नये जीवन की उत्पादक और उसके पदार्थगत आवश्यकताओं की पूर्तिकर्ता होती हैं। उनकी यह उत्पादक शक्ति ही प्राथमिक समाजों में उनकी शक्ति का आधार थी। सामाजिक संरचना में परिवर्तन और मौलिक साम्यवादी व्यवस्था के टूटने से महिलाओं की यह स्थिति हुई है।[19]

मार्क्सवादी विचारक परिवारों की सम्पत्ति पर स्वामित्व के दशाओं के अनुरूप सम्पत्ति के उत्तराधिकार के आधार पर महिलाओं की भूमिका और प्रस्थिति का मूल्यांकन करते हैं। पुरुषों का प्रभुत्व उसके आर्थिक प्रभुत्व से अभिप्रेरित होता है।

प्रमुख अवधारणाओं की व्याख्या

(i) उद्योग

किसी कार्य को व्यवस्थित रूप से करने एवं किसी वस्तु के निर्माण की जटिल पद्धति को उद्योग कहा जाता है। वर्तमान समय के सन्दर्भ में यह कहा जा सकता है कि उद्योग वस्तुओं के उत्पादन की वह पद्धति है जिसके अन्तर्गत विभिन्न जटिल मशीनों का प्रयोग किया जाता है। इसके द्वारा पारस्परिक रूप से सीमित की जाने वाली वस्तुओं के उत्पादन में परिमाणात्मक एवं गुणात्मक वृद्धि की जाती है।[20]

शाब्दिक रूप में 'उद्योग' शब्द का अर्थ अनेक रूपों में किया जाता है, जैसे कोई भी निर्माण प्रक्रिया कोई भी काम करना अथवा

किसी भी उद्देश्य की पूर्ति करना अथवा किसी पदार्थ का रूपान्तर करके उसको अधिक उपयोगी बनाना इत्यादि। उद्योग के संकुचित अर्थ में यह एक प्रकार की व्यावसायिक क्रिया है, जिससे वस्तुओं का उत्पादन होता है। उत्पादक, उपभोक्ताओं अथवा मध्यवर्ती पदार्थों के निर्माण की क्रियाओं को भी उद्योग कहा जाता है। भारतीय औद्योगिक विवाद अधिनियम की धारा 2(i) के अनुसार 'उद्योग का आशय किसी ऐसे व्यवसाय, व्यापार उपक्रम निर्माण, अथवा नियोजकों के बुलावे से है, जिसके अन्तर्गत श्रमिकों द्वारा किसी सेवा, रोजगार, शिल्प, अभियायन, औद्योगिक धन्धे अथवा उप–व्यवसाय का समावेश हो।'[21]

सामान्यतः उद्योग दो प्रकार के होते हैं– संगठित उद्योग और असंगठित उद्योग।

(ii) संगठित उद्योग

भारतीय अर्थव्यवस्था में संगठित उद्योग के अन्तर्गत सभी सरकारी उपक्रम जैसे– केन्द्र के अन्तर्गत सभी सेवाएं, राज्य और स्थानीय सरकारें और अर्द्ध–सरकारी औद्योगिक व्यवसाय, क्रेडिट, वाणिज्यिक सरकारी संस्थाएं और अ–कृषक उपक्रम जिसमें 10 या अधिक व्यक्ति रोजगाररत् हैं, सम्मिलित होता है।[22] देश में 34.68 मिलियन व्यक्ति संगठित क्षेत्र में कार्यरत हैं।[23]

(iii) असंगठित उद्योग

असंगठित उद्योग से तात्पर्य छोटे या बिखरे प्रतिष्ठानों में कार्यरत उन मजदूरों से है, जो रोजगार के अस्थायी रूप, अज्ञानता और निरक्षरता आदि कई कारणों से अपने साझा हितों के लिए स्वयं को संगठित नहीं कर पाते हैं। संगठित उद्योग की अपेक्षा असंगठित उद्योगों की संख्या बहुत अधिक है, जो विविध रूपों में बिखरी हुई है। इन पर कारखाना अधिनियम भी लागू नहीं

होता। इस उद्योग की श्रेणी में बीड़ी बनाना, चटाई बुनना, काँच की चूड़ी बनाना, जूट का सामान बनाना, जल साफ करना, हथकरधा उद्योग, सूत बनाना, खिलौना उद्योग तथा इसी प्रकार के अन्य लघु उद्योग, दुकानों, प्रतिष्ठानों, ठेके के श्रम, आकस्मिक श्रम, सुरक्षित श्रम आदि इसी श्रेणी के अन्तर्गत आते हैं।[24]

(iv) असंगठित उद्योग के श्रमिक

असंगठित उद्योग के क्षेत्र में कार्य करने वाले श्रमिकों को असंगठित क्षेत्र के श्रमिक कहते हैं।* असंगठित श्रमिकों को कार्यस्थल एवं प्रकृति के आधार पर कई भागों में बाँटा जा सकता है, स्वरोजगार वाले कृषक दस्तकार, छोटे दुकानदार और होटलों पर कार्य करने वाले श्रमिक, छोटे–छोटे सेवा करने वाले खेतिहर श्रमिक, आवास निर्माण में कार्य करने वाले श्रमिक, चटाई, बीड़ी, हथकरधा, जूट, खिलौना, सूत काटने वाले श्रमिक इत्यादि असंगठित क्षेत्र के श्रमिक हैं।[25] असंगठित श्रम क्षेत्र में अकुशल श्रमिकों को रोजगार प्रदान करने की वृहद क्षमता होती है। असंगठित क्षेत्र के श्रमिक आर्थिक रूप से कमजोर प्रभागों के होते हैं। उन्हें कृषि श्रमिक, निर्माण श्रमिक, घरेलू कार्यों आदि में अनियमित रोजगार के अवसर प्राप्त होते हैं जहाँ न तो इन्हें सामाजिक सुरक्षा प्राप्त है और न हीं आर्थिक प्रगति की सम्भावनाएं निहित है। चूंकि उत्पादन के स्रोतों और साधनों पर इनका प्रत्यक्ष या अप्रत्यक्ष नियंत्रण स्वीकार नहीं किया जाता फलतः उन्हें ऐसे श्रम अवसर प्राप्त नहीं होते जिससे वे अपनी जीवन शैली को आधुनिक–व्यवस्था के अनुरूप रूपान्तरित कर सकें। पूरे देश में असंगठित उद्योग में 362.08 मिलियन व्यक्ति लगे हुए हैं जिसमें 244.47 पुरुष एवं 117.61 महिला श्रमिक संलग्न है।[26] राष्ट्रीय नमूना सर्वेक्षण संगठन 2004–05 में कराये गये सर्वेक्षण के अनुसार, देश में संगठित और असंगठित, दोनों ही क्षेत्रों में श्रमिकों की कुल संख्या 45.9 करोड़ी थी। इनमें से 2.6 करोड़ श्रमिक संगठित क्षेत्र

में थे और 43.3 करोड़ असंगठित क्षेत्र में थे। जहां तक बीड़ी उद्योग का प्रश्न है इस उद्योग में राज्यानुसार श्रमिकों की संख्या इस प्रकार है :

सारणी संख्या–1.1: राज्यानुसार बीड़ी श्रमिकों की संख्या

क्र. सं.	*राज्य*	*कुल बीड़ी श्रमिक*	*परिचय पत्र प्राप्त संख्या*
1.	आन्ध्र प्रदेश	6,25,000	5,18,954
2.	असम	7,725	5,791
3.	बिहार	3,91,500	2,44,847
4.	गुजरात	50,000	48, 396
5.	कर्नाटक	3,60,876	2,98,395
6.	केरल	1,36, 416	1,12,887
7.	मध्य प्रदेश	7,50,000	6,92, 014
8.	महाराष्ट्र	2,56, 000	6,92,014
9.	उड़ीसा	1,60,000	1,47,274
10.	राजस्थान	1,00,000	70,930
11.	त्रिपुरा	5,000	4,814
12.	तमिलनाडू	6,21,000	6,04,949
13.	उत्तर प्रदेश	4,50,000	2,39,672
14.	पश्चिम बंगाल	4,97,758	4,97,758
	योग।	**44,11,275**	**36,89,116**

स्रोत : वार्शिक रिपोर्ट 2000–2001, श्रम मंत्रालय[27]

असंगठित क्षेत्र के मजदूरों की सामाजिक सुरक्षा और कल्याण की देख– रेख के लिए सरकार ने विधायी उपायों तथा कल्याण योजनाओं और कार्यक्रमों की द्विस्तरीय नीति अपनाई है। विधायी उपायों में न्यूनतम मजदूरी कानून, 1948; कर्मकार मुआवजा अधिनियम, 1923; मातृत्व अभिलाभ अधिनियम, 1961; बंधुआ मजदूरी प्रथा (उन्मूलन) अधिनियम, 1976 ; ठेका मजदूर (विनियमन

और उन्मूलन) अधिनियम, 1970 ; अंतर्राज्यीय प्रवासी कर्मकार (रोजगार विनियमन और सेवा शर्त) अधिनियम, 1979; भवन और अन्य विनिर्माण श्रमिक अधिनियम, 1996 आदि शामिल हैं।

भारत सरकार ने बीड़ी मजदूरों, कोयले को छोड़कर अन्य खानों के मजदूरों और सिने–कर्मियों के कल्याण के लिए कल्याण कोष का गठन किया है। इसकी धनराशि का उपयोग मजदूरों को उनके बच्चों की शिक्षा, मनोरंजन, चिकित्सा एवं स्वास्थ्य सेवाओं, मकानों के निर्माण आदि के लिए धनराशि उपलब्ध कराने पर किया जाता है। भवन और अन्य निर्माण श्रमिक (रोजगार विनियमन और सेवा शर्त) अधिनियम, 1996 के तहत यह भी प्रावधान किया गया है कि प्रत्येक राज्य सरकार कल्याण बोर्ड/कोष की स्थापना कर निर्माण कार्य में लगे श्रमिकों के कल्याण/सामाजिक सुरक्षा के लिए कदम उठाए। कुछ राज्यों जैसे– केरल ने असंगठित क्षेत्र में अधिसूचित श्रेणी के श्रमिकों के लिए कल्याण कोष की स्थापना की है।

भारत सरकार ने असंगठित श्रमिक कानून बनाया जो सामाजिक सुरक्षा अधिनियम 2008 के नाम से है। यह अधिनियम राष्ट्रीय स्तर पर संवैधानिक राष्ट्रीय सामाजिक सुरक्षा बोर्ड का केन्द्र स्तरीय और राज्य स्तरीय पर असंगठित कार्यकर्ता को सामाजिक सुरक्षा योजना देने की सिफारिश करता है। राष्ट्रीय सामाजिक सुरक्षा योजना के तहत जीवन और विकलांगता, स्वास्थ्य और मातृत्व लाभ, वृद्धा जीवन सुरक्षा और अन्य सुविधाएं दी जाती है। यह सभी केंद्र सरकार द्वारा निर्देशित होता है। राज्य स्तरीय बोर्ड कल्याणकारी योजना शुरू की है जैसे भविष्य निधि, कर्मचारी जख्मी सुविधा, घर बच्चों के लिए शिक्षा योजना, कर्मचारी की योग्यता को बढ़ाना अंतिम संस्कार में मदद और वृद्धा आश्रम इसमें सम्मिलित है।

(V) महिला श्रमिक

भारत की श्रमशक्ति में महिला श्रमिकों का एक प्रमुख हिस्सा है, लेकिन रोजगार के स्तर और गुणवत्ता की दृष्टि से वे पुरुषों से पीछे रह जाती हैं। भारत की जनगणना (2001) के अनुसार महिला श्रमिकों की संख्या 25.60 प्रतिशत है, यानी देश में महिलाओं की कुल संख्या 49 करोड़ 60 लाख में से 12 करोड़ 72 लाख 20 हजार महिलाएं श्रमिक हैं। अधिकांश श्रमिक महिलाएं ग्रामीण क्षेत्रों में हैं। ग्रामीण क्षेत्र की महिला श्रमिकों में 87 प्रतिशत खेतिहर मजदूर हैं। शहरी क्षेत्र में 80 प्रतिशत श्रमिक महिलाएं घरेलू उद्योगों, छोटे–मोटे व्यवसायों और नौकरी तथा भवन–निर्माण जैसे असंगठित क्षेत्रों में काम कर रही हैं। संगठित क्षेत्र (निजी और सार्वजनिक दोनों) में 31 मार्च, 2002 तक महिला श्रमिकों की संख्या लगभग 49 लाख 35 हजार थी। यह देश में संगठित क्षेत्र के कुल रोजगार का 17.8 प्रतिशत है। प्रमुख उद्योगों में महिला कर्मचारियों की तैनाती की संख्या विश्लेषण से पता चलता है कि अधिकतर महिलाएं सामुदायिक, सामाजिक और निजी सेवा–क्षेत्र में कार्यरत हैं। बिजली, गैस, जल क्षेत्रों में सबसे कम संख्या में महिलाओं को रोजगार मिला है। सन् 2000 में फैक्टरियों और बागानों में महिला श्रमिकों की संख्या कुल कर्मचारियों का क्रमशः 10 तथा 5 प्रतिशत थी। सन् 2000 में ही खनन प्रतिष्ठानों में महिला श्रमिकों की संख्या कुल श्रमिकों का 5 प्रतिशत थी।[28]

महिला श्रमिकों की समस्याएं

बीड़ी उद्योग तथा अन्य असंगठित क्षेत्रों मे महिला श्रमिकों की समस्याएं निम्नलिखित रहती हैं[29] :

1. **मजदूरी की समस्या**– स्त्रियों को कम मजदूरी मिलने के निम्न कारण हैं– कार्य शक्ति में कमी, संगठन का अभाव, प्रशिक्षण का अभाव, गतिशीलता का अभाव, स्त्रियां कम मजदूरी पर कार्य कर सकती हैं।

2. **दुर्व्यवहार**– जिन स्थानों में महिला श्रमिकों का उपयोग किया जाता है वहां पर अधिकांशतः उनके साथ दुर्व्यवहार होता है।
3. **मातृत्व काल की समस्या**– गर्भावस्था में महिलाओं को पर्याप्त अवकाश व चिकित्सा तथा आर्थिक सहायता नहीं दी जाती, जिससे उनको तो शारीरिक हानि होती है, उनकी सन्तानें भी दुर्बल व अनेक रोगों का शिकार हो जाती हैं।
4. **पारिवारिक उत्तरदायित्व**– स्त्रियों का एक मुख्य कार्य बच्चों का पालन–पोषण आदि का संचालन करता है। महिला श्रमिकों को दो मोर्चों पर कार्य करना पड़ता है, एक तो कारखाने और दूसरा घर पर। इन दोनों स्थानों पर कुल लगभग प्रतिदिन 15 घण्टे कार्य करना पड़ता है, जिससे उनका शरीर बहुत अधिक थक जाता है और उनकी कार्य–क्षमता तथा स्वास्थ्य पर बुरा प्रभाव पड़ता है।
5. प्रतिकूल वातावरण में अधिकांश स्त्रियां काम करती हैं जिससे शरीर और स्वास्थ्य पर बुरा प्रभाव पड़ता है।
6. महिलाओं में पारिवारिक उत्तरदायित्व, बीमारी व प्रसव आदि के कारण अनुपस्थिति और श्रम–परिवर्तन की दरें पुरुषों की अपेक्षा ऊँची होती है।

महिला श्रमिकों के समस्याओं के समाधान के लिए श्रम मंत्रालय में 'महिला श्रम प्रकोष्ठ' नाम का अलग प्रकोष्ठ कायम किया गया है।[30] कामकाज के स्थान पर महिला मजदूरों के हितों की सुरक्षा के लिए प्रसूति लाभ अधिनियम, 1961 और समान मजदूरी, 1976, दो संरक्षणात्मक तथा शोषणनिवारक कानून हैं। समान मजदूरी अधिनियम 1976 के तहत एक ही तरह के या एक समान काम के लिए पुरुष तथा महिला श्रमिकों को एक समान मजदूरी देने की व्यवस्था है। इस अधिनियम के अंतर्गत

भर्ती एवं सेवा शर्तों में महिला और पुरुष का भेदभाव दूर करने का भी प्रावधान है। अधिनियम के तहत केंद्र में एक समिति कायम की गई है, जो महिलाओं के लिए रोजगार के अवसर बढ़ाने के बारे में सरकार को सलाह देगी और अधिनियम के प्रभावी कार्यान्वयन के लिए किए जाने वाले उपायों की समीक्षा करेगी। राज्य सलाहकार बोर्ड तथा राज्य स्तर पर सलाहकार समितियां सक्षम अधिकारियों के साथ मिलकर समान मजदूरी अधिनियम, 1976 के कार्यान्वयन पर निगरानी रखती हैं।

साथ ही, मंत्रालय में कार्यरत महिला प्रकोष्ठ भी महिला श्रमिकों के कल्याण के लिए अनुदान–सहायता योजना लागू कर रहा है। यह योजना स्वैच्छिक संगठनों के माध्यम से चलाई जा रही है और इन संगठनों को उन परियोजनाओं के क्रियान्वयन के लिए अनुदान सहायता दी जाती है, जिनका उद्देश्य है महिला श्रमिकों में उनके अपने अधिकारों तथा महिलाओं से संबंधित योजनाओं और कार्यक्रमों के प्रति जागरूकता पैदा करना, जिन्हें केन्द्र/राज्य सरकारें चला रही हैं। ग्यारहवीं पंचवर्षीय योजना में दसवीं पंचवर्षीय योजना की स्वीकृत 245 लाख रुपये की ये राशि को बढ़ाकर 270 लाख रुपए करने का प्रस्ताव है।

उच्चतम न्यायालय ने 13 अगस्त, 1997 को विशाखा और अन्य बनाम राजस्थान सरकार व अन्य के मामले में दिए गए अपने ऐतिहासिक फैसले में काम के स्थान पर महिलाओं का यौन उत्पीड़न रोकने के लिए व्यापक दिशानिर्देश/मानक निर्धारित किए थे। इन दिशानिर्देशों को संविधान के अनुच्छेद 141 के अंतर्गत कानूनी ताकत भी प्राप्त है।

सरकार ने उच्चतम न्यायालय द्वारा निर्धारित इन दिशानिर्देशों को अमली जामा पहनाने के लिए कई उपाय किए हैं। इन उपायों में इन दिशानिर्देशों को भारत सरकार के सभी सचिवों/राज्य सरकारों/केन्द्रशासित प्रदेशों के मुख्य सचिवों, केंद्र सरकार के

सार्वजनिक प्रतिष्ठानों के प्रमुखों तथा कर्मचारी/नियोक्ता संगठनों के प्रमुखों के पास भेजना भी शामिल है, ताकि वे निर्धारित कार्रवाई कर सकें। उच्चतम न्यायालय के दिशानिर्देशों का पालन करने के उद्देश्य से सरकारी कर्मचारियों तथा अखिल भारतीय सेवाओं के अधिकारियों, कर्मचारियों की आचरण नियमावली में संशोधन किए गए हैं। इन दिशानिर्देशों को निजी क्षेत्र के कर्मचारियों के लिए भी लागू करने के उद्देश्य से औद्योगिक रोजगार (स्थायी आदेश) अधिनियम, 1946 में भी उचित संशोधन किए गए हैं।

Notes

* The National Commission on Labour observed certain difficulties in defining the unorganised Labour, Therefore, the Commission described the characteristics of this sector as follows :

(a) Casual nature of employment,

(b) Ignorance and illiteracy,

(c) Small size of establishment with low capital investment per person employed,

(d) Scattered nature of the establishments; and

(e) Super strength of the employers operating singly and in combination.

(The National Commission on Labour, 1969, Government of India)

References

1. K.C. Jamal : Urban Informal Sector, Manak Publication Pvt. Ltd., New Delhi, 1990, pp. 64-81.
2. M.P. Todaro : A Model of labour migration and urban unemployment in less developed countries, American Economic Review, Vol. 39, No. 1, March, 1969, pp. 138-148.
3. O.P. Saxena : Rural-Urban Migration in India, causes and consequences, Popular Prakashan, Bombay, 1978.
4. M. Barret, Women's Oppression Today, verso, London, pp. 43-56 and Gadgil D.R. (1965), Women in the working force in India, Gokhale Institute of Economics and Politics, Pune, 1980.

5. ILO : Women in the Indian Labour, Fore, ILO, Geneva, 1981.
6. Bernard Kessler : Manpower of Movement and Labour Markets, OECD, Paris, 1971.
7. Y.P. Murdock : Social Structure, Macmillan, New York, 1949, p. 79.
8. G.E. Murdock : Ethnographic Atlas, A Summary Ethnology, Vol. 6, No. 2, April, 1967.
9. Evelyn Reed : Problems of women's liberation, N.Y. Pathfinders, 1977, p. 17.
10. A. Montague : The Natural Superiority of Women, George Allen & Unwin Ltd., London, 1954, pp. 50-51.
11. Elies Herelock : Quoted in feminine character by Viala Klein, p. 45, Poutledge, London, 1946.
12. See for detail analysis, K.N.S. Yadava, Rural- Urban Migration in India, Independent Publishing Company, Delhi.
13. Hurtmann, quoted in Green L., Migration, Urbanisation and Development in Nigeria, 1971, p. 86.
14. Sherry Orther : Is female to male as nature is to culture : in women culture and society ed. by M.Z. Resal do and L. lamphere, Stanford University Press, Stanford, 1974.
15. Margaret Mead : Sere and temperament in three primitive Societies, Mcgraw, New York, 1935, p. 27.
16. Fried, Quoted in R.N. Mathur : Quality of working life of Women construction workers, Commonwealth Publishers, New Delhi, 1989.
17. K. Millet : Psycho Analysis and Women, Penguin Book, 1973, p. 5.
18. Thompson : quoted in "Pyshcho Analysis and women", Penguin Books, 1973. p. 92.
19. Karl Marx and F Engels : German Ideology, Lowrence and Wishart, London, 1972.
20. Ganesh Pandey and Aruna Pandey : Industrial Sociology (In Hindi), Radha Publications, New Delhi, 2005, pp. 1-2.
21. Section (i) of industrial Disputes, Act of Idia.
22. Director General of Employment and Training, Ministry of Labour, Govt. of India, New Delhi.

23. Estimation of Informal Employment in India, Expert group on Informal Sector Statistics (Delhi Group), Paper No. 3, 11th and 12th May 2006, New Delhi, India.
24. B.C. Saxena and P. Saxena (ed.) : Labour in unorganised Sector, Labour Economics, National Publishing House, New Delhi, 1984, p. 17.
25. भारत 2010 : वार्षिक सन्दर्भ ग्रन्थ, गवेशणा, सन्दर्भ और प्रशिक्षण प्रभाग, प्रकाशन विभाग, सूचना और प्रसारण मंत्रालय, भारत सरकार नई दिल्ली, 2010, पृ0 792।
26. Estimation of Informal Employment in India, Expert group on Informal Sector Statistics (Delhi Group), Paper No. 3, 11th and 12th May 2006, New Delhi, India.
27. Labour Annual Report 2000-2001, Ministry of Labour, Govt. of India, New Delhi.
28. India 2010: Ibid, New Delhi, 2010, pp. 790-791.
29. V.C. Sinha and Jaya Sinha : Audyogik Samajvikhyan, Mayur Paper Box, Noida, Vol. 2, 2004, pp. 428-430.
30. India 2010: *Ibid*, New Delhi, 2010, pp. 792-793.

3

अध्ययन का क्षेत्र एवं पद्धतितन्त्र

यदि हम वर्तमान श्रम परिदृश्य पर नजर डाले तो पाएंगे कि एक अरब से ज्यादा आबादी वाले देश भारत में श्रमिकों के सामने कई तरह की समस्याएं हैं। विडंबना यह है कि जिन श्रम कानूनों को लेकर आज इतना शोरगुल हो रहा है, उनका लाभ केवल 10 फीसदी श्रमिक आबादी को ही मिल पाता है, जो संगठित क्षेत्र में काम करती है, जबकि देश की कुल श्रमिक आबादी का 90 प्रतिशत असंगठित क्षेत्र में कार्यरत हैं। असंगठित क्षेत्र में पारिश्रमिक किसी तयशुदा फार्मूले पर आधारित नहीं है और न तो श्रमिक–कल्याण से जुड़ी अन्य बातों का यहाँ ध्यान रखा जाता है। कई मामलों में तो इन गरीब श्रमिकों के बुनियादी मानवाधिकारों का भी ध्यान नहीं रखा जाता। इस क्षेत्र के श्रमिकों की एक बड़ी आबादी ऐसी है, जिन्हें न्यूनतम मजदूरी तक मयस्सर नहीं है। इसके अतिरिक्त, इन श्रमिकों की काम की स्थितियां भी काफी भयावह है।

विकास की प्रक्रिया में भी इन श्रमिकों को मूलधारा से अलग करने के परम्परागत प्रयास दिखलायी पड़ते हैं। उत्पादन के स्रोतों और संसाधनों पर उनका निजी स्थायित्व प्रस्थापित नहीं हो पाया है, उन्हें मेहनत की कम मजदूरी दी जाती है। अशिक्षा, अज्ञानता, उपेक्षा, रोजगार के अस्थायी रूप के कारण शोषण किया जाता है, स्वास्थ्य की देखभाल नहीं की जाती है। असंगठित उद्योग में पूरा परिवार लगकर कार्य करता है फिर भी रोज मुश्किल से गुजारा हो पाता है। असंगठित उद्योग में कार्यरत श्रमिकों के लिए संगठित क्षेत्र की भांति भविष्यनिधि तथा पेंशन स्कीम आदि की कोई व्यवस्था नहीं है और न हीं इन उद्योगों के विकास तथा संवर्धन के लिए पर्याप्त ढ़ाचागत सुविधाएं ही उपलब्ध है।

औद्योगिकरण और आधुनिक बाजार–व्यवस्था के कारण इन श्रमिकों के समक्ष नवीन आर्थिक–समस्याओं को जन्म मिला है। अतः विषय की गम्भीरता को देखते हुए इन श्रमिक परिवारों को अध्ययन आवश्यक हो जाता है। वर्तमान अध्ययन इस क्षेत्र में ही एक प्रयास है। अध्ययन में पूर्वी उ0प्र0 के मिर्जापुर जनपद के अहरौरा क्षेत्र के असंगठित उद्योग बीड़ी में संलग्न श्रमिक परिवारों की सामाजिक–आर्थिक दशाओं, कार्य की प्रकृति, सुरक्षा, स्वास्थ्य, शिक्षा आदि समस्याओं को जानने का प्रयास किया गया है।

राष्ट्रीय नमूना सर्वेक्षण के अनुसार 76 प्रतिशत लोगों को रोजगार अकेले बीड़ी निर्माण उद्योग प्रदान करता है। इनमें 10 मिलियन श्रमिक बीड़ी उद्योग में कार्य करते हैं।* बीड़ी रोलिंग कार्य में बड़ी तादाद में महिलाओं की संलग्नता है। असंगठित उद्योग में संलग्न महिला श्रमिकों में से 76 प्रतिशत से ऊपर महिला श्रमिक केवल बीड़ी कार्य में संलग्न हैं। इनमें भी ज्यादातर मुस्लिम औरतें व बच्चे कार्यरत हैं, जो अपने परम्परा के कारण घर से बाहर कार्य न करने के लिए बाध्य हैं। लेकिन धीरे–धीरे

अब निम्न जातियों के लोग भी अपनी निम्न आर्थिक स्थिति के कारण बच्चों सहित बीड़ी बनाने के कार्य में संलग्न होते जा रहे हैं। इस कार्य में इन्हें एक हजार बीड़ी बनाने पर 40 से 50 रूपये तक आमदनी प्राप्त हो जाती है। यह स्थान विशेष के स्थानीय भाव के अनुसार रहता है।

अड़तालीस प्रतिशत भारतीय तम्बाकू का उपयोग बीड़ी बनाने में किया जाता है। बीड़ी बनाने के लिए सभी आवश्यक कच्ची सामग्री भारत में उत्पादित की जाती है। इसके लिए किसी अन्य मशीनरी एवं विदेशी विनिमय की आवश्यकता नहीं होती। श्रमिक मुंशी, मेठ या मालिक के यहां से या बाजार से सूर्ती व तेंदू पत्ता लाते हैं और बीड़ी बनाते हैं। ग्रामीण क्षेत्र में यह उद्योग घरेलू महिलाओं व गरीबों के लिए रोजगार व आमदनी का प्रमुख साधन हो गया है। कहीं––कहीं तो हालात यहां तक है कि जब बीड़ी बनाने में महिलाएं अपना जीवन होम करती हैं, तभी उनके घर का चूल्हा जलता है। परिवारों के पुरुष सदस्य कोई उद्योग नहीं होने के कारण बेरोजगार रहते हैं अतः परिवार के भरण–पोषण के लिए महिलाओं को बीड़ी बनाने का काम करना ही पड़ता है। ऐसे में जो महिला बीड़ी नहीं बना पाती, वह पति और परिवार के लिए बेकार मान ली जाती है और उसका परित्याग कर दिया जाता है। पश्चिमी बंगाल से सटे झारखण्ड के पाकुड़ और महेशपुर प्रखण्ड में बीड़ी न बना पाने के जुर्म में करीब दो दर्जन महिलाएं तलाक का दंश झेल रही हैं। कई मामले ऐसे भी हैं जहां किसी महिला ने कम बीड़ी बनाई तो उसे पति ने तलाक दे दिया।[1]

आज अधिकांश बीड़ी श्रमिकों को अन्य श्रमिकों के समानान्तर या उससे कहीं अत्यधिक श्रम करने के बावजूद निरन्तर उपेक्षा एवं व्यक्तित्व हीनता का शिकार होना पड़ रहा है। बीड़ी श्रमिक प्रायः मालिकों एवं ठेकेदारों के मनमानी शर्तों पर काम करने को

बाध्य हैं। इनके पास अपने बच्चों के लिए समुचित समय का अभाव होता है। बच्चों के शिक्षा का स्तर भी निम्न होता है। गरीबी, अशिक्षा व अज्ञानता आदि इनके जीवन की विशेषता हो चली है। बीड़ी उद्योग के क्षेत्र में श्रमिकों की बढ़ती संख्या, उनकी समस्या और दशा को देखते हुए ही इस अध्ययन में परम्परागत बीड़ी उद्योग में संलग्न श्रमिक परिवारों की सामाजिक दशाओं को जानने का प्रयास किया गया है।

अध्ययन का क्षेत्र

वर्तमान अध्ययन पूर्वी उत्तर प्रदेश में अवस्थित मिर्जापुर जनपद से सम्बद्ध है। मिर्जापुर जिले के जमालपुर विकासखण्ड के अहरौरा नगरपालिका क्षेत्र का चयन अध्ययन में किया गया है। मिर्जापुर उत्तर–प्रदेश का एक ऐसा जनपद है, जिसका अपना ऐतिहासिक और सांस्कृतिक महत्व है। सांस्कृतिक परम्पराओं में अद्वितीय, प्राकृतिक सौन्दर्य के अक्षय भण्डार तथा अनन्त वैभव के प्रतीक नगर, मिर्जापुर की तहसीलों में पर्वतमालाओं और सोन नदी की घाटी में जनसंख्या निवास करती है।

प्रशासनिक दृष्टिकोण से जनपद को मिर्जापुर, लालगंज, मड़िहान व चुनार चार तहसील स्तरीय प्रशासनिक उपकेन्द्रों में विभाजित किया गया है। जनपद का मुख्यालय मिर्जापुर तहसील में केन्द्रित है। जनपद में कुल 105 न्याय पंचायत, 785 ग्राम पंचायत तथा 12 सामुदायिक विकास खण्ड हैं।

मिर्जापुर प्राचीन नगरों में से एक हैं। यह जनपद सन् 1861 ई0 में इलाहाबाद से अलग होकर स्वतंत्र जनपद के रूप में प्रतिष्ठित हुआ, जो पूर्व काल में वाराणसी का अंग था। 1775 ई0 में औपचारिक रूप से उसकी प्रभुसत्ता अवध के नवाब द्वारा ईस्ट इण्डिया कम्पनी को सौंप दी गयी थी परन्तु उसका प्रबन्धात्मक शासन काफी समय तक काशी नरेश की जमींदारी

के अन्तर्गत रहा। बाद में इसे गवर्नर जनरल के अधीन कर दिया गया।[2] मिर्जापुर गजेटियर के अनुसार नगरपालिका की स्थापना 25 जून, 1867 ई0 को हुई थी।[3] हिन्दी शब्द– कोष के अनुसार मिर्जापुर जनपद, कोलकाता, एवं मुम्बई के बाद सबसे बड़ा मुख्य व्यापारी केन्द्र रहा है।[4] रूई, बर्तन, दरी आदि यहां के प्रमुख व्यापारिक तत्व थे। यहां से निर्मित रूई तथा कालीन भारत में प्रथम स्थान रखता था। प्राकृतिक एवं भौगोलिक दृष्टि से सम्पन्न तथा आर्थिक–सामाजिक दृष्टि से विपन्न मिर्जापुर जनपद उत्तर–प्रदेश के दक्षिण–पूर्वांचल में $23^0.52^0$ से $25^0.32^0$ उत्तरी अक्षांश एवं $82^0.7^0$ से $83^0.33^0$ पूर्वी देशान्तर के मध्य स्थित है।[5] इसका क्षेत्रफल 4521 वर्ग किमी0 है। जनपद की नगरीय जनसंख्या 287 हजार तथा ग्रमीण जनसंख्या 1788 हजार है। 2011 की जनगणना के अनुसार जनपद में जनसंख्या घनत्व 566 व्यक्ति प्रति वर्ग किमी0 है।

जनगणना 2001 के अनुसार जनपद में लगभग 92.30 प्रतिशत हिन्दू धर्मावलम्बी तथा शेष 07.70 प्रतिशत अन्य धर्मों के लोग हैं। 2001 की जनगणना के अनुसार 554102 अनुसूचित जाति जनसंख्या एवं 1302 जनजाति जनसंख्या निवास करती है।

दशक 2001–2011 के मध्य में मिर्जापुर जनपद की जनसंख्या में पर्याप्त वृद्धि 20.24 प्रतिशत हुई है। पुरुष एवं स्त्री जनसंख्या में वृद्धि हुई है। 2001 में कुल जनसंख्या 2116042 थी जो बढ़कर 2011 में 2494533 हो गयी। 2011 में जनपद की जनसंख्या में 1312822 पुरुष एवं 1181711 स्त्रियां हैं।

जनपद मिर्जापुर की अर्थव्यवस्था में कृषि का आधारभूत स्थान है। सम्पूर्ण जनसंख्या के 79 प्रतिशत व्यक्ति कृषि या कृषि श्रमिक के रूप में तथा 21 प्रतिशत कर्मिक अन्य उद्यम एवं व्यवसायों में कार्यरत हैं।

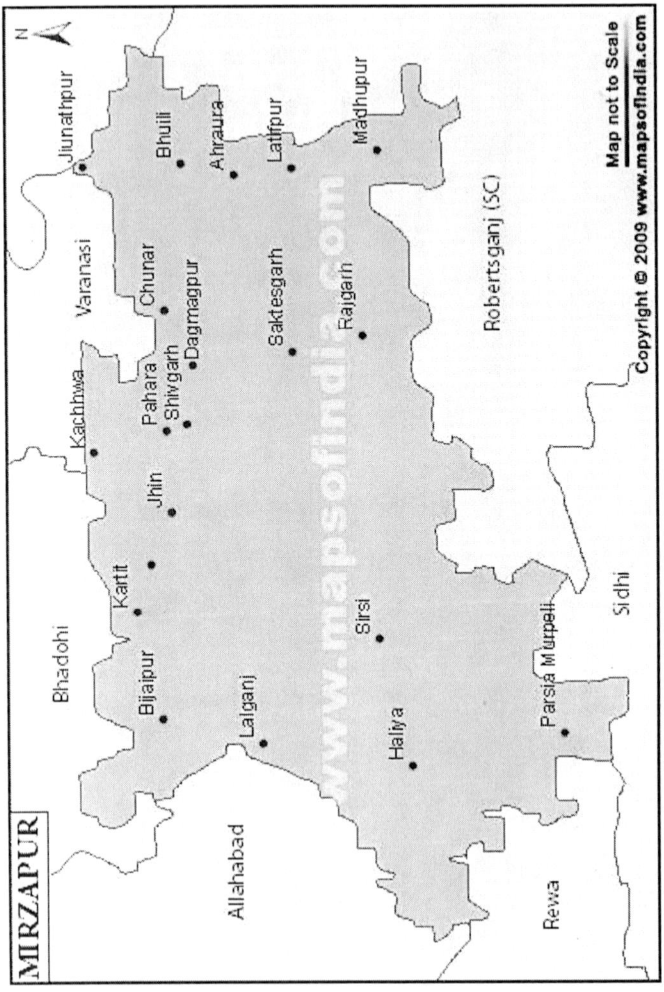

मिर्जापुर जनपद का मानचित्र

2011 की जनगणना के अनुसार जनपद में साक्षर व्यक्तियों की जनसंख्या 70.38 प्रतिशत है। जिसमें 80.83 प्रतिशत पुरुष साक्षर एवं 58.77 प्रतिशत स्त्रियां साक्षर हैं। साक्षरता स्तर की वृद्धि से यह तथ्य स्पष्ट होता है कि जनपद में शिक्षा विकास की प्रक्रिया से यहां की शिक्षा प्रभावित हुई हैं। 4521 वर्ग किलोमीटर क्षेत्रफल वाले इस जनपद में मान्यता प्राप्त बेसिक स्कूलों की संख्या 1322 है, सीनियर बेसिक स्कूल (बालक) 220, सीनियर बेसिक स्कूल (बालिका) 63, हायर सेकेण्ड्री स्कूल (बालक व बालिका क्रमशः) 63 व 22, कुल महाविद्यालय 8 हैं, जिसमें 3 बालिका महाविद्यालय हैं। 6 स्नातकोत्तर महाविद्यालय जिसमें 2 बालिका स्नातकोत्तर महाविद्यालय हैं।

मिर्जापुर जनपद में 31.03.2009 तक कुल 1966 ग्राम हैं जिसमें 1748 आबाद ग्राम तथा 218 गैर आबाद ग्राम हैं। जमालपुर विकास खण्ड में कुल 226 ग्राम हैं जिसमें से आबाद ग्राम 206 तथा गैर आबाद ग्राम 20 हैं। मिर्जापुर जनपद में लोकसभा–1, विधानसभा–5, तहसील–4, सामुदायिक विकास खण्ड 12, न्याय पंचायत–105, ग्राम पंचायत–758, नगरपालिका–3, नगर पंचायत–1, है। मिर्जापुर जनपद में 10 एलोपैथिक, 50 आयुर्वेदिक, 25 होम्योपैथिक, 4 यूनानी, 7 सामुदायिक स्वास्थ्य केन्द्र, 44 प्राथमिक स्वास्थ्य केन्द्र, 17 परिवार मातृ शिशु कल्याण केन्द्र, 44 प्राथमिक स्वास्थ्य केन्द्र, 17 परिवार मातृ शिशु कल्याण केन्द्र, 251 परिवार एवं मातृ शिशु उप–कल्याण केन्द्र है। भूमि की उपयोगिता के आधार पर इस विशाल जनपद में 60 प्रतिशत भूमि पहाड़ों तथा जंगलों से घिरी है, केवल 40 प्रतिशत भूमि कृषि योग्य है। जनपद का अधिकांश भाग पहाड़ी है।

जनपद का गंगा का मैदानी भाग ही ऐसा सभांग है जहाँ पर फसल अच्छी होती है। इसमें सीखड़, मझवा, कोन, नारायनपुर

और जमालपुर विकास खण्ड की भूमि अत्यन्त उपजाऊ है। शेष क्षेत्रों में फसल उत्पादन वर्षा पर निर्भर करती है, जनपद की लगभग डेढ़ लाख हेक्टेयर कृषि भूमि में ही विभिन्न साधनों से सिंचाई की व्यवस्था है। सिचाई सुविधाओं के विस्तार पर प्रतिवर्ष करोड़ों रूपये व्यय होते हैं, लेकिन व्यय धनराशि और लक्ष्य के अनुरूप क्षेत्रों की सिचाई नहीं हो पाती। वर्षा पर कृषि निर्भर करने के कारण प्रत्येक वर्ष दक्षिणांचल के क्षेत्र सूखे की चपेट में आ जाते हैं।

जलवायु के दृष्टि से इस क्षेत्र की स्थिति अन्य जनपदों से भिन्न है। पठारी एवं पर्वतीय भूमि होने के कारण गर्मियों में पत्थरों से गर्म हवा निकलकर वातावरण को गर्म कर देती है। जनपद का उच्तम तापमान 44.6°C तथा निम्नतम तापमान 4.5°C रहता है। जनपद की औसत वर्षा लगभग 1043 मिली मीटर है।

मिर्जापुर जनपद के भौगोलिक क्षेत्रफल का लगभग 40 प्रतिशत भाग वनों से आच्छादित है। परिणामतः जनपद की अर्थव्यवस्था में वनों का अपना विशिष्ट स्थान है। दक्षिणांचल के अधिकांश निवासी वनों से लकड़ी तोड़कर, फलों का उपभोग कर तथा तेन्दू पत्तों को विनिमय के माध्यम से मुद्रा अर्जन कर जीवन–यापन करते हैं, परन्तु तेन्दू पत्तियों के राष्ट्रीयकरण तथा वनों के रख–रखाव एवं प्रशासन की स्थिति सुदृढ़ हो जाने से यहां के निर्धन निवासियों की आर्थिक निर्भरता को काफी ठेस पहुंची है।

यहां के वनोत्पादों से उन्हें रोजी–रोजगार तो मिलता ही था साथ ही औषधियां भी प्राप्त होती थी। जल, जमीन, जन, जंगल विभाग के अधिनियम के प्रावधान के अन्तर्गत कहीं न कहीं नियंत्रित होते हैं। जलावनी लकड़ी से लेकर महुआ, तेन, तेंदूपत्ता, पियार, मकोय, करवन, पिड़ारू, बैर आदि से वनवासी जीविकोपार्जन करते थे। चिरउजी की बिक्री से वनवासियों तथा अन्य गरीबों

की अर्थव्यवस्था दो महीने में ही सुदृढ़ हो जाती थी। जंगल में आंवला, हर्रा, हडर, बहेरा, मूठली, आकाश गंगा, हड़जोड़ आदि ऐसी वन औषधियां हैं जिनकी मांग गांवों में ज्यादा रहती है। इसकी आपूर्ति वनवासी करते थे।

जनपद की सामाजिक–सांस्कृतिक परिस्थितिकी पर दृष्टिपात करने पर ज्ञात होता है कि बहुमूल्य खनिज पदार्थों से सम्पन्न विन्ध्य एवं कैमूर पर्वत श्रेणियों से सुशोभित तथा महत्वपूर्ण वन्य पदार्थों वाले वनों से आच्छादित जनपद में जिस प्रकार भौगोलिक भिन्नता है उसी प्रकार विभिन्न उपसंभागों में रहने वाले लोगों के रहन–सहन, संस्कृति एवं सामाजिक स्थिति में भी भिन्नता है। मैदानी भाग के निवासी अधिक सम्पन्न, सुसंस्कृत एवं शिक्षित हैं तथा आधुनिक सुख–सुविधाओं से भरपूर हैं। इसके विपरीत दक्षिणांचल में रूढ़िवादी परम्परागत मान्यताओं से घिरे हुए मुख्यतः अनुसूचित जातियां एवं जनजातियां निवास करती हैं। भारतीय समाज संरचना के प्रमुख तत्व जाति–पद क्रम के अनुरूप ही इस जनपद की जातिगत स्थिति है। जाति पदक्रम में ब्राह्मणों की स्थिति उच्च तथा हरिजन एवं जनजातियों की निम्न है। जजमानी प्रथा, बन्धुआ मजदूर, वस्तु विनिमय आदि ग्रामीण विशेषताएं यहां के ग्राम्य जीवन में दृष्टिगत होते हैं।

जनपद के निवासी अपने परम्परागत नियमों के अनुरूप ही अपने त्यौहार, पर्व एवं संस्कार आदि को संचालित करते हैं। विभिन्न सामाजिक संस्कारों गें परम्परागत नियमों एवं मूल्यों की अवहेलना नहीं की जाती है। यद्यपि नगरीय परिवेश में कुछ नवीनता आ गयी है, परन्तु ग्रामीण परिवेश में परम्परागत मूल्यों का हीं आधिपत्य है।

स्वतन्त्रता प्राप्ति के पूर्व यह जनपद औद्योगिक दृष्टिकोण से अत्यन्त पिछड़ा माना जाता रहा है। वृहद उद्योगों का आर्विभाव

नहीं हुआ था, परन्तु परम्परागत पीतल के बर्तन का उद्योग, चुनार के चीनी मिट्टी का उद्योग, कालीन उद्योग, हथकरघा उद्योग एवं बीड़ी उद्योग ही औद्योगिक स्थिति के सूचक रहे हैं। ये उद्योग जनपद की सामाजिक–आर्थिक स्थिति के प्रगति एवं परिवर्तन में योगदान देते रहे हैं। स्वतंत्रता प्राप्ति के उपरान्त प्रशासन का ध्यान दक्षिणांचल में विद्यमान अपार प्राकृतिक भण्डारों के दोहन की ओर गया। फलस्वरूप औद्योगिक विकास का नया युग प्रारम्भ हुआ। वर्तमान समय में जनपद मिर्जापुर, एशिया के वृहद् औद्योगिक केन्द्रों में स्थान रखता है। 2001 के आकड़ों के अनुसार यह जनपद पूर्वी जनपदों में ही नहीं वरन् उत्तर–प्रदेश के औसत औद्योगिक उत्पादन में अपना एक महत्वपूर्ण स्थान रखता है। वर्तमान समय में जनपद मिर्जापुर में 484 ग्रामीण एवं लघु–उद्योग है। कालीन और पीतल के बर्तन के निर्माण के उद्योग में इस जिले की ख्याति है। यहां लगभग 26 करोड़ रूपये की मूल्य के पीतल के बर्तन प्रतिवर्ष बनते हैं। लगभग 40 हजार व्यक्ति इस धन्धे में लगे हुए हैं। कालीन के कार्य में भी लगभग 1.75 लाख व्यक्ति लिप्त हैं। यहां के कालीन विदेशों को निर्यात किये जाते हैं। लगभग 25 करोड़ रूपये के कालीनों का प्रतिवर्ष निर्यात होता है, लेकिन कालीन की बुनाई बनाने वालों का जीवन लगभग नारकीय बना हुआ है। इस कार्य में आर्थिक रूप से पिछड़े लोग लगे हैं।

अहरौरा

मिर्जापुर जनपद के जमालपुर विकासखण्ड का क्षेत्र अहरौरा 25.02°N व 83.02°E पर अवस्थित हैं।

जमालपुर विकासखण्ड का अहरौरा क्षेत्र मिर्जापुर जिले का एक नगरपालिका परिषद् है। यह एक प्राचीन एवं पर्वतीय क्षेत्र हैं, जहाँ प्राचीन मन्दिर एवं अशोक के शिलालेख अवस्थित है। 2001 के जनगणना अनुसार अहरौरा नगरपालिका क्षेत्र की कुल जनसंख्या 23,142 है जिसमें पुरुषों की जनसंख्या 52 प्रतिशत तथा 48 प्रतिशत महिला जनसंख्या है। अहरौरा की कुल साक्षरता दर 52 प्रतिशत है जिसमें 63 प्रतिशत पुरुष एवं 37 प्रतिशत महिलाओं का साक्षरता दर है। 18 प्रतिशत जनसंख्या 6 वर्ष के नीचे की है।

गांव के लोग कृषि, नौकरी, उद्योग, घरेलू, उद्योगों एवं अन्य कृषि से सम्बन्धित कार्यों में लगे हुए हैं। कृषि, आर्थिक संरचना का मुख्य आधार है लेकिन अधिकांश जनसंख्या तेन्दू पत्ती के मौसम में मुख्य व्यवसाय के रूप में इसे स्वीकार करती हैं। बीड़ी उद्योग में भी यह जनसंख्या लिप्त है। अहरौरा नगरपालिका क्षेत्र में कुल 12 पंजीकृत व 2 अपंजीकृत बीड़ी बनाने वाले उद्योग संलग्न हैं। पंजीकृत में सदाफल बीड़ी, बंशी बीड़ी, प्रकाश बीड़ी, जोखू बीड़ी, रूस्तम बीड़ी, पुकार बीड़ी, लालछाप बीड़ी, मन्ना बीड़ी, बाबा बीड़ी, मस्ताना बीड़ी, दीवाना बीड़ी, अशोक बीड़ी तथा अपंजीकृत में नगीना बीड़ी व मारूति बीड़ी उद्योग है।

अहरौरा के गांवों में मुख्यतः दो फसलें उगाई उगाई जाती हैं। खरीफ एवं रवि, खरीफ की फसल दो भागों में भदई एवं अगहनी में विभक्त है। रवि फसल को चैती की संज्ञा दी जाती है। जिन ग्रामवासियों के पास अपने कुएं हैं वे प्रायः अपने खेतों में कुछ न कुछ उपजाते रहते हैं। खेत की भूमि छोटे–छोटे टुकड़ों में होने के कारण लोगों का अधिकांश समय खेतों पर ही व्यतीत होता है। कुछ लोग कुटीर उद्योग से सम्बन्धित आर्थिक क्रियायें करते हुए देखे जा सकते हैं। कुटीर उद्योगों में मुख्य क्रियाएं

पंखा बनाना, टोकरी बनाना, रस्सी बनाना एवं चटाई बुनना आदि है। इसके अतिरिक्त काष्ठ उद्योग, रेशम उद्योग, टिन उद्योग एवं पत्थर उद्योग भी क्रियाशील है।

अध्ययन का उद्देश्य

यह अध्ययन मिर्जापुर जिले के अन्तर्गत जमालपुर विकास खण्ड के अहरौरा नगरपालिका क्षेत्र पर आधारित है। यह प्रत्यक्ष ज्ञानात्मक विवरणात्मक अध्ययन है। इसकी समस्याएं विवरण को स्पष्ट करने के लिए निर्मित की गयी हैं। तथ्यों का पता लगाकर उनका विश्लेषण करना हमारा उद्देश्य है। तथ्यों का पता लगाना बहुत आवश्यक होता है क्योंकि तथ्यों के बिना जनसाधारण के मन में अनेकों प्रकार की निराधार धारणाएं पनपती हैं (कम्फर्ट: 1963)[6] और हमारे सामने जो कुछ भी आता है उसमें आग्रहपूर्वक मत तो होते हैं पर विश्वसनीय आधार सामग्री बहुत थोड़ी होती है (कार्प्स टेयर्स : 1963)[7]। प्रस्तुत अध्ययन के कुछ प्रमुख उद्देश्य इस प्रकार है :

1. बीड़ी उद्योग में कार्यरत महिला श्रमिकों की सामाजिक पृष्ठभूमि जैसे आयु, जाति, धर्म, विवाह, परिवार एवं आवासीय स्वरूप आदि को जानना।
2. उनकी मासिक आय, कर्ज की स्थिति आय के सापेक्ष व्यय, नशा खोरी और निम्न आर्थिक स्थिति के कारणों का पता लगाना।
3. उनके सामाजिक–सांस्कृतिक जीवन, धार्मिकता, जातीय भेदभाव, छुआ–छूत, की भावना, बच्चों की शिक्षा, राजनीतिक सहभागिता, संघ या संगठन की सदस्यता आदि के बारे में जानकारी प्राप्त करना।

4. बीड़ी उद्योग में कार्य की अवधि, सेवायोजन की प्रकृति, हुनर स्थानान्तरण, मजदूरी, व्यवसाय चयन का कारण और कार्य से सन्तुष्टि को जानना।
5. उनके स्वास्थ्य की स्थिति, बीमारियां, समाजिक सुरक्षा से सम्बन्धित विभिन्न कल्याण कार्यक्रमों, विधानों, योजनाओं और उनसे लाभान्वयन की जानकारी प्राप्त करना।

उपर्युक्त अध्ययन के कुछ प्रमुख उद्देश्य हैं जिनके आधार पर वर्तमान अध्ययन कार्य किया गया है।

उपकल्पनात्मक कथन

किसी भी वैज्ञानिक अनुसंधान में उपकल्पना का आधारभूत महत्व रहता है क्योंकि उपकल्पना ही अध्ययन कार्य को निश्चितता प्रदान करती है, उसकी दिशा निर्धारित करती है। अनुसंधान क्षेत्र को सीमित करती हैं, सम्बन्धित तथ्यों के संकलन में सहायता करती है तथा निष्कर्ष निकालने में सहायक होती है। गुडे एवं हाट ने इसके महत्व की चर्चा करते हुए लिखा है, "उपकल्पना के अभाव में अनुसंधान एक अनिर्दिष्ट विचारहीन विचरण के समान है। उसके परिणामों को स्पष्ट अर्थ वाले तथ्यों में नहीं रखा जा सकता। उपकल्पना सिद्धान्त तथा अनुसंधान के बीच में एक आवश्यक कड़ी हैं जो ज्ञान की वृद्धि की खोज में सहायक होती है।[8] इस अध्ययन की कुछ प्रमुख उपकल्पाएं जिनका परीक्षण निष्कर्ष के अध्याय में किया गया है, इस प्रकार है–

(1) बीड़ी उद्योग में संलग्न श्रमिक उच्च जाति की अपेक्षा निम्न जातियों के होते हैं और उनमें शिक्षा का स्तर निम्न होता है।

(2) बीड़ी श्रमिक कमजोर आर्थिक वर्ग से सम्बन्धित होते हैं तथा आर्थिक दबाव के चलते बीड़ी रोलिंग का कार्य करते हैं।

(3) बीड़ी श्रमिकों के सामाजिक जीवन में भारतीय ग्रामीण समाज के परम्परागत धार्मिक एवं सांस्कृतिक क्रियाकलापों का विशेष महत्व रहता है।

(4) बीड़ी रोलिंग के क्षेत्र में अनुभव की वृद्धि उत्पादकता में कमी लाती है।

(5) बीड़ी उद्योग में कार्य की वर्तमान दशाएं बीड़ी श्रमिकों के स्वास्थ्य के विकास में सहायक नहीं हैं।

(6) बीड़ी श्रमिकों में संगठन का अभाव होता है तथा श्रम कल्याण की सुविधाओं के प्रति वे अनभिज्ञ होते हैं।

अध्ययन का समग्र और निदर्शन

वर्णनात्मक प्रारूप पर आधारित इस अध्ययन में सामाजिक अनुसंधान की विशिष्ट प्रकृति, सीमित समय व विषय की व्यापकता एवं गहनता को ध्यान में रखते हुए मिर्जापुर जिले के जमालपुर विकास खण्ड के अहरौरा नगरपालिका क्षेत्र का चयन किया गया है। अहरौरा नगरपालिका क्षेत्र में कुल 25 वार्ड हैं, जिनमें लगभग 20 वार्डों में महिला श्रमिक बीड़ी बनाने के कार्य में संलग्न हैं। इन 20 वार्डों के बीड़ी उद्योग में संलग्न श्रमिक परिवार अध्ययन के समग्र में शामिल हैं। निदर्श में हमने प्रत्येक चौथे वार्ड–बुढ़ादेई, नान्हक बाबा चौक, मल्लाही टोला, छोटी पट्‌टी कोइरान बाजार अर्थात् कुल 5 वार्डों के श्रमिक परिवारों का चयन नियमित अंकन विधि (Regular marking system) द्वारा किया है।

पूर्व सर्वेक्षण से यह ज्ञात हुआ कि इन श्रमिक परिवारों में पुरुष सदस्य रिक्शा–ट्राली चलाने, पल्लेदारी, पत्थर तोड़ने, खिलौना बनाने आदि कार्यों को करते हैं। बीड़ी बनाने का ये कार्य नहीं करते। इनकी महिलाएं बीड़ी का कार्य करती हैं। अतः हमने पुरुष उत्तरदाताओं की अनुपलब्धता के कारण इन 5 वार्डों में बीड़ी बनाने वाली महिला श्रमिकों को ही जिनकी संख्या 927 है, का चयन किया। प्रत्येक वार्ड से 34 प्रतिशत उत्तरदात्रियों जिनकी

संख्या 315 थी, का चयन हमने उद्देश्यपूर्ण दैव निदर्शन विधि द्वारा किया। निदर्श को उचित प्रतिनिधित्व देने के लिए उत्तरदात्रियों के चयन में विभिन्न जाति, धर्म, आय, शिक्षा एवं आयु वर्ग के सदस्यों को शामिल किया गया। गणना की सुविधा हेतु 15 उत्तरदात्रियों को हटाकर मैनें यह पूर्णांक 300 कर लिया। समय और साधनों को ध्यान में रखते हुए ही हमने ऐसा किया।

सारणी संख्या 2.1: निदर्श का स्वरूप

क्र. सं.	*वार्ड*	*श्रमिक परिवारों की संख्या*	*चयनित 34% की संख्या*
1.	बुढ़ादेई	215	73.10
2.	नान्हक बाबा चौक	164	55.76
3.	मल्लाही टोला	153	52.02
4.	छोटी पट्टी	206	70.04
5.	कोइरान बाजार	189	64.26
	योग	**927**	**315.18**

तथ्य संकलन के स्रोत

किसी भी अध्ययन में यह समस्या रहती है कि उसमें प्रयुक्त होने वाले तथ्यों या सामग्री का स्वरूप क्या होगा अथवा उसे किन स्रोतों से प्राप्त किया जायेगा। पालिन यंग का कहना है कि ये स्रोत अनुसंधान की प्रकृति तथा शोधकर्ता की रूचि पर निर्भर करते हैं।[७] इस अध्ययन से सम्बन्धित तथ्यों का संकलन द्वैतीयक तथा प्राथमिक दोनों ही स्रोतों के माध्यम से किया गया है। द्वितीयक स्रोत के अन्तर्गत पुस्तकों, पत्रिकाओं, रिकार्डों, तथा इंटरनेट से प्राप्त सूचनाओं आदि को प्रयोग में लाया गया है। द्वैतीयक स्रोतों के आधार पर ही अनुसंधान की रूपरेखा तैयार

की गयी, लेकिन उपकल्पनाओं को प्रमाणित करने के लिए प्राथमिक स्रोतों के माध्यम से तथ्यों का संकलन किया गया जिसमें निम्न विधियां प्रमुख थीं–

1. महिला बीड़ी श्रमिकों से साक्षात्कार अनुसूची के माध्यम से आवश्यक तथ्य संकलित किये गये। साक्षात्कार अनुसूची में मुक्त तथा अमुक्त दोनों प्रकार के प्रश्न थे। अमुक्त प्रकृति के प्रश्नों में कुछ बहुवैकल्पिक, कुछ श्रेणीबद्ध तथा कुछ संयोजित प्रश्न सम्मिलित थे। मौलिक अनुसूची का 20 ईकाइयों पर पूर्व परीक्षण किया गया। परीक्षण के आधार पर अनुसूची से कुछ अस्पष्ट तथा अनिश्चित प्रत्युत्तर वाले प्रश्नों को निकाल दिया गया। कुछ अतिरिक्त प्रश्नों की अनिवार्यता समझी गयी, जिन्हें सम्मिलित किया गया तथा कुछ प्रश्नों की भाषा एवं प्रकृति में संशोधन किया गया। अनुसूची के माध्यम से सम्पर्क स्थापित कर साक्षात्कार विधि द्वारा तथ्यों का संकलन किया गया। अनुसूची में अनेक प्रश्न ऐसे थे, जिनके सम्भाव्य उत्तर अंकित नहीं थे। ऐसी दशा में श्रमिक महिलाओं को अपने विचार व्यक्त करने में कठिनाई होती थी। ऐसी स्थिति में उक्त प्रश्नों को सरल कर उनसे उत्तर प्राप्त किया। सही उत्तर प्राप्त करने के लिए विचार–विमर्श को प्रोत्साहन दिया।
2. महिला बीड़ी श्रमिकों की सामाजिक एवं आर्थिक स्थिति एवं उनके विचारों की गहराई व अभिव्यक्ति आदि के बारे में जो तथ्य साक्षात्कार–अनुसूची के द्वारा एकत्रित किये गये, उनका मूल्यांकन सामान्य अवलोकन की पद्धति से किया गया ताकि किसी प्रकार की कमी न रह सके। इस पद्धति के द्वारा उनके मूल्यों, विचारों एवं वास्तविक व्यवहारों के अन्तरों का भली–भाँति अध्ययन किया जा सका।

3. कभी–कभी ऐसा होता है कि कुछ सूचनाएँ सही नहीं हो पातीं। अतः उनको प्राप्त करने के लिए साक्षात्कार अनिवार्य हो जाता हैं। इस अध्ययन में स्वयं उत्तरदात्रियों से सम्बन्ध स्थापित करके विचारों के आदान–प्रदान द्वारा सूचनाओं को एकत्र करने का प्रयास किया गया है। अनुसूची में दिये गये प्रश्नों का उत्तर प्राप्त करने के अलावा अध्ययनकर्ता कुछ सूचनादाताओं से समस्या के सम्बन्ध में कुछ विशेष जानकारी प्राप्त करने के लिए व्यक्तिगत रूप से साक्षात्कार भी किया।
4. सामान्य अवलोकन के साथ–साथ अध्ययन के लिए कुछ वैयक्तिक अध्ययन प्रणाली भी अपनायी गयी। सामाजिक विज्ञानों में प्रगति के लिए व्यक्ति अध्ययन प्रणाली के बहुविधि उपयोग तथा योगदानों का उल्लेख करते हुए गोटशाल्क, क्लूखान और ऐंजल ने सिद्ध किया है कि "सामाजिक विज्ञानों में प्रगति के लिए व्यक्ति अध्ययन प्रणाली के बहुविधि उपयोग तथा योगदान हैं।[10] गैर आदर्श व्यवहार के अध्ययन में व्यक्ति अध्ययन एवं वैयक्तिक दस्तावेजों का विशेष महत्व होता है, क्योंकि उनसे अध्ययनकर्त्ता को ऐसी बहुमूल्य आधार सामग्री मिलती है, जिस तक अन्यथा उनकी पहुँच नहीं हो सकती। कुछ भी हो सामाजिक विज्ञानों का वास्तविक लक्ष्य केवल विश्लेषण करना, चीजों को अलग–अलग कोटियों तथा वर्गों में बाँट देना ही नहीं बल्कि उनको समझना भी है।[11]

तथ्यों का प्रस्तुतीकरण

अध्ययन से प्राप्त तथ्यों को उनकी विशेषताओं के अनुरूप विभिन्न वर्गों, श्रेणियों एवं समूहों में विभाजित करके जटिल तथा विस्तृत सामग्री को संक्षिप्त और व्यवस्थित किया गया, जिससे

सामग्री के असमान स्वरूप के अन्तर्गत समान लक्षणों वाले समूहों को पहचाना जा सके। संकलित तथ्यों के वर्गीकरण के पश्चात् सामग्री को स्पष्ट व बोधगम्य स्वरूप प्रदान करने के लिए उनका सारणीयन किया गया। इसमें आंकड़ों को नियमित तथा सुव्यवस्थित रूप में रखते हुए सरल सारणियों के साथ–साथ बहुचरीय सारणियों का भी प्रयोग किया गया। गुणात्मक तथ्यों को परिमाणात्मक आधार पर सारणियों में प्रतिशत के माध्यम से प्रस्तुत किया गया। सारणीयन के उपरान्त तथ्यों का वैज्ञानिक विश्लेषण प्रस्तुत करने का प्रयास किया गया है जिसके अंतर्गत उनकी क्रमबद्धता सुनिश्चित की गई है। तथ्यों के विश्लेषण एवं निर्वचन (व्याख्या) के आधार पर प्राप्त निष्कर्षों के परिप्रेक्ष्य में सामान्यीकरण तथा शोध के समाजवैज्ञानिक निहितार्थ की स्थापना की गयी है।

अध्ययन अवधि में कठिनाईयां

अध्ययन काल में हुई कठिनाईयों का स्पष्टीकरण वैज्ञानिक दृष्टिकोण की प्रस्थापना के लिए आवश्यक है। प्रस्तुत अध्ययन महिला श्रमिकों से सम्बन्धित है। महिला श्रमिकों की निरक्षरता, पिछड़ेपन एवं सामाजिक स्थितियों के कारण अध्ययन काल में अनुसंधानकर्ता को विभिन्न प्रकार की समस्याओं का सामना करना। सामान्यतः अधिकतर महिला बीड़ी श्रमिक तथा संकलन में सहयोग देने को तैयार नहीं हो रही थीं। उनके मन में सरकारी कार्यवाही का भय एवं संकोच पाया गया। साथ ही महिला बीड़ी श्रमिकों में ज्यादातर के अशिक्षित होने के कारण साक्षात्कार–अनुसूची में सम्मिलित विषय को बार–बार स्पष्ट करना पड़ा।

अध्ययन की सीमाएं

अत्यधिक जनसंख्या वाला देश भारत में किसी एक व्यक्ति के लिए सभी बीड़ी श्रमिकों का अध्ययन करना सम्भव नहीं है। उत्तर प्रदेश विशेषकर पूर्वी उ0प्र0 भारत वर्ष का सामाजिक व

आर्थिक रूप से पिछड़ा राज्य है। इस पूर्वी उ0प्र0 के अन्तर्गत 27 जिले हैं जिनमें एक प्रमुख जिला मिर्जापुर है। यह सूक्ष्म अध्ययन केवल मिर्जापुर जिले के अन्तर्गत जमालपुर विकास खण्ड के अहरौरा नगरपालिका क्षेत्र के बीड़ी श्रमिकों तक ही सीमित है। अध्ययन में किसी प्रकार के वृहद या लघु सार्वभौमिक सामान्यीकरण करने या नियमों तथा सिद्धान्तों के प्रतिपादन का महत्वाकांक्षी लक्ष्य नहीं रखा गया है। यह अध्ययन विश्लेषणात्मक तथा प्रत्यक्ष ज्ञानात्मक है। इसमें वर्णनात्मक प्रारूप का प्रयोग करके बीड़ी श्रमिकों के कार्य की प्रकृति तथा उनकी सामाजिक दशाओं का अध्ययन करने का प्रयास किया गया है। सूक्ष्म अध्ययन होने के कारण इसके आधार पर सार्वभौमिक सिद्धान्तों की रचना और सामान्यीकरण में कठिनाई हो सकती है। मर्टन[12] के मध्य सीमावर्ती सिद्धान्त के अन्तर्गत कुछ साधारणीकरण किये जा सकते हैं, जिसको निष्कर्ष में विवेचित करने का प्रयास किया है।

Notes

* Beedi manufacturing in one of the traditional and largely home-based industries in India. It is highly labour intensive and engages about 4.4 million workers; of them nearly two-thirds are women and 1 per cent children [Ministry of Labour 2000]. But, the unofficial sources (the trade unions) put the figure around 10 million. If those engaged in tendu leaf collection were included, the number of workers dependent on beedi industry would be much higher. Beedi rolling began in the organised sector during the early twentieth century, but gradually shifted to the unorganized sector consisting of house-holds, small-unincorporated units and work sheds. At present, hardly 10 per cent of beedi manufacturing takes place in the organised sector. Moreover, the bulk of the production takes place through subcontracting system. (Dr Rajasekhar, G. Sreedhar: E.P.W. Sept. 28, 2002).

References

1. Rajendra Pathak, Dainik Jagaran, April 24, 2011.
2. Mirzapur Nagar Mahapalika ke ek sau panch varsh, Nagarpalika Prakashan, Mirzapur, 1974, pp. 2-3.
3. District Gazetter Mirzapur, Publication, D.C. Abe 1, Superintendent 2, Government Allahabad, 1981, p. 3.
4. हिन्दी विश्वकोष, सप्तम भाग, इनसाइक्लोपीडिया, इंडिया,वी० वसु प्रकाशन, विश्वकथा लेन, बाग बाजार, कलकत्ता, 1928, पृ० 580.
5. httpèèen.wikipedia.orgèwikièmirzapur.
6. Alex Comfort : Sex in Sociology, London, Gorald Duck Worth and Co. 1963.
7. C.M. Corpstairs : This Island Now, London, Hogarth, 1963.
8. W.J. Goode and Paul K. Hatt : Methods in Social Research, McGraw Hill Book Company, Inc. New York, 1952, p. 57.
9. Paulline V. Young : Scientific Social Sarveys and Research, Asia Publishing House, Bombay, 1960, p. 46.
10. L. Goatshalk, C. Clukhan and Robert Angile : The use of Personal documents in history, Anthropology and Sociology, London, Social Science Research Council, 1945.
11. D.L. Hetin : A Methodological Validity of the Case Study in Social Sciences, in Dissertation Abstract, Vol. A-2, 31 July, 1970.
12. R.K. Merton : Social Thoery and Social Structure, Amrindra Publication, New Delhi, 1968, p. 39.

4

महिला बीड़ी श्रमिकों की सामाजिक एवं आर्थिक पृष्ठभूमि

समाजशास्त्रीय अध्ययन की एक महत्वपूर्ण आवश्यकता अध्ययन से सम्बन्धित उत्तरदाताओं के सामाजिक– आर्थिक स्थिति की जानकारी प्राप्त करना है। सामाजिक– आर्थिक पृष्ठभूमि व्यक्ति के उद्देश्यों, जीवन में उपलब्धियों के अवसरों, मनोवृत्तियों, महत्वाकांक्षाओं, मूल्यात्मक प्रवृत्तियों तथा जीवन में प्रगति के अवसरों के निर्धारण में बहुत ही महत्वपूर्ण है। सोरोकिन[1], लिपसेट एवं वेण्डिक्स[2], श्रीनिवास[3], राव[4] आदि ने अपने अध्ययनों द्वारा यह दर्शाया है कि व्यक्ति की सामाजिक–आर्थिक पृष्ठभूमि उसके सामाजिक गतिशीलता से अत्यन्त निकट रूप से सम्बन्धित होती है।

श्रमिक की जीवन शैली के निर्धारण में उसके वैयक्तिक गुणों एवं सामाजिक विशिष्टताओं का महत्वपूर्ण योगदान रहता है। सामाजिक व्यवस्था में धर्म, जाति प्रस्थापित सामाजिक संस्थाएं जिस अन्तःक्रियात्मक परिवेश का निर्माण करती हैं, उसमें व्यक्ति

की आयु, लिंग, जातीय–स्थिति, पारिवारिक संरचना और मूलतः उसकी सामाजिक तथा आर्थिक प्रस्थिति की भूमिका महत्वपूर्ण होती है। मार्क्स का कथन है कि व्यक्ति जिन सामाजिक स्थितियों में जन्म लेता हैं, वही उसके सम्बन्धों और विकास की स्थितियों को नियोजित करते हैं। वस्तुतः वैयक्तिक विकास की मूल स्थितियां व्यक्ति के सामाजिक पृष्ठभूमि में निहित होती है। इस परिप्रेक्ष्य में वर्तमान अध्याय की पृष्ठभूमि संरचित है।

आयु संरचना :

मानव जीवन में आयु का स्थान अत्यन्त महत्वपूर्ण है। आयु बढ़ने के साथ–साथ व्यक्ति की मनोवृत्तियों एवं जीवन के प्रति उनके दृष्टिकोण में परिवर्तन आता है। यह अनुभव के साथ जुड़ा हुआ हैं। सामाजिक एवं व्यावसायिक क्षेत्र में निरन्तर अन्तःक्रियारत व्यक्ति की आयु उसके क्रियात्मक सम्बन्धों की सुदृढ़ता को स्पष्ट करता है।[5] यह व्यक्ति विशेष की शारीरिक एवं मानसिक पूर्णता को ही इंगित नहीं करता, अपितु व्यक्ति के अनुभवात्मक पक्ष को भी स्पष्ट करता है। **ओपलर (1960)** के अनुसार ''परम्परागत भारत में कम आयु वालों की अपेक्षा अधिक आयु वालों को उच्च माना जाता है।''[6] समाज में आयु को सांस्कृतिक अनुभव तथा परम्पराओं का प्रतीक माना जाता है। परम्परागत समाजों में वयोवृद्ध को अनुभवी व बुद्धिमान माना जाता है, उनके कथनों को विश्वसनीय माना जाता है। पारिवारिक सत्ता, नियन्त्रण, आर्थिक क्रियाकलापों एवं धार्मिक संस्कारों में वे अपने अनुभव के आधार पर महत्वपूर्ण भूमिका निर्वाह करते हैं।[7] इस अध्ययन में श्रमिक महिलाओं की आयु के सम्बन्ध में तथ्यों का संकलन किया गया है, जिसका विवरण सारणी संख्या 4.1 में दिया गया है।

सारणी संख्या 4.1: आयु के आधार पर उत्तरदात्रियों का वर्गीकरण

आयु (वर्षों में)	*आवृत्ति*	*प्रतिशत*
30 वर्ष या कम	51	17.00
31–40	105	35.00
41–50	82	27.33
51–60	23	7.67
61– या ऊपर	39	13.00
योग	**300**	**100.00**

उपर्युक्त सारणी संख्या 4.1 से स्पष्ट है कि 17 प्रतिशत उत्तरदात्रियां 30 वर्ष या इससे कम आयु की हैं, 35 प्रतिशत 31 से 40 वर्ष आयु समूह की, 27.33 प्रतिशत 41 से 50 वर्ष आयु समूह की, 7.67 प्रतिशत 51 से 60 वर्ष आयु समूह की हैं, तथा 13 प्रतिशत उत्तरदात्रियां 61 वर्ष या इससे ऊपर आयु समूह की हैं।

अतः तथ्यों के विश्लेषण से स्पष्ट होता है कि अधिकांश महिला श्रमिक 31–40 वर्ष आयु वर्ग की हैं। पटना नगर पर आधारित फजल अहमद[8] के अध्ययन में भी सर्वाधिक 34.4 प्रतिशत बीड़ी मजदूर 31 से 45 वर्ष की आयु के थे। 10 प्रतिशत 15 वर्ष के नीचे तथा 29.6 प्रतिशत 16 से 30 वर्ष की आयु के थे। 8.8 प्रतिशत ऐसे भी उत्तरदाता थे जिनकी उम्र 60 वर्ष से ऊपर थी जो जीवन यापन के लिए ये बीड़ी बनाने का कार्य करते थे।

लैंगिक विभाजन

किसी भी घटना, क्रिया या प्रक्रिया में लैंगिक स्थिति प्रभावित होती है। मानव समाज में पुरुष नारी विभेद सामाजिक स्तरीकरण का एक मौलिक आधार है। इस आधार पर केवल पुरुष और नारी के सामाजिक स्थिति और भूमिका में अन्तर अभिव्यक्ति किया

जाता है, वरन् इसके आधार पर दोनों के जीवन–मूल्यों एवं जीवन शैली में भी अन्तर पाया जाता है। आहूजा (2001) के अनुसार प्राचीन भारत में स्त्रियों की स्थिति से सम्बन्धित दो विचार सम्प्रदाय मिलते हैं। एक सम्प्रदाय का कहना हैं कि स्त्रियाँ 'पुरुषों' के बराबर थी जबकि दूसरे सम्प्रदाय की मान्यता है कि स्त्रियों का न केवल अपमान होता था बल्कि उनके प्रति घृणा भी की जाती थी। हालांकि वर्तमान में महिलाएं उत्तरोत्तर विकास की ओर अग्रसर हैं, और हर क्षेत्र में पुरुषों की भाँति अपने को प्रभावी सिद्ध कर रही है। प्रस्तुत **अध्ययन में पुरुष बीड़ी श्रमिकों के नहीं मिल पाने के कारण शत्–प्रतिशत तथ्यों का संग्रह महिला बीड़ी श्रमिकों से किया गया है।**

धर्म

व्यक्ति की मनोवृत्तियां, राजनैतिक, सामाजिक, सांस्कृतिक, आर्थिक सभी प्रकार की गतिविधियां धर्म से प्रभावित होती है। **मैक्स वेबर (1947)**[9], ने कहा है कि सामाजिक और आर्थिक संगठनों की भूमिका के निर्धारण में धर्म अत्यन्त प्रभावी भूमिका निभाता है। भारतीय समाज में जाति व्यवस्था को बनाये रखने में धर्म की महत्वपूर्ण भूमिका रही है। **क्यूबर**[10] का विचार है कि धर्म सांस्कृतिक जीवन से सम्बन्धित व्यवहारों का प्रतिमान है, जिसका निर्माण अनेक पवित्र विश्वासों से सम्बन्धित उद्देश्यपूर्ण विचारों तथा उन्हें व्यक्त करने वाले बाहरी आचरणों से होता है। **दुर्खीम**[11] के अनुसार धर्म पवित्र वस्तुओं से सम्बन्धित विश्वासों और आचरणों की वह समग्र व्यवस्था है, जो इन पर विश्वास करने वाले को एक नैतिक समुदाय में संयुक्त करती है। **मैलिनोवास्की**[12] ने माना की धर्म क्रिया की एक विधि एवं विश्वासों की एक व्यवस्था है, जो एक समाजशास्त्रीय तथ्य होने के साथ–साथ एक व्यक्तिगत अनुभव भी है।

भारतीय राष्ट्र अनेकता में एकता की अवधारणा को प्रस्थापित करने में प्रयत्नशील है। भारत में विभिन्न धर्मावलम्बियों की संख्या 2011 की जनगणना[13] आकड़ों के अनुसार हिन्दू 79.80 प्रतिशत, मुस्लिम 14ण्23 प्रतिशत, ईसाई 2.30 प्रतिशत, सिक्ख 1. 72 प्रतिशत, बौद्ध 0.70 प्रतिशत, जैन 0.37 प्रतिशत, तथा अन्य 0.66 प्रतिशत है। अर्थात् भारत में हिन्दू धर्म को मानने वालों की बहुलता है। वर्तमान अध्ययन क्षेत्र में कार्यरत अधिकांश महिला श्रमिक (62.0 प्रतिशत) हिन्दू तथा 38.0 प्रतिशत मुस्लिम धर्म की अनुयायी हैं।

जाति संरचना

भारतीय समाज विभिन्न जातियों का समुच्चय हैं। इसका प्रभाव सामाजिक एवं सांस्कृतिक जीवन के हर क्षेत्र में परिलक्षित होता है। प्रत्येक जाति समूह न केवल एक प्रस्थिति समूह है बल्कि वह एक सांस्कृतिक समूह भी हैं। आधुनिक सन्दर्भों में यह जन्म पर आधारित एक सामाजिक इकाई हैं, जो व्यक्ति को एक विशिष्ट सांस्कृतिक उत्तरदायित्व से बांध देती है। भारतीय समाज का हिन्दू बाहुल्य समुदाय जाति की संस्कारणात्मक व्यवस्था में बंधा हुआ है। भारतीय जाति व्यवस्था के सम्बन्ध में सामाजिक, धार्मिक, राजनीतिक, आर्थिक एवं ऐतिहासिक दृष्टिकोण से विभिन्न अध्ययन किये जाते रहे हैं। आधुनिक भारत में जाति व्यवस्था की स्थिति तथा समाज में उसके प्रभाव के सम्बन्ध में **श्रीनिवास**[14], **दूबे**[15], **मजूमदार**[16], **बेली**[17], **डेविस**[18], **कोहेन**[19] आदि ने उल्लेखनीय अध्ययन किया है।

वर्तमान भारतीय समाज व्यवस्था के प्रभावशील समुदाय अपनी जातीय संरचना के अनुरूप अलग–अलग कोटियों में बटे हुए हैं। इन तथ्यों को दृष्टिगत रखते हुए इस अध्ययन के अन्तर्गत चयनित महिला श्रमिकों को तीन भागों में वर्गीकृत किया गया है, जिसमें सामान्य जाति के अन्तर्गत ब्राह्मण, भूमिहार, क्षत्रिय,

कायस्थ आदि जातियों को रखा गया है, जबकि पिछड़ी जाति के अन्तर्गत यादव, बनिया, लोहार कुर्मी, गोड़, नाई आदि को रखा गया है और अनुसूचित व अनुसूचित जनजाति के अन्तर्गत चमार, पासी, मोची, धोबी आदि महिला श्रमिकों को रखा गया है। इस परिवेश में उत्तरदात्रियों के जाति के सन्दर्भ में तथ्यों का संकलन किया गया है, जिसका विवरण सारणी संख्या 4.2 के अन्तर्गत दिया गया है।

सारणी संख्या 4.2: जाति के आधार पर उत्तरदात्रियों का विवरण

जाति	*आवृत्ति*	*प्रतिशत*
सामान्य जाति	–	–
पिछड़ी जाति	129	43.00
अनुसूचित जाति व जनजाति	57	19.00
अन्य (मुस्लिम)	114	38.00
योग	**300**	**100.00**

उपर्युक्त तथ्यों के विवरण से स्पष्ट होता हैं कि 43.00 प्रतिशत उत्तरदात्रियां पिछड़ी जाति से सम्बन्धित हैं जबकि 19.00 प्रतिशत उत्तरदात्रियां अनुसूचित व अनुसूचित जनजाति की हैं। 38.00 प्रतिशत उत्तरदात्रियां मुस्लिम हैं। तथ्यों के विश्लेषण से स्पष्ट होता है कि बीड़ी जैसे असंगठित श्रम क्षेत्र में अधिकांश महिलाएं पिछड़ी जाति तथा मुस्लिम समुदाय की हैं। पटना नगर पर आधारित बीड़ी श्रमिकों के अध्ययन में फजल अहमद ने भी पाया कि उनके उत्तरदाताओं में ज्यादातर पिछड़े हिन्दू और मुख्यतः मुस्लिम थे। इलाहाबाद में बीड़ी उद्योग में कार्यरत महिला श्रमिकों के आर्थिक भूमिका के अध्ययन में जरीना भट्टी ने भी कुछ इसी तरह का निष्कर्ष पाया।[20]

वैवाहिक स्थिति

वैवाहिक जीवन व्यक्ति के सम्पूर्ण जीवन मूल्यों को नियोजित करने के साथ–साथ उसे समाज में विशिष्ट स्थिति प्रदान करता है। विवाह संस्कार के द्वारा व्यक्ति न केवल धार्मिक कर्तव्यों एवं अनुष्ठानों को पूर्ण करने के योग्य बनता है, वरन् इसके द्वारा यह पारिवारिक एवं सामाजिक दायित्वों के निर्वाह की क्षमता भी प्राप्त करता है। **बोसार्ड (1944)** के अनुसार महिलाओं के सन्दर्भ में वैवाहिक स्थिति उसे समाज में पद एवं स्थिति प्रदान करने का महत्वपूर्ण साधन है।''[21] **मजूमदार (1966)** ने इसे सामाजिक रूप से मान्यता प्राप्त पुरुष और महिला के सम्बन्ध के रूप में अभिव्यक्त किया है, जिनका उद्देश्य घर बसाना और यौन सम्बन्धों को स्थापित करके प्रजनन एवं बच्चों की देखरेख करना होता है।[22] इसी क्रम के उत्तरदात्रियों की वैवाहिक स्थिति है :

उत्तरदात्रियां विवाहित हैं जो 71.34 प्रतिशत हैं। 12.66 प्रतिशत अविवाहित तथा 16.00 प्रतिशत विधवा है। अतः तथ्यों के विश्लेषण से स्पष्ट होता है कि अधिकांश महिला श्रमिक विवाहित को जानने का प्रयास किया गया।

पारिवारिक स्वरूप

परिवार एक आधारभूत और सर्वव्यापी सामाजिक संस्था है। यह सामाजिक संगठन की मौलिक इकाई है जो **मैकाइबर** और **पेज** के अनुसार ''परिवार एक ऐसा समूह है जो यौन सम्बन्धों पर आधारित है तथा इतना छोटा और शक्तिशाली है कि सन्तान के जन्म और पालन–पोषण की व्यवस्था करता है।[23] परम्परागत भारतीय समाज में स्वतंत्र व्यक्ति की कल्पना नहीं की जा सकती थी, उसका व्यक्तित्व परिवार के व्यक्तित्व को प्रदर्शित करता था। किन्तु वर्तमान समय में नगरों की तरह गाँवों में भी आधुनिकीकरण

के प्रभाव के कारण लोगों की महत्वाकांक्षाएं बढ़ रही हैं और वे अपना जीवन स्तर उठाने के लिए आर्थिक दृष्टि से मजबूत होना चाहते हैं, जिसके कारण संयुक्त परिवार विघटित होकर एकाकी परिवार में बदल रहे हैं। प्रस्तुत अध्ययन के चयनित क्षेत्र में पारिवारिक संरचना का विवरण लेने पर ज्ञात हुआ कि 90.67 प्रतिशत महिला श्रमिक एकाकी परिवार की हैं, जबकि 9.33 प्रतिशत महिला श्रमिक ही संयुक्त परिवार से हैं। अतः तथ्यों के विश्लेशण के आधार पर कहा जा सकता है कि जीवन की सामान्य आवश्यकताओं की पूर्ति हेतु वर्तमान अर्थव्यवस्था में एकाकी परिवार अधिक उपयुक्त हो रहे हैं।

परिवार में सदस्यों की संख्या का व्यक्तियों के जीवनशैली, व्यवसाय, आय और विकासीय उन्मुखता पर महत्वपूर्ण प्रभाव पाया जाता है।

शिक्षा का स्तर

शिक्षा किसी भी आधुनिक, सभ्य उन्नत और विकसित कहे जाने वाले समाज का अनिवार्य लक्षण है और इसके बिना प्रगति कभी भी पूर्ण और बहुआयामी नहीं हो सकती। एक शिक्षित व्यक्ति, शिक्षित समाज या शिक्षित राष्ट्र ही प्रगति के दुर्गम पथ पर अनवरत यात्रा कर पाने में समर्थ होता है। किसी भी राष्ट्र की प्रगति की अनिवार्य शर्त के रूप में प्राथमिक शिक्षा सबसे महत्वपूर्ण है क्योंकि यह आने वाली पीढ़ियों का निर्माण करती है। दुर्खिम[24] तथा कुप्पुस्वामी[25] ने शिक्षा को सामाजिक–आर्थिक गतिशीलता का एक अत्यन्त प्रभावशाली माध्यम माना है। राष्ट्रीय विकास की प्रक्रिया में समुचित योगदान के लिए प्रत्येक नागरिक का शिक्षित होना आवश्यक है। भारतीय समाज में कुप्रथाएं, समस्याएं जैसे जातिवाद, बेरोजगारी, शोषण, भ्रष्टाचार अनेक प्रकार की भ्रांतियां

अन्धविश्वास इत्यादि का सामना शिक्षा की कमी के कारण बहुताय रूप में करना पड़ रहा है। शिक्षा जीवन, समाज और राष्ट्र की समकालीन बदलती हुई परिस्थितियों एवं आवश्यकताओं के बीच समन्वय का सेतु है। यह न केवल मनुष्य को संस्कारित रखती है अपितु उसके अनुभव को बढ़ाती है। यह परिवर्तन हेतु विकास के नये सामाजिक मापदण्ड को स्वीकार करने तथा आवश्यकतानुसार सांस्कृतिक मापदण्डों में परिवर्तन करने की क्षमता एवं समझ विकसित करती है।[26]

समाजीकरण के प्रमुख अभिकरणों में शिक्षा की महत्वपूर्ण भूमिका रहती है। बाटोमोर के अनुसार यह बच्चे के समाजीकरण का सबसे दृढ़ आधार है। यह नैतिक विचारों को स्पष्ट करके तथा व्यक्ति का बौद्धिक विकास करके सामाजिक नियमन में योगदान देती है।[27] शिक्षा सर्वोत्तम साधन हैं। व्यक्ति के सोचने, समझने, विचार करने एवं मान्यताओं को प्रतिस्थापित करने में शिक्षा का महत्वपूर्ण योगदान है। सामान्यतः शिक्षा को प्रस्थिति सूचक स्वीकार किया जाता है, परन्तु उच्च शिक्षा मात्र प्रस्थिति सूचक ही नहीं अपितु उर्ध्व गतिशीलता का साधन भी है।[28]

मार्शल के अनुसार "शिक्षा समाज के आर्थिक जीवन को दृढ़ करती है।"[29] सामाजिक गतिशीलता के क्षेत्र में प्रोत्साहित करने वाले मूल्यों तथा नये लक्ष्यों की प्राप्ति में सहायक है।[30] स्वयं या दूसरे व्यक्तियों अथवा समूहों के प्रति दृष्टिकोण निर्धारण या किसी व्यवस्था के प्रति जागरूकता या उसको व्यवहार करने की मात्रा के निर्धारण में इसकी महत्वपूर्ण भूमिका रहती है। अतः इस अध्ययन में उत्तरदात्रियों के शैक्षणिक स्थिति के सन्दर्भ में तथ्यों का संकलन किया गया है, जिसका विवरण सारणी संख्या 4.3 में दृष्टव्य है :

सारणी संख्या 4.3: उत्तरदात्रियों की शैक्षणिक स्थिति

शैक्षणिक स्तर	*आवृत्ति*	*प्रतिशत*
अशिक्षित	198	66.00
प्राइमरी	72	24.00
जूनियर हाईस्कूल	18	06.00
हाईस्कूल	12	04.00
योग	**300**	**100.00**

प्रस्तुत अध्ययन में 66 प्रतिशत उत्तरदात्रियां अशिक्षित, 24 प्रतिशत प्राइमरी तक शिक्षित, 6 प्रतिशत जूनियर हाईस्कूल तक शिक्षित, व 4 प्रतिशत हाईस्कूल तक शिक्षित हैं। अतः तथ्यों के विश्लेषण से स्पष्ट होता है कि अधिकांश श्रमिक महिलाएं अशिक्षित हैं, जिनका स्पष्ट प्रभाव उनकी सामाजिक व आर्थिक स्थिति पर परिलक्षित होता है। इस अध्ययन की तुलना अन्य अध्ययनों से करने पर हम पाते हैं कि फजल अहमद के अध्ययन में भी 74 प्रतिशत उत्तरदाता अशिक्षित थे। अनिल अवाचट, अमृता अब्राहम, धर्मा लिंगम तथा सारावनन के अध्ययन में भी ज्यादातर महिला बीड़ी श्रमिक अशिक्षित थीं।[31]

उपर्युक्त तथ्यों को ध्यान में रखते हुए जाति, आय व धर्म के आधार पर उत्तरदात्रियों के शिक्षा के स्तर को भी जानने का प्रयास किया गया जिसका विवरण है– सारणी संख्या 4.4 में है :

सारणी संख्या 4.4: जाति, आय व धर्म के आधार पर उत्तरदात्रियों के शिक्षा के स्तर को जानना

जाति	अशिक्षित	प्राइमरी	जूनियर हाईस्कूल	हाईस्कूल	योग
सामान्य जाति	–	–	–	–	–
पिछड़ी जाति	58 (44.96%)	46 (35.66%)	13 (10.08%)	12 (09.30%)	129 (100%)
अनुसूचित व अनुसूचित जनजाति	42 (73.68%)	12 (21.06%)	3 (05.26%)	–	57 (100%)
अन्य जाति (मुस्लिम)	98 (85.91%)	14 (12.28%)	2 (01.175%)	–	114 (100%)
योग					
आय (रु0)					
2000 या इससे कम	10 (83.33%)	2 (16.67%)	–	––	12 (100%)
2001–2500	112 (88.89%)	14 (11.11%)	–	–	126 (100%)
2501–3000	71 (62.28%)	36 (31.58%)	4 (3.51%)	3 (2.63%)	114 (100%)
3001 या ऊपर	5 (10.41%)	20 (41.67%)	14 (29.17%)	9 (18.75%)	48 (100%)
योग					
धर्म					
हिन्दू	100 (53.76%)	58 (21.18%)	16 (08.60%)	12 (06.45%)	186 (100%)
मुस्लिम	98 (85.97%)	14 (12.28.%)	2 (01.75%)	–	114 (100%)
योग	198 (66%)	72 (24%)	18 (06%)	12 (04%)	300 (100%)

उपर्युक्त तथ्यों से स्पष्ट होता है कि 44.96 प्रतिशत पिछड़ी जाति की उत्तरदात्रियां अशिक्षित हैं, जबकि 9.30 प्रतिशत उत्तरदात्रियां हाईस्कूल तक शिक्षित हैं, तथा 73.68 प्रतिशत अनुसूचित व अनुसूचित जनजाति की उत्तरदात्रियां अशिक्षित हैं, जबकि 5.26 प्रतिशत उत्तरदात्रियां जूनियर हाईस्कूल तक शिक्षित हैं तथा 85.97 प्रतिशत मुस्लिम जाति की उत्तरदात्रियां अशिक्षित हैं जबकि 1.75 प्रतिशत उत्तरदात्रियां जूनियर हाईस्कूल तक शिक्षित हैं। मासिक आय के आधार पर प्राप्त आंकड़ों से स्पष्ट होता कि 83.33 प्रतिशत 2000 या इससे कम मासिक आय वाली उत्तरदात्रियां अशिक्षित हैं, जबकि 16.67 प्रतिशत उत्तरदात्रियां प्राइमरी तक शिक्षित हैं तथा 88.89 प्रतिशत 2001 से 2500 रु0 तक मासिक आय वाली उत्तरदात्रियां अशिक्षित हैं जबकि 11.11 प्रतिशत उत्तरदात्रियां प्राइमरी तक शिक्षित हैं एवं 2501–3000रु0 मासिक आय वाली उत्तरदात्रियां 62.28 प्रतिशत अशिक्षित हैं जबकि 2.63 प्रतिशत हाईस्कूल तक शिक्षित हैं तथा 41.67 प्रतिशत 3001 रु0 या इससे उपर मासिक आय वाली उत्तरदात्रियां प्राइमरी तक शिक्षित है जबकि 10.42 प्रतिशत अशिक्षित हैं। धर्म के आधार पर प्राप्त आंकड़े स्पष्ट करते हैं कि 53.76 प्रतिशत हिन्दू उत्तरदात्रियां अशिक्षित हैं, जबकि 6.45 प्रतिशत उत्तरदात्रियां हाईस्कूल तक शिक्षित हैं। 85.97 प्रतिशत मुस्लिम उत्तरदात्रियां अशिक्षित हैं जबकि 1.75 प्रतिशत उत्तरदात्रियां जूनियर हाईस्कूल तक शिक्षित हैं।

तथ्यों के विश्लेषण से स्पष्ट होता है कि अनुसूचित जाति व जनजाति, 2500 रु0 मासिक आय वर्ग तक तथा मुस्लिम वर्ग की अधिकांश उत्तरदात्रियां अशिक्षित हैं।

इस अध्ययन में परिवार के सदस्यों के संख्या के सम्बन्ध में पूछे गये प्रश्न के आधार पर संकलितत किये गये तथ्यों का विवरण सारणी संख्या 4.5 में दिया गया है।

सारणी संख्या 4.5: उत्तरदात्रियों के परिवार के सदस्यों की संख्या

सदस्य संख्या	*आवृत्ति*	*प्रतिशत*
4 या कम	102	34.00
5–8	162	54.00
9–12	24	8.00
13 यो इससे ज्यादा	12	04.00
योग	**300**	**100.00.**

उपर्युक्त सारणी में दिये गये तथ्यों से यह स्पष्ट होता है कि 34.0 प्रतिशत उत्तरदात्रियों की पारिवारिक सदस्य संख्या 1 से 4 के मध्य, 54 प्रतिशत उत्तरदात्रियों के 5 से 8 के मध्य, 8 प्रतिशत 9 से 12 के मध्य तथा 4 प्रतिशत उत्तरदात्रियों की पारिवारिक सदस्य संख्या 13 या इससे अधिक है।

अतः तथ्यों के विश्लेशण से स्पष्ट होता है कि परिवार में सदस्य संख्या सीमित रखने की अवधारणा बलवती होती जा रही है, जो स्पष्टतः यह दर्शाता है कि धीरे–धीरे संयुक्त परिवार विघटित होकर एकाकी परिवार का रूप लेते जा रहे हैं।

सारणी संख्या 4.6: जीविकोपार्जन में संलग्न सदस्य

सदस्य संख्या	*आवृत्ति*	*प्रतिशत*
1	56	18.67
2	208	69.33
3	29	09.67
4 या इससे ऊपर	7	02.33
योग	**300**	**100.00**

इसी क्रम में उत्तरदात्रियों से यह भी जानने का प्रयास किया गया है कि उनके परिवार में कितने व्यक्ति जीविकोपार्जन में

संलग्न है? सम्बन्धित तथ्यों का विवरण सारणी संख्या 4.6 के अन्तर्गत दिया गया है :

सारणी संख्या 4.6 में दिये गये तथ्यों से स्पष्ट होता है, कि 18.67 प्रतिशत उत्तरदाताओं का कहना है कि उनके परिवार के जीविकोपार्जन में 1 व्यक्ति, 69.33 प्रतिशत का कहना है कि 2 व्यक्ति, 9.67 प्रतिशत के अनुसार 3 व्यक्ति जबकि 2.33 प्रतिशत उत्तरदात्रियों का कहना है कि उनके परिवार के जीविकोपार्जन में 4 व्यक्ति संलग्न हैं। अतः तथ्यों के विश्लेषण से यह ज्ञात होता है कि अधिकांश महिला श्रमिकों के पारिवारिक सदस्यों में जीविकोपार्जन में 2 व्यक्ति संलग्न हैं।

भूमि की उपलब्धता

भूमि जहाँ व्यक्ति के आर्थिक स्रोतों, व्यावसायिक क्रियाओं तथा जीवन शैली एवं उपलब्धियों को निर्धारित करती हैं वही पर वह उसके सामाजिक, आर्थिक, पद और प्रतिष्ठा को भी प्रदर्शित करती है। **देसाई**[32] के अनुसार सभी प्रकार के आर्थिक स्रोतों में ग्रामीण समाज में भूमि सबसे वृहद् और महत्वपूर्ण पूजी होती है जिनके पास कम भूमि होती है, वे उतने ही निर्धन होते हैं।

भारतीय ग्रामीण संरचना के सम्बन्ध में प्राप्त तथ्य यह इंगित करते हैं कि अधिकांश ग्रामीण परिवार या तो भूमिहीन हैं या उनके पास अत्यन्त सीमित भूमि है।[33] भूमि की उपलब्धता से सम्बन्धित संकलित तथ्यों के विश्लेषण ये यह ज्ञात होता है कि अधिकांश महिला श्रमिकों के पास भूमि नहीं है जबकि न्यूनतम महिला श्रमिकों के परिवार में 1 एकड़ से कम भूमि है।

आवास का स्वरूप

आवास व्यक्ति की सामाजिक, मनोवैज्ञानिक, आर्थिक एवं प्रतिष्ठात्मक आवश्यकताओं की पूर्ति करता है। प्रत्येक व्यक्ति की जीवन शैली तथा रहन–सहन, विचार, चिन्तन एवं सहिष्णुता के

स्तर को भी वह निर्धारित करता है। आवासीय व्यवस्थापन वे भौतिक संरचनात्मक दशायें होती हैं, जिन्हें व्यक्ति अपने सुरक्षा के निमित्त करता है और उसमें वे सभी सेवायें, उपकरण तथा साधन उपलब्ध होते हैं जो व्यक्ति तथा उसके परिवार के शारीरिक एवं मानसिक कुशलता के लिए आवश्यक और अपेक्षित होता है। **हावेल**[34] के अनुसार आवासों के प्रकार एवं उनकी संरचना में भिन्नताएं स्थानीय जलवायु, उपलब्ध सामग्री, जीविकोपार्जन सम्बन्धित आर्थिक दशाओं, सामाजिक संगठन की प्रकृति तथा बाहरी दुश्मनों के आक्रमण सम्बन्धी भय के प्रकृति पर निर्भर करता है। आवासीय दशाओं का समूहों के एकीकरण सम्बन्धी क्रियाओं से घनिष्ठ प्रकार्यात्मक सम्बन्ध है।

रहन–सहन की प्रकृति परिवार की सामाजिक, आर्थिक स्थिति पर आधारित होती है और आवासीय स्थिति तद्नुरूप सृजित होती है। कम आय वाले और मूल रूप से आजीविका स्तर तक आय करने वाले अधिकांश परिवार कच्चे आवासों या झोपड़ी आदि का निर्माण करके अपना जीवन–यापन करते हैं जबकि उच्च आय वर्ग एवं मध्यम श्रेणी के परिवारों के पास पक्के या मिश्रित प्रकृति के आवास हैं। इस सम्बन्ध में उत्तरदात्रियों से प्राप्त किये गये तथ्यों का विवरण सारणी संख्या 4.7 के अन्तर्गत दिया गया है।

सारणी संख्या 4.7: उत्तरदात्रियों के आवास का स्वरूप

सदस्य संख्या	*आवृत्ति*	*प्रतिशत*
1	56	18.67
2	208	69.33
3	29	09.67
4 या इससे ऊपर	7	02.33
योग	**300**	**100.00**

आवास का स्वरूप से सम्बन्धित तथ्यों के विवरण से यह परिलक्षित होता है कि 60.67 प्रतिशत उत्तरदात्रियाँ कच्चे मकानों, 19.66 प्रतिशत पक्के मकानों, 13.00 प्रतिशत कच्चे–पक्के मकानों एवं 6.67 प्रतिशत उत्तरदात्रियाँ झोपड़ी में रहती हैं। फजल अहमद के अध्ययन में भी 48.8 प्रतिशत का आवास कच्चा था। 20 प्रतिशत झुगियों में रहती थीं। तिमिर बसु तथा राजशेखर और श्रीधर के अध्ययन में भी ऐसा ही निष्कर्ष पाया गया।[35]

अतः तथ्यों के विश्लेषण से यह स्पष्ट होता है कि अधिकांश महिला श्रमिकों का आवासीय स्वरूप कच्चा है जो इनकी निम्न सामाजिक–आर्थिक दशाओं को दर्शा रहा है जैसा कि **हसन**[36] ने अपने अध्ययन के आधार पर यह पाया कि आवासीय दशायें पारिवारिक जीवन, शिक्षा, बच्चों के भविष्य निर्माण, प्रगति और सामान्य स्वास्थ्य को महत्वपूर्ण रूप से प्रभावित करता है।

अध्ययन में उत्तरदात्रियों से यह भी जानने का प्रयास किया गया था कि उनके आवास या मकान में कुल कितने कमरे हैं? सम्बन्धित विवरण सारणी संख्या 4.8 में दर्शाया गया है :

सारणी संख्या 4.8: आवास या मकान में कमरों की संख्या

कमरों की संख्या	*आवृत्ति*	*प्रतिशत*
1	**20**	**06.67**
2	**148**	**49.33**
3	**114**	**38.00**
4 या इससे अधिक	**18**	**06.00**
योग	**300**	**100.00**

सारणी संख्या 4.8 से यह स्पष्ट होता है कि 6.67 प्रतिशत उत्तरदात्रियों के आवास में कमरों की संख्या एक है जबकि अधिकांश 49.33 प्रतिशत उत्तरदात्रियों की कमरों की संख्या 2 व 38.00 प्रतिशत उत्तरदात्रियों के मकान में कमरों की संख्या 3 हैं। 6 प्रतिशत उत्तरदात्रियाँ ऐसी हैं जिनके मकान में

कमरों की संख्या 4 या इससे अधिक है। तथ्यों के विश्लेषण के आधार पर कहा जा सकता है कि महिला बीड़ी श्रमिकों की निम्न आवासीय दशाएं परिवार में बच्चों के पालन–पोषण के अलावा यौन–सम्बन्धों की गोपनीयता और परिवार के सदस्यों में अन्तर्सम्बन्धों को भी पर्याप्त मात्रा में प्रभावित करती होंगी।

आवासीय सुविधाएँ :

मानव जीवन में आवास के अतिरिक्त पानी, बिजली, शौचालय आदि की आवश्यकता का महत्वपूर्ण स्थान है। इन सभी सुविधाओं का सीधा सम्बन्ध व्यक्ति के स्वास्थ्य से होता है। इसकी अनुपलब्धता व्यक्ति के निम्न जीवन–शैली व निम्न सामाजिक–आर्थिक स्थिति को इंगित करती है। आवासीय सुविधाओं की उपलब्धता के सम्बन्ध में उत्तरदात्रियों से यह जानकारी प्राप्त की गयी कि उनके आवास में कौन सी सुविधा उपलब्ध है? संकलित तथ्यों का विवरण सारणी संख्या 4.9 के अन्तर्गत इस प्रकार है :

सारणी संख्या 4.9: आवास में उपलब्ध सुविधाएँ

क्रम	*सुविधाएं*	*आवृत्ति*	*प्रतिशत*
1.	पानी	135	45.00
2.	बिजली	66	22.00
3.	शौचालय	16	05.33
4.	पानी और बिजली	201	67.0
5.	पानी और शौचालय	151	50.30
6.	बिजली और शौचालय	82	27.33
7.	उपर्युक्त सभी	13	04.33
8.	कुछ नहीं	70	23.34
योग		**संख्या 300**	**100.00**

उपर्युक्त सारणी संख्या 4.9 के तथ्यों से स्पष्ट होता है कि 45 प्रतिशत उत्तरदात्रियों के आवास में पानी की सुविधा, 22 प्रतिशत के यहाँ बिजली की सुविधा, 5.33 प्रतिशत के यहाँ

शौचालय की सुविधा तथा 67 प्रतिशत के यहाँ पानी और बिजली की सुविधा, 50.30 प्रतिशत के आवास में पानी और शौचालय की सुविधा, 27.33 प्रतिशत के पास बिजली और शौचालय की सुविधा तथा 4.33 प्रतिशत के यहाँ उपर्युक्त सभी सुविधाएं उपलब्ध हैं, जबकि 23.34 प्रतिशत उत्तरदात्रियों के आवास में उपर्युक्त किसी भी प्रकार की सुविधा उपलब्ध नहीं है।

अतः तथ्यों के विश्लेषण के आधार पर यह कहा जा सकता है कि अधिकांश महिला श्रमिकों के पास पानी और बिजली, पानी और शौचालय की सुविधा उपलब्ध है जबकि ऐसे महिला श्रमिकों की भी पर्याप्त संख्या है जिनके आवास में उपर्युक्त किसी भी प्रकार की सुविधा नहीं है। इस अध्ययन की तुलना अन्य अध्ययनों से करने पर हम पाते हैं कि केरल के तालचीर जिले के बीड़ी मजदूरों से सम्बन्धित मोहनदास के अध्ययन में केवल 12 प्रतिशत के घर में शौचालय की सुविधा थी। 17 प्रतिशत के यहां पीने के पानी की अव्यवस्था थी। केवल 22 प्रतिशत के घर हवा के आवागमन की सुविधा थी। कैटरी गांव पर आधारित सारावनन के अध्ययन में 84 प्रतिशत के आवास में शौचालय तथा 87 प्रतिशत के यहां बिजली कनेक्शन नहीं था। फिर भी 37 प्रतिशत एक कमरे में, 36 प्रतिशत दो कमरों में तथा 27 प्रतिशत दो से अधिक कमरों में रहते थे।[37]

पीने के पानी का स्रोत :

श्रमिक महिलाएं जिन समस्याओं से रोजाना अवगत होती हैं उनमें एक प्रमुख समस्या स्वच्छ पेयजल की कमी की है। स्वच्छ पेयजल की उपलब्धता एक जटिल समस्या है। प्रदूषित पेयजल से अधिक बीमारियाँ जैसे हैजा, पीलिया, पेट का दर्द, अतिसार तथा चर्म रोग उत्पन्न होते हैं। अतः स्वास्थ्य की दृष्टि से पेयजल का प्रदूषण अत्यन्त घातक सिद्ध होता है।

विश्व के क्षेत्रफल का लगभग 70 प्रतिशत भाग जल से परिपूर्ण हैं, जिसमें पीने योग्य जल भाग 3 प्रतिशत है। पीने योग्य 3 प्रतिशत जल में से हम मात्र 1 प्रतिशत जल का ही उपयोग कर पाते हैं। आर्थिक विकास, बढ़ती जनसंख्या, औद्योगीकरण, शहरीकरण व हरित क्रांति के कारण जल संकट व जल प्रदूषण निरंतर बढ़ता जा रहा है। उपलब्ध आंकड़ों के अनुसार पीने के लिए उपलब्ध 3 प्रतिशत जल का 70 प्रतिशत भाग दूषित हो चुका है। केन्द्रीय जल संसाधन मंत्रालय के आंकड़े के मुताबिक देश में प्रति व्यक्ति पानी की औसत उपलब्धता 1950 में 5000 क्यूबिक लीटर था जो घटकर 2005 में 1869 क्यूबिक लीटर हो गया है। वर्ष 2025 में प्रति व्यक्ति और घटकर 1000 क्यूबिक लीटर रह जाने का अनुमान है। अतः प्रत्येक व्यक्ति को अपनी जीवन–शैली व प्राथमिकताएं इस प्रकार निर्धारित करनी होगी ताकि अमृत रूपी जल की एक भी बूंद व्यर्थ ना हो।[38] इस अध्ययन में उत्तरदात्रियों से उनके पीने के पानी का स्रोत जानने का प्रयास किया गया था। तथ्यों से स्पष्ट हुआ कि 3.67 प्रतिशत उत्तरदात्रियों के पीने के पानी का स्रोत कुआं, 2.33 प्रतिशत का स्रोत नल व सर्वाधिक 94 प्रतिशत उत्तरदात्रियाँ पीने के पानी का उपयोग हैण्डपम्प द्वारा करती हैं।

भोजन की मात्रा

भोजन का उद्देश्य भूख शान्त करना या केवल पेट भरना ही नहीं है। भोजन का प्रमुख उद्देश्य शरीर को ऐसे तत्व प्रदान करना है, जो शरीर को ऊर्जा प्रदान कर सके, शरीर का निर्माण कर सके, शरीर की सुरक्षा (रोगों से) कर सके, शारीरिक क्रियाओं का नियमन कर सके। इसके साथ ही भोजन के सामाजिक व मनोवैज्ञानिक कार्य भी होते हैं। भोजन का वाह्य रूप जैसे रंग, गन्ध, स्वरूप आदि भोजन की ग्राह्यता को मनोवैज्ञानिक रूप से प्रभावित करता है वहीं सभी सामाजिक अवसरों जैसे शादी–विवाह

पारिवारिक, व्यावसायिक, राजनीतिक, तीज–त्योहार, यज्ञ–प्रतिश्ठान आदि में भोजन का महत्वपूर्ण स्थान रहता है। भोजन के द्वारा आनन्द व मेल–मिलाप का वातावरण तैयार होता है तथा यह लोगों को एक–दूसरे के करीब लाने में मदद करता है। आर्थिक रूप से भी भोजन सामाजिक प्रतिष्ठा में महत्वपूर्ण स्थान रखता है। इस तथ्य से नकारा नहीं जा सकता कि पोषण की मात्रा व्यक्ति के आयु, लिंग, कार्यक्षमता, रोग की स्थिति आदि के अनुसार होना चाहिए। सन्तुलित पोषण का स्वास्थ्य पर अनुकूल प्रभाव पड़ता है।[39]

इस अध्ययन में उत्तरदात्रियों से उनके भोजन की मात्रा को जानने का प्रयास किया गया। तथ्यों से ज्ञात हुआ कि 14 प्रतिशत उत्तरदात्रियां भरपेट भोजन ग्रहण करती हैं जबकि 82 प्रतिशत उत्तरदात्रियों के भोजन ग्रहण करने में अनियमितता पायी गयी है। 4 प्रतिशत को आधा पेट भोजन ही मिल पाता है। अतः तथ्यों के विश्लेषण के आधार पर कहा जा सकता है कि अधिकांश महिला श्रमिक परिवारों में भोजन ग्रहण करने के प्रति अनियमितता है।

उपर्युक्त तथ्यों को ध्यान में रखते हुए उत्तरदात्रियों से अपने बच्चों को पौष्टिक भोजन देने में सक्षमता के विषय में जानने का प्रयास किया गया था जिसमें शत–प्रतिशत उत्तरदात्रियां ने यह स्वीकारा है कि वे अपने बच्चों को पौष्टिक भोजन देने में असमर्थ हैं जो इनकी निम्न आर्थिक स्थिति को प्रकट करता है।

मासिक आयः

वर्तमान समाज की आर्थिक संरचना बाजार उन्मुख है, जिसमें श्रम बाजार में व्यक्ति की योग्यता और कुशलता को कार्य विशेष के परिप्रेक्ष्य में मूल्यांकित किया जाता है और उसे निर्धारित कोटियों में रखकर एक विशिष्ट मूल्य से सम्बन्धित कर दिया जाता है। प्रत्येक व्यक्ति अपने कौशल और योग्यता का आनुपातिक मूल्य

चाहता है जो उसकी आय का प्राथमिक स्रोत होता है। मजदूर परिवारों में आय का मुख्य स्रोत श्रम का श्रम बाजार में विपणन तथा उससे प्राप्त लाभांश है। मजदूर परिवारों की सम्पूर्ण आय में उनकी व्यावसायिक प्रस्थिति के साथ–साथ परिवार के सभी सदस्यों के श्रम मूल्य का योगदान होता है। आय न केवल व्यक्ति के रहन–सहन, जीवन स्तर और भरण–पोषण की व्यवस्था को प्रभावित करता है वरन् इसके द्वारा प्रस्थिति एवं मनोवृत्ति भी प्रभावित होती है। **विक्टर**[40] के अनुसार आय कार्य की प्रेरणा के अतिरिक्त अन्य सेवा या वस्तु खरीदने वाले की सामाजिक प्रस्थिति का भी सूचक है। **मार्शल**[41] के अनुसार इससे जीवन शैली के निर्धारण के साथ ही सामाजिक मूल्यों को दिशा मिलती है तथा आकांक्षाएं भी प्रभावित होती है। जहां तक बीड़ी उद्योग का प्रश्न है बीड़ी उद्योग के क्षेत्र में आय को प्रभावित कने वाले चार कारक[42] – कार्य के दिनों की संख्या, कार्य के घण्टे, प्रतिदिन बीड़ी बनाने की संख्या और बण्डल भुगतान दर है। इस अध्ययन में उत्तरदात्रियों की आय का विवरण सारणी संख्या 4.10 के अनुसार इस प्रकार है :

सारणी संख्या 4.10: उत्तरदात्रियों की मासिक आय

मासिक आय (रु0)	*आवृत्ति*	*प्रतिशत*
2000 या इससे कम	12	04.00
2001–2500	126	42.00
2501–3000	114	38.00
3001 या इससे ऊपर	48	16.00
योग	**300**	**100.00**

सारणी संख्या 4.10 दिये गये तथ्यों के विवरण से स्पष्ट होता है कि 4 प्रतिशत उत्तरदात्रियों की मासिक आय 2000 रु0 या इससे कम, 42 प्रतिशत की 2001 से 2500 रु0 के मध्य,

38 प्रतिशत की 2501 से 3000रु0 के मध्य तथा 16 प्रतिशत उत्तरदात्रियों की मासिक आय 3000 रु0 या इससे ऊपर है। अतः तथ्यों के विश्लेषण से यह परिलक्षित होता है कि अधिकांश महिला बीड़ी श्रमिकों की मासिक आय 2001 से 2500 रु0 के मध्य है जो गरीबी की न्यूनतम सीमा को दर्शाता है तथा जिसके कारण वे आज भी सभी क्षेत्रों में पिछड़ी हुयी है। सारावनन के केटरी गांव के अध्ययन में 30 प्रतिशत बीड़ी श्रमिकों की मासिक आय 2500 रू0 तथा 35 प्रतिशत की डेढ़ से तीन हजार के बीच थी। सारावनन, अनिल अवाचत, मोहनदास, धर्मालिंगम, राजशेखर तथा श्रीधर के अध्ययन में भी ज्यादातर बीड़ी श्रमिकों की मासिक आय कम थी।[43]

अध्ययन में उत्तरदात्रियों से उनकी आर्थिक स्थिति से संतुष्टि के विषय में पूछा गया। प्राप्त विवरण से स्पष्ट हुआ कि 72 प्रतिशत उत्तरदात्रियां अपने आर्थिक स्थिति से असतुष्ट हैं जबकि 28 प्रतिशत उत्तरदात्रियां अपने आर्थिक स्थिति से सामान्य सन्तुष्ट हैं। अतः यह कहा जा सकता है कि अधिकांश महिला बीड़ी श्रमिक अपने आर्थिक स्थिति से असन्तुष्ट रहती हैं। जब उनसे असन्तुष्टि का कारण जानने का प्रयास किया गया तो प्राप्त परिणाम इस प्रकार रहे–

सारणी संख्या 4.11: आर्थिक स्थिति से असन्तुष्टि का कारण

कारण	*आवृत्ति*	*प्रतिशत*
कम मजदूरी	17	05.67
कमजोर सौदेबाजी क्षमता	5	1.67
वैकल्पिक रोजगार का अभाव	273	91.99
अन्य कारक	5	01.67
योग	**300**	**100.00**

उपर्युक्त सारणी से यह स्पष्ट होता है कि 5.67 प्रतिशत उत्तरदात्रियां अपनी आर्थिक स्थिति से असन्तुष्टि के लिए कम मजदूरी को व 92.66 प्रतिशत या वैकल्पिक रोजगार के अभाव को जबकि 1.67 प्रतिशत अन्य कारक को जिम्मेदार मानती हैं। अतः कहा जा सकता है कि महिला बीड़ी श्रमिकों की निम्न आर्थिक स्थिति का प्रमुख कारण वैकल्पिक रोजगार का अभाव है।

आय के सापेक्ष व्यय

आय जहाँ एक ओर व्यक्ति की आर्थिक सम्पन्नता का द्योतक है वहीं दूसरी ओर उसकी शक्ति, सुविधा, अधिकार, प्रभाव व उपयोगिता को भी सूचित करता है। पारिवारिक आय में परिवार के सभी श्रम योग्य सदस्यों का योगदान होता है। महिला मजदूरी के साथ–साथ घरेलू कार्यों को भी सम्पन्न करती है। घरेलू कार्य उनकी परम्परागत भूमिका से आवद्ध होते हैं जिसका उन्हें कोई प्रत्यक्ष मूल्य प्रदान नहीं किया जाता परन्तु मजदूरी करने के पश्चात् जो आय वे प्राप्त करती हैं उसका पूर्ण उपयोग परिवार के सदस्यों द्वारा किया जाता है। कुछ परिवार केवल महिला श्रमिकों की आय पर निर्भर पाये गये हैं जबकि कुछ परिवार जहाँ कई सदस्य आयरत थे उन परिवारों की महिलाओं की भूमिका सहयोगात्मक रही है।

सामान्यतः असंगठित उद्योग के कार्य से प्राप्त होने वाली मजदूरी मात्र से ही श्रमिकों का भरण–पोषण सम्भव नहीं होता। यह स्थिति तब और भी बदतर हो जाती है जब परिवार में एक आयकर्ता पर कई लोग आश्रित हों या जब मजदूरी के अवसर सरलता से उपलब्ध न हों। ऐसी स्थिति में श्रमिक महिलाएं अन्य कार्यों के द्वारा धनोपार्जन हेतु बाध्य होती हैं। निर्धारित मजदूरी से कम मजदूरी मिलने के कारण उनकी आवश्यकताएं पूरी नहीं

हो पाती है। महिला श्रमिकों में भी कुछ उद्योगों में कार्य के अतिरिक्त अपनी आवश्यकताओं की पूर्ति हेतु अन्य कार्य या स्वरोजगार करती है। आय के सापेक्ष व्यय के विषय में जो तथ्य संकलित किये गये हैं इनसे यह ज्ञात होता है कि 96 प्रतिशत उत्तरदात्रियों का व्यय आय से अधिक है जबकि 4 प्रतिशत का नहीं। अतः तथ्यों के विश्लेषण से निष्कर्ष निकलता है कि सर्वाधिक महिला बीड़ी श्रमिकों का व्यय उनकी आय से अधिक है।

अध्ययन में उन उत्तरदात्रियों से जिनका व्यय आय से अधिक है, से यह पूछा गया कि वे इस अतिरिक्त आय को क्या अन्य स्रोत से प्राप्त करती हैंि इस सन्दर्भ में 87.50 प्रतिशत उत्तरदात्रियों ने 'हाँ' व 12.50 प्रतिशत उत्तरदात्रियों ने 'नहीं' में अपने मत व्यक्त किया है। उन उत्तरदात्रियों से जिनका व्यय आय से अधिक है उनसे इसकी पूर्ति का माध्यम जानने का प्रयास किया गया तो ज्ञात हुआ कि 6.35 प्रतिशत उत्तरदात्रियां व्यय की अधिकता की पूर्ति खिलौने बनाकर, 6.75 प्रतिशत सिलाई/कढ़ाई के द्वारा, 72.61 प्रतिशत मजदूरी द्वारा तथा 14.29 प्रतिशत उत्तरदात्रियां अन्य कार्यों के माध्यम से करती हैं। अतः तथ्यों के विष्लेषण के आधार पर यह निष्कर्ष निकलता है कि अधिकांश महिला बीड़ी श्रमिक अपनी व्यय की अधिकता की पूर्ति कहीं और मजदूरी करके प्राप्त करती हैं।

नशे पर खर्च

भारतीय समाज के पिछड़े वर्गों में सामान्यतः नशीले पदार्थों के सेवन की प्रवृत्ति देखी जाती है। बीड़ी, सिगरेट, गांजा, भांग, शराब, हुक्का, पान, सूर्ती आदि ऐसे नशीले पदार्थ हैं, जो कुछ परिवारों में परम्परागत रूप से उपयोग में लाये जाते हैं। सामान्यतः यह स्वीकार किया जाता है कि नशीले पदार्थों का सेवन कुछ लोगों द्वारा सामान्य शौक और कुछ लोगों द्वारा आदतन किया जाता है। उत्तरदात्रियों द्वारा नशे पर मासिक खर्च की स्थिति

का विवरण लेने पर ज्ञात हुआ कि 1.67 प्रतिशत उत्तरदात्रियां नशे पर ज्यादा (100–151रु0) खर्च, 6.33 प्रतिशत नशे पर कम खर्च (51–100रु0), 18 प्रतिशत नशे पर बहुत कम खर्च (50 रु0 या इससे कम) करती हैं तथा 74 प्रतिशत उत्तरदात्रियां नशा करती हीं नहीं है। अतः तथ्यों के विश्लेषण से स्पष्ट होता है कि अधिकांश महिला बीड़ी श्रमिक नशा नहीं करती हैं, जबकि नशा करने वाली उत्तरदात्रियों में अधिकांश नशे पर 50 या इससे कम रुपये ही मासिक खर्च करती हैं।

उपर्युक्त तथ्यों को आयु के आधार पर विष्लेशित करने का प्रयास किया गया, जिसका विवरण सारणी संख्या 4.12 में दिया गया है:

सारणी संख्या–4.12: आयु के आधार पर उत्तरदात्रियों का नशे पर खर्च की स्थिति

आयु (वर्षों में)	नशे पर खर्च की स्थिति (रु0 में)					
	151 या इससे अधिक	101–150	51–100	50 या इससे कम	नशा नहीं करते	योग
30 वर्ष या कम	–	1 (1.96%)	4 (7.84%)	10 (19.61%)	36 (70.59%)	51 (100%)
31–40	–	2 (1.90%)	5 (4.76%)	17 (16.19%)	81 (77.15%)	105 (100%)
41–50	–	2 (2.44%)	6 (7.32%)	14 (17.07%)	60 (73.17%)	82 (100%)
51–60	–	–	3 (13.04%)	5 (21.74%)	15 (65.22%)	23 (100%)
61 या ऊपर	–	–	1 (2.56%)	8 (20.52%)	30 (76.92%)	39 (100%)
योग	**–**	**5 (1.67%)**	**19 (6.33%)**	**54 (18%)**	**222 (74%)**	**300 (100%)**

उपर्युक्त तथ्यों से परिलक्षित होता है कि 30 वर्ष या इससे कम आयु वाली 19.67 प्रतिशत उत्तरदात्रियां नशे पर 50 रुपये या इससे कम खर्च करती हैं जबकि 1.96 प्रतिशत उत्तरदात्रियां नशे पर 101 से 150 रुपये तक मासिक खर्च करती हैं।

70.59 प्रतिशत उत्तरदात्रियां नशा करती ही नहीं हैं, 31 से 40 वर्ष की आयु वाली 16.19 प्रतिशत उत्तरदात्रियां 50 रुपयें या इससे कम नशे पर खर्च करती हैं तथा 1.90 प्रतिशत उत्तरदात्रियां नशे पर 101 से 150 रुपये तक खर्च करती है जबकि 77.15 प्रतिशत उत्तरदात्रियां नशा नहीं करती हैं, 41 से 50 वर्ष की 17.07 प्रतिशत तथा 2.44 प्रतिशत 101 से 150 रुपये तक नशे पर खर्च करती हैं, जबकि 73.17 प्रतिशत उत्तरदात्रियां नशा नहीं करती हैं, 51 से 60 वर्ष में 21.74 प्रतिशत 50 रुपये या इससे कम खर्च करती हैं जबकि 65.22 उत्तरदात्रियां नशा नहीं करती हैं, 61 वर्ष या इससे ऊपर की 20.52 प्रतिशत उत्तरदात्रियां 50 रुपये या इससे कम नशे पर खर्च करती हैं जबकि 76.92 प्रतिशत उत्तरदात्रियां नशा नहीं करती हैं। तथ्यों से स्पष्ट है कि नशा नहीं करने वाली महिला बीड़ी श्रमिक सभी आयु वर्ग में सर्वाधिक हैं।

कर्ज की स्थिति

असंगठित क्षेत्र में कार्यरत श्रमिकों की आजीविका का मूल स्रोत उनकी दैनिक, साप्ताहिक या मासिक मजदूरी है। निर्धन मजदूर महिलाएं निर्धनता के विशिष्ट परिवेश में आकर अपने श्रम मूल्य के लिये श्रम बाजार में अधिक मोल–तोल की क्षमता भी विकसित नहीं कर पातीं, जिसका प्रमुख कारण उनका अकुशल श्रम का होना है। सामान्यतः उनकी अधिकांश मजदूरी उनके दैनिक आवश्यकताओं की पूर्ति में ही व्यय हो जाती है। वास्तव में श्रमिकों की मजदूरी इतनी कम और आर्थिक जिम्मेदारियां इतनी अधिक हैं कि उन्हें बाध्य होकर ऋण लेना पड़ता हैं। कुछ मामलों में ऋणग्रस्तता का कारण अपव्यय एवं अदूरदर्शिता भी है किन्तु इस बुराई का मूल कारण यह है कि श्रमिकों के पास आकस्मिक खर्चों को पूरा करने के लिए कुछ नहीं बचता। श्रमिक एक सामाजिक संगठन का सदस्य होता है। अतः उस संगठन के रीति–रिवाजों एवं प्रथाओं के निर्वाह हेतु उसे आवश्यक रूप से कुछ न कुछ आकस्मिक धन व्यय करना पड़ता है। वह आर्थिक

रुप से समर्थ हो या नहीं उसे त्योहार, विवाह, मृत्यु आदि संस्कारों एवं अन्य धार्मिक एवं परम्परागत रीति–रिवाजों के निर्वाह हेतु कर्ज लेना पड़ता है।[44]

भारतीय श्रमिकों में ऋणग्रस्तता एक विकट समस्या है। अधिकांश श्रमिक ऋण में जन्म लेते हैं, ऋण में ही रहते हैं और ऋणी ही मर जाते हैं। ऋण के भार को अपने बच्चों पर छोड़ जाते हैं। इस प्रकार पीढ़ी दर पीढ़ी ऋण चलता रहता है। बहुत से श्रमिक ऋण से मुक्ति पाने की आकांक्षा लेकर ही शहरों में आते है। इस अध्ययन में उत्तरदात्रियों से उनके कर्ज लेने की स्थिति को जानने का प्रयास किया गया। तथ्यों से स्पष्ट हुआ है कि 89.33 प्रतिशत उत्तरदात्रियों ने विभिन्न आवश्यकताओं के लिए किसी न किसी प्रकार का कर्ज ले रखा है जबकि 10.67 प्रतिशत ने किसी भी प्रकार का कर्ज नहीं लिया है। जिन्होंने कर्ज ले रखा है, उनसे कर्ज लेने का कारण जानने का प्रयास किया गया। प्राप्त तथ्य इस प्रकार रहे–

सारणी संख्या 4.13: कर्ज लेने का कारण

कारण	आवृत्ति	प्रतिशत
शादी–विवाह हेतु	78	26.00
साइकिल खरीदने हेतु	–	–
वस्त्र–भोजन आदि हेतु	6	2.0
मकान हेतु	24	8.0
चिकित्सा	91	30.33
अन्य मदों में	69	23.0
कर्ज नहीं ली हैं	32	10.67
योग	**300**	**100.00**

उपर्युक्त सारणी संख्या 4.13 से विदित होता है कि 26.00 प्रतिशत उत्तरदात्रियां शादी–विवाह, 2.00 प्रतिशत वस्त्र–भोजन, 8.00 प्रतिशत मकान, 30.33 प्रतिशत चिकित्सा तथा 23.0 प्रतिशत उत्तरदात्रियां अन्य मदों में कर्ज के राशि का उपयोग की हैं। अतः तथ्यों के विश्लेषण से यह स्पष्ट होता है कि अधिकतर उत्तरदात्रियों के कर्ज लेने का कारण शादी–विवाह तथा चिकित्सा व अन्य मदों (शिक्षा आदि) में ऋण के राशि का उपयोग करना है। इस अध्ययन की तुलना अन्य अध्ययनों से करने पर हम पाते हैं कि मोहनदास के अध्ययन में केरल के तालचीर जिले के बीड़ी मजदूर जो कारखाना आधारित व्यवस्था में कार्य करते थे, 75 प्रतिशत ने कर्ज ले रखा था। गृह आधारित व्यवस्था में 49 प्रतिशत महिला कारीगर कर्ज में थीं। इन सभी श्रमिकों में 30 प्रतिशत चिकित्सा, 13 प्रतिशत गृह निर्माण, 14 प्रतिशत शादी–विवाह के लिए कर्ज लिये थे। सारावनन के कैटरी गांव के अध्ययन में 27 प्रतिशत ने कोई कर्ज नहीं लिया था। शेष ऋण ग्रस्त थे।[45]

वित्तीय संकट का सामना

अध्ययन में उत्तरदात्रियों से यह भी जानने का प्रयास किया गया कि यदि जीवन में वित्तीय संकट आ जाता है तो उसके निराकरण के लिए वे कौन सा उपाय करती है? प्राप्त तथ्यों को सारणी संख्या 4.14 में दिया गया है।

सारणी संख्या 4.14: वित्तीय संकट के निराकरण के उपाय

निराकरण	*आवृत्ति*	*प्रतिशत*
कर्ज द्वारा	268	89.33
गहने बेचकर	8	2.67
अतिरिक्त कार्य द्वारा	16	05.33
अन्य माध्यम द्वारा	8	02.67
योग	**300**	**100.00**

उपर्युक्त तथ्यों से स्पष्ट होता है कि 89.33 प्रतिशत उत्तरदात्रियां कर्ज द्वारा, 5.33 प्रतिशत अतिरिक्त कार्य द्वारा, 2.67 प्रतिशत अन्य माध्यम द्वारा तथा इतने ही गहने बेचकर वित्तीय संकट का सामना करती हैं। अतः यह कहा जा सकता है कि अधिकांश महिला बीड़ी श्रमिक वित्तीय संकट का सामना कर्ज लेकर ही करती हैं।

व्यक्तिगत कठिनाई में पारिवारिक सहयोग

महिलाओं के प्रति रुढ़िवादी एवं परम्परागत सोच ने 20वीं सदी के आरंभिक दशक तक स्त्री को पिता, पति एवं पुत्र का आश्रित मानते हुए उसे मुख्य रूप से घर की चारदीवारी तक सीमित रखा। खाना बनाना, बच्चों, पति एवं बुजुर्गों की देखभाल करना जैसी परम्परागत भूमिका की गिरफ्त में उलझी महिलाओं के लिए कुछ अपवादों एवं उदाहरणों को छोड़कर कोई अन्य गैर घरेलू भूमिका नही के बराबर थी। महिला श्रमिक परिवार के उपर्युक्त कार्यों के अतिरिक्त अपने श्रम क्षेत्र में मजदूरी करती है और इस प्रकार उन्हें नियमित रूप से दोहरी भूमिका का निर्वाह करना पड़ता है। दिनभर की मजदूरी के बाद उन्हें पुनः पारिवारिक कार्यों में संलग्न होना पड़ता है। इस प्रकार जहाँ एक ओर महिलाएं पारिवारिक कार्यों में पूर्ण सहयोग करती हैं वहीं दूसरी तरफ इनके प्रति भेदभावपूर्ण व्यवहार देखने को मिलता है। इसी दृष्टि से उत्तरदात्रियों से व्यक्तिगत कठिनाई में पारिवारिक सदस्यों का सहयोग जानने का प्रयास किया गया।

तो यह ज्ञात हुआ कि 93.33 प्रतिशत उत्तरदात्रियों को व्यक्तिगत कठिनाईयों में परिवार का पूर्ण सहयोग मिलता है जबकि 4.67 प्रतिशत को अशंतः तथा 2 प्रतिशत उत्तरदात्रियों को कोई पारिवारिक सहयोग नहीं मिलता। अतः यह कहा जा सकता है कि महिला बीड़ी श्रमिकों को व्यक्तिगत कठिनाईयों में परिवार के सदस्यों का पूर्ण सहयोग प्राप्त रहता है।

सामाजिक प्रस्थिति का निर्धारण

प्रत्येक व्यक्ति का समाज में निश्चित रूप से एक अपना पद होता है। यह पद या स्थान किसी को विरासत में मिलता है तो किसी को अपनी मेहनत या योग्यता की बदौलत प्राप्त होता है। जो सामाजिक प्रस्थिति समाज से प्रदत्त है उसमें व्यक्ति की अपनी भूमिका कम होती है और समाज की भूमिका अधिक होती है। कुछ वैसी भी प्रदत्त सामाजिक स्थितियाँ होती हैं जिन्हें हम बदल सकते हैं, जैसे वैवाहिक स्थिति। अर्जित सामाजिक प्रस्थिति के अन्तर्गत व्यक्ति अपनी योग्यता के आधार पर प्रस्थिति अर्जित

सारणी संख्या 4.15: सामाजिक प्रस्थिति के निर्धारण के आधार

आधार	*आवृत्ति*	*प्रतिशत*
जातिगत श्रेष्ठता	3	1.00
पारिवारिक श्रेष्ठता	7	2.33
शिक्षा	231	77.0
सम्पत्ति	42	14.0
व्यवसाय	4	1.33
आय	7	2.34
अन्य	6	2.00
योग	**300**	**100.00**

करता है। इस प्रस्थिति में परिवर्तन आसानी से आता है। कोई भी व्यक्ति बहुत आसानी से समाज में एक स्तर से दूसरे स्तर में आ–जा सकता है। **वीरस्टीड**[46] के अनुसार समाज प्रस्थितियों का जाल है। किसी भी समाज में तमाम सामाजिक प्रस्थितियां

समान रूप से समान महत्व की नहीं होती हैं। प्रत्येक समाज में कोई स्थिति ज्यादा तो कोई कम महत्वपूर्ण होती है। यह इस बात पर भी निर्भर करता है कि समाज किसी स्थिति को किस रूप में देखता है। इसी आधार पर उत्तरदात्रियों के सामाजिक प्रस्थिति के निर्धारण के प्रमुख आधारों को जानने का प्रयास किया गया। तथ्यों का विवरण सारणी संख्या 4.15 के अन्तर्गत दिया गया है।

उपर्युक्त तथ्यों से स्पष्ट होता है कि 77.0 प्रतिशत उत्तरदात्रियां अपने सामाजिक प्रस्थिति के निर्धारण में शिक्षा को प्रमुख आधार मानती हैं जबकि 14 प्रतिशत उत्तरदात्रियों का कहना है कि सम्पत्ति उनके सामाजिक प्रस्थिति निर्धारण में मुख्य भूमिका निभाती है। 2.33 प्रतिशत पारिवारिक श्रेष्ठता, 1.33 प्रतिशत व्यवसाय को तथा 2.0 प्रतिशत ने अन्य आधारों को सामाजिक प्रस्थिति निर्धारण का आधार माना है। अतः तथ्यों के विश्लेषण से कहा जा सकता है कि अधिकांश महिला बीड़ी श्रमिकों ने शिक्षा को सामाजिक प्रस्थिति के निर्धारण में प्रमुख आधार माना है।

References

1. P.A. Sorokin : Social and Cultural Mobility, the Free Press Glencoe, 1927.
2. S.M. Lipset and R. Bendix : Social Mobility in Industrial Society, Barkely and Los Angels, University of California Press, 1959, pp. 63-66.
3. M.N. Srinivas: India's Village, Asia Publishing House, Bombay, 1963, p. 2.
4. M.S.A. Rao : Urbanisation and Social Change, Orient Longman Ltd. 1970, p. 7.
5. S.N. Agrawala, Socio-Economic and Demographic Characteristics of the Rural Migrants and non-migrants, Journal of Institution of Economic Research, Vol. III, No. 2, 1968, p. 1.

6. M.E. Opler, "Factors of Tradition and Change in a local Election and Rural India". Leadership and political institution in India, Park and Tinker, Oxford University Press, 1960.
7. D.N. Majumdar, "Raceses and Cultures of India", Asia Publication House, Bombay, 1961, p. 66.
8. Fazal Ahmed, Labour in informal Sector, Manak Publication Pvt. Ltd., Delhi 1999, p. 106.
9. Max Weber, The theory of Social and Economic Organisation (ed. T. Persons) Translated by A.M. Rendesion and T. Parsons, Free Press, New York, 1947.
10. J.F. Cuber, Sociology : A Synopsis of Principles, 1968, p. 511.
11. E. Durkheim – Elementry Forms of Religious life Translated by J.W. Swain, Free Press, Glencoe, 1947, p. 47.
12. Branisla Mallinowaski, Magic, Science and Religion and other Essays Glencoe, 1948, p. 24.
13. Provisional Population Totals, Chapter-7, Census of India 2011, Series 1, India Paper I of 2011.
14. M.N. Srinivas, A male on Sanskritisation and Westernization, for Eastern quarterly, Vol. 15, 1956, pp. 481-496.
15. S.C. Dubey, Indian Village, Routledge and Kegan Paul Ltd. London (2nd ed.) 1959.
16. D.N. Majumdar, Family Life in a Village in Awadh Samaj, 1956.
17. F.G. Bailey, Caste and the Economic Frontier, A village in Highland Orissa, Manchester University Press, 1957.
18. K. Davis, Human Society: The McMillan Company, New York, 1955.
19. F.F. Cohen, The Saraswat Brahmins in Urban India : Society, Space and Image in R.G. Fox, (ed.) Programme in Comparative studies in Southern Asia, Monograph No. 10, Duke University, Durban, 1970.
20. Fazal Ahmed, *op. cit.*, 1999, p. 108, also, Z. Bhatty, *op. cit.*, 1981.
21. James H.S. Bossard, "Marriage a Status-Achieving Device", Sociology and Social Research, Sept.–Oct, 1944, p. 6.
22. H.T. Majumdar, The Grammar of Sociology, Asia Publishing House, New Delhi, 1966, p. 582.

23. R.M. MacIver and C.H. Page: "Society", Mac-Millan and Company London, 1962, p. 38.

24. E. Durkheim: Education and Sociology, The Free Press of Glencoe, Illinais, 1956.

25. B. Kuppuswamy: Social Change in India, Vikas Publication, Delhi, 1972.

26. J. Francis Broon: Educational Sociology, Asia Publishing House, Bombay, 1961.

27. T.B. Bottomore: Sociology, Uwin University Book, London, 1968, p. 283.

28. C. Dawson: Religion and Culture, London, 1949, p. 57.

29. C.A. Marshall: Education Manpower and Economic Growth, McGraw Hill, New York, 1964, p. 18.

30. M.S.A. Rao: Tradition, Rationality and Change, Popular Prakashan, Bombay, 1972, pp. 131-132.

31. Fazal Ahmed: op.cit., 1999, p. 10, also Anil Auachat, *op. cit.*, 1978; Amrita Abraham, *op. cit.*, 1980; A Dharamaligam, *op. cit.*, 1993, V. Saravanan, *op. cit.*, 2002, pp. 5206-5214.

32. A.R. Desai: Rural Sociology in India, Popular Prakashan Bombay, 1978.

33. A.M. Shah: Parameters of Family Policy in India, Economic & Political Weekly, Vol. 24, No. 10, 1989, pp. 513-516.

34. Amos Howell: 'Human Ecology: A Theory of Community Structure: Ronald Press, New York, 1950, p. 67.

35. Fazal Ahmed: op. cit., 1999, p. 118; also Timir Base: op.cit., 1977; D. Rajashekher and G. Sreedhar, *op. cit.*, 2002, p. 4023.

36. K.A. Hasan : The Cultural Frontier of Health in Village of India, Mankatala Bombay, 1967, pp. 92 and 97.

37. M. Mohan Das : Beedi Workers in Kerala; Conditions of Life and Work, EPW, Sept. 6, 1980, pp. 1518-1519.

38. अनिता मोदीः बढ़ता जल संकट–गंभीर चुनौती, कुरुक्षेत्र, वर्ष 53, अंक 7, 2007, p. 7.

39. अरूणा पलटाः आहार व पोषण, शिवा प्रकाशन, इन्दौर, 2008, पृ0 16–18.

40. Victor H. Broom : Work and Motivation, John Wiley and Sons, New York, 1964, p. 30.

41. C.A. Marshall: Education, Manpower and Economic Growth, McGraw Hill, New York, 1964, p. 409.
42. M. Mohan Das: Beedi Workders in Kerala ; Conditions of Life and Work, EPW., Sept. 6, 1980. pp. 1518-1519.
43. V. Saravanan: EPW, *op. cit,* 2003; also, Anil Avachat, *op. cit,* 1978; A. Mohandas, *op. cit,* 1980, A. Dharmalingam, *op. cit,* 1993; D. Rajasekhar and G. Sreedhar, *op. cit,* 2002.
44. T.N. Bhogaliwal and Bhogaliwal: Labour Economic and Social Security (ed.), Indebtness of Industrial Workers, Agra, 1974, p. 470.
45. M. Mohan Das: Beedi Workers in Kerala ; Conditions of Life and Work, EPW., Sept. 6, 1980, pp. 1518-1519, also, V. Saravanan, EPW, *op. cit,* 2003.
46. Robert Bierstedt: The Social order, McGraw Hill, New Delhi, 1970, p. 242.

5
सामाजिक और सांस्कृतिक जीवन

मनुष्य की सबसे बड़ी सम्पत्ति उसकी संस्कृति है। संस्कृति वह जटिल सम्पूर्णता है जिसमें विज्ञान, विश्वास, कला, आचार, कानून, प्रथा तथा इसी प्रकार की ऐसी सभी क्षमताओं और आदतों का समावेश रहता है जिन्हें मनुष्य समाज का सदस्य होने के नाते प्राप्त करता है।[1] संस्कृति एक ऐसा पर्यावरण है जिसमें रहकर मनुष्य एक सामाजिक प्राणी बनता है और प्राकृतिक दशाओं को अपने अनुकूल बनाने की क्षमता प्राप्त करता है। विभिन्न संस्कृतियों का संकुल होने के कारण भारतीय समाज में अलग–अलग समुदायों में अलग–अलग सांस्कृतिक व्यवस्था दृष्टिगोचर होती है। अतः इस दृष्टिकोण से समुदाय विशेष की रीति–रिवाजों, धार्मिक विश्वासों और जीवन के प्रति स्थापित दृष्टिकोणों में विविधता पाया जाना स्वाभाविक है।

एस0 सी0 दूबे (1975)[2] की मान्यता है कि व्यक्ति को एक सामाजिक प्राणी बनाने में जितने भी तत्वों का योगदान होता है,

उन सभी तत्वों की व्यवस्था का नाम हीं संस्कृति है। अपनी आवश्यकताओं की पूर्ति हेतु मनुष्य ने जिन भौतिक एवं अभौतिक वस्तुओं का निर्माण अथवा विकास किया है, वे सब संस्कृति के अन्तर्गत आती हैं। सभ्य समाज में अवश्य ही संस्कृति के विकसित होने की सुविधा रहती है, किन्तु इसका अर्थ यह नहीं है, कि प्रत्येक सुसभ्य व्यक्ति अनिवार्य रूप से सुसंस्कृत ही होता है। फिर भी भारत जैसे विशाल देश की सामूहिकता को संस्कृति पूर्णता प्रदान करती है। जिस प्रकार एक गांव में विभिन्न जाति और धर्मों को मानने वाले लोग रहते है तथा गांव में रहते हुए भी उसे एक वृहद रूप प्रदान करते हैं, उसी प्रकार क्षेत्रीय सांस्कृतिक विशेषताएं भी भारत की सामूहिक संस्कृति को पूर्णता एवं गरिमा प्रदान करती है।

इस अध्याय में उत्तरदात्रियों के सामाजिक–सांस्कृतिक जीवन, ईश्वर एवं जादू–टोने में विश्वास, धर्म के प्रति आस्था व धार्मिक क्रियाकलापों का महत्व, धार्मिक ग्रन्थ में रुचि, दिशा–शूल सम्बन्धी तथ्य, कर्ज, नशाखोरी, छुआ–छूत व जाति–पाति, भेदभाव, खान–पान सम्बन्ध, जन्मपत्री का उपयोग, खाली समय का उपयोग आदि के बारे में तथ्यों को जानने का प्रयास किया गया है।

परिवार में सम्पन्न किये जाने वाले संस्कार

मानव जीवन में सांस्कृतिक विकास के प्रत्येक स्तर पर संस्कार किसी न किसी रूप में अवश्य पाया जाता है। इस परिवर्तन शील समाज की अपेक्षा रूढ़िवादी परम्परागत मूल्यों से प्रभावित समाज में धार्मिक संस्कार बहुत सावधानी पूर्वक सम्पन्न किये जाते हैं।[3]भारतीय समाज परम्परागत एवं आधुनिक मूल्यों के चौराहे पर खड़ा है। आधुनिक सामाजिक मूल्य समाप्त नहीं हुए हैं। हिन्दू

धर्म के सामाजिक संस्कारों में अनेक आरम्भिक विचार, धर्म सम्बन्धी, विधि–विधान, उनके सहवर्ती नियम उद्देश्य केवल औपचारिक दैहिक संस्कार ही न होकर व्यक्ति के सम्पूर्ण व्यक्तित्व का परिष्कार, शुद्धि एवं पूर्णता है।

ऐसा नहीं है कि ये संस्कार केवल हिन्दुओं में ही पाये जाते हैं। कालक्रम के साथ हिन्दू–मुस्लिम संस्कृतियों ने एक–दूसरे को विशेष ढंग से प्रभावित किया है। योगेन्द्र सिंह[4] की मान्यता है कि भारत में मुस्लिम संस्कृति के प्रसार और हिन्दू संस्कृति से सात्मीकरण में तत्कालीन मुस्लिम अभिजनों का पर्याप्त योगदान रहा है। मुस्लिम अभिजनों द्वारा भारत में इस्लाम की महान् परम्परा को लाने के परिणाम स्वरूप ही सांस्कृतिक परम्पराओं में सम्मिलन और परिवर्तन की प्रक्रिया 18वीं शताब्दी के पूर्व काल से काफी प्रभावी रही है। आज भी उत्तर प्रदेश के विभिन्न जिलों में मुस्लिम समुदाय का बहुसंख्यक भाग हिन्दू सामाजिक प्रथाओं, संस्कारों को अपनाने में गर्व का अनुभव करता है। वे हिन्दुओं की भांति वैवाहिक प्रथा, लग्न विचार तथा संस्कारों के अन्तर्गत 'मुण्डन' संस्कार जिसे कि 'मुण्डन अकीका' कहते हैं, पीढ़ियों से करते चले आ रहे हैं। इसी तरह 'विद्यारम्भ संस्कार' (विसमिल्लाह), सोलह श्रृंगार (हफ्तेनूह), विवाहितों का सिन्दूर लगाना, बड़ों का चरण स्पर्श करना, शीतला देवी को जल चढ़ाना आदि इनमें प्रचलित है जो भारत जैसे धर्मनिरपेक्ष देश में राष्ट्रीय एकीकरण का मार्ग प्रशस्त करने में सहायक सिद्ध हो रहा है। वर्तमान अध्ययन में हमने उत्तरदात्रियों के परिवार में सम्पन्न किये जाने वाले संस्कारों के बारे में पूछा। प्राप्त तथा इस प्रकार रहे–

सारणी संख्या 5.1: परिवार में सम्पन्न किये जाने वाले प्रमुख संस्कार

संस्कार	*संख्या*	*प्रतिशत*
नामकरण	15	5.0
मुण्डन	158	52.67
कर्णद्दिदन	79	26.33
उपनयन	12	04.00
जन्म–दिवस	86	28.67
विवाह	300	100.00
अन्त्येष्ठि	186	62.00
गवारा	114	38.00
संख्या	**300**	

उपर्युक्त सारणी से स्पष्ट होता है कि 5.0 प्रतिशत उत्तरदात्रियां नामकरण संस्कार, 52.67 प्रतिशत मुण्डन संस्कार, 26.33 प्रतिशत कर्णद्दिदन संस्कार, 4 प्रतिशत उपनयन संस्कार, 28.67 जन्मदिवस, 100 प्रतिशत विवाह संस्कार, 62 प्रतिशत अन्त्येष्ठि संस्कार को तथा 38 प्रतिशत गवारा (मुस्लिम में दफनाना) संस्कार को अपनाती हैं।

अतः तथ्यों के विश्लेषण से स्पष्ट होता है कि महिला बीड़ी श्रमिकों के परिवार में नामकरण, उपनयन थोड़ा कम लेकिन शेष सभी संस्कार सम्पन्न होते हैं।

अवकाश या खाली समय का उपयोग

अवकाश की समस्या वर्तमान युग की एक महत्वपूर्ण समस्या है। प्रत्येक व्यक्ति अवकाश चाहता है, पर जिसे अवकाश मिलता है वह नहीं जानता कि इसका सदुपयोग कैसे किया जाये और जिन्हें नहीं मिलता वे इसके लिए तरसते हैं। आज के नियोजित

एवं श्रम से परिपूर्ण भौतिक दुनियां में समायोजन बनाये रखने के लिए अवकाश आवश्यक है। जर्मन समाजशास्त्री कार्ल मेनहाइम ने अवकाश को व्यक्ति के कार्य का प्राकृतिक सन्तुलन माना है। इनके अनुसार व्यक्तित्व के विकास एवं स्वस्थ अभिव्यक्ति के लिए अवकाश आवश्यक है।[5] सामान्य रूप से अवकाश का अर्थ 'बाध्यता विहीन समय' है। खाली समय या स्वतंत्र रूप से अपनी इच्छानुसार कार्य करना।[6] वर्तमान अध्ययन में महिला बीड़ी श्रमिक अपने अवकाश या खाली समय का उपयोग किस प्रकार करती हैं, इसे सारणी संख्या 5.2 में देखा जा सकता है।

सारणी संख्या–5.2: अवकाश या खाली समय का उपयोग

उपयोग	आवृत्ति	प्रतिशत
रेडियो सुनना	36	12.00
टी0 वी0 देखना	63	21.00
मित्रों के साथ	48	16.00
घूमना	08	02.67
घरेलू कार्य करना	87	29.00
गप्पे लड़ाना	26	08.66
अन्य	32	10.67
योग	**300**	**100.00**

उपर्युक्त तथ्यों के विवरण से स्पष्ट होता है कि 12 प्रतिशत उत्तरदात्रियां रेडियो सुनकर, 21 प्रतिशत टी0वी0 देखकर, 16 प्रतिशत मित्रों के साथ, 2.67 घूमने–फिरने, 29 प्रतिशत घरेलू कार्य करके, 8.66 प्रतिशत गप्पे लड़ाकर तथा 10.67 प्रतिशत अन्य (कढ़ाई, बुनाई आदि) कार्यों द्वारा अपने अवकाश या खाली समय का समय उपयोग करती हैं। अतः तथ्यों के विश्लेषण से ज्ञात होता है कि अधिकांश महिला बीड़ी श्रमिक अपने अवकाश या खाली समय का उपयोग घरेलू कार्य में करती हैं।

बच्चों को विद्यालय भेजने की प्रवृत्ति

शिक्षा सामाजिक गतिशीलता और समाज के प्रौद्योगिक–आर्थिक विकास का महत्वपूर्ण कारक है।[7] यह पिछड़े वर्गों के लिए आशा की किरण है जो उनके सामाजिक एवं व्यावसायिक गतिशीलता में सहायक है।[8] लोगों की स्थिति में सुधार के लिए अनेक कानूनी एवं संवैधानिक प्रावधानों का निर्माण 6 से 14 साल तक के बच्चों के लिए मुफ्त और अनिवार्य शिक्षा के अधिकार का कानून बनाया गया है। लेकिन इस आयु वर्ग की कुल लड़कियों में से 50 प्रतिशत लड़कियां अब भी हर साल स्कूलों से ड्राप आउट हो जाती है।[9] हालांकि लड़कियों की विद्यालय छोड़ने की दर लड़कों की अपेक्षा अधिक है। वर्ष 1999–2000 के आंकड़ों से स्पष्ट होता है कि जहाँ 42.30 प्रतिशत लड़कियों ने प्राथमिक स्तर में विद्यालय छोड़ा वहीं लड़कों में यह प्रतिशतता 38.7 पायी गयी, 58 प्रतिशत लड़कियों ने मीडिल (6–8) स्तर में विद्यालय छोड़ा वहीं लड़कों में विद्यालय छोड़ने की दर इस स्तर पर 52 प्रतिशत पायी गयी।[10]

सरकारी आंकड़ों में भी दर्शाया गया है कि 6 से 10 साल की 25 प्रतिशत और 10 से 13 साल की 50 प्रतिशत से भी अधिक लड़कियों को हर साल स्कूलों से ड्राप–आउट हो जाना पड़ता है। सरकारी सर्वेक्षण (2008) में 42 प्रतिशत लड़कियों ने बताया कि वे स्कूल इसलिए छोड़ देती हैं क्योंकि उनके माता–पिता उन्हे घर संभालने और अपने छोटे भाई–बहनों की देखभाल करने को कहते हैं। 2001 की जनगणना के मुताबिक 22.91 करोड़ महिलाएं निरक्षर हैं। एशिया में भारत की महिला–साक्षरता दर सबसे कम हैं। एन्युअल स्टेट्स ऑफ एजुकेशन रिपोर्ट (2008) के मुताबिक, शहरी और ग्रामीण इलाके की महिलाओं और पुरुषों के बीच साक्षरता दर क्रमशः 51.10 और 68.40 प्रतिशत दर्ज है। 'क्राई' की रिपोर्ट में 5 से 9 साल की

53 प्रतिशत भारतीय लड़कियां पढ़ना नहीं जानती। इनमें से अधिकतर रोटी के चक्कर में घर या बाहर काम करती हैं। ग्रामीण इलाकों में 15 प्रतिशत लड़कियों की शादी 13 साल की उम्र में ही कर दी जाती है। इनमें से तकरीबन 52 प्रतिशत लड़कियां 15 से 19 साल की उम्र में गर्भवती हो जाती हैं। इन कम उम्र की लड़कियों से 73 प्रतिशत (सबसे अधिक) बच्चे पैदा होते हैं। फिलहाल, इन बच्चों में 67 प्रतिशत (आधे से बहुत अधिक) कुपोषण के शिकार हैं।[11]

यदि 21वीं सदी में भारत के 6 से 14 वर्ष के छह करोड़ बच्चे अशिक्षित रहते हैं और बेरोजगारों और अर्ध–बेरोजगारों की फौज बढ़ती है, तो यह गहन चिंता का विषय है। एक अनुमान के मुताबिक अगले चार वर्षों में विश्व की 25 प्रतिशत श्रमशक्ति भारत में होगी और अगर वे प्रतिभाशाली और योग्य हुए तो भारत आर्थिक महाशक्ति बनकर उभरेगा। मुख्य तौर पर सामाजिक धारणाओं, घरेलू कामकाजी और प्राथमिक शिक्षा में बुनियादी व्यवस्था के अभावों के चलते एक अजीब–सी विडम्बना हमारे सामने हैं कि देश की आधी लड़कियों के पास अधिकार तो हैं, मगर बगैर शिक्षा के इसलिए इससे जुड़े अधिकारों के दायरे में 'लड़कियों की शिक्षा' को केन्द्रिय महत्व देने की जरूरत हैं।[12] उपर्युक्त तथ्यों को दृष्टि में रखते हुए उत्तरदाताओं से यह पूछा गया था कि उनके बच्चे स्कूल जाते हैं? इस सम्बन्ध में प्राप्त किये गये तथ्यों से जानकारी मिली कि उत्तरदात्रियों के 65.33 प्रतिशत लड़के स्कूल जाते हैं, जबकि 34.67 प्रतिशत के लड़के स्कूल नहीं जाते वहीं 64 प्रतिशत लड़कियां स्कूल जाती है जबकि 36 प्रतिशत लड़कियां स्कूल नहीं जाती। तथ्यों के विश्लेषण से स्पष्ट होता है कि 36 प्रतिशत लड़कियां स्कूल नहीं जाती हैं। इस सम्बन्ध में उत्तरदात्रियों से बच्चों के विद्यालय न जाने का कारण पूछा गया। लड़का यदि स्कूल नहीं जाता है,

तो इसके कारण क्या है? प्राप्त संकलित तथ्यों का विवरण इस प्रकार है।

सारणी संख्या–5.3: लड़कों के स्कूल न जाने का कारण

कारण	*आवृत्ति*	*प्रतिशत*
वे कमाने लगे हैं	22	21.15
धन का अभाव है	13	12.50
अभी छोटे हैं	11	10.58
वे पढ़ना नहीं चाहते	12	11.54
लड़का नहीं है	30	28.85
अन्य कारण	16	15.38
योग	104	100.00

लड़कों के स्कूल न जाने के कारण के सम्बन्ध में प्राप्त तथ्यों से स्पष्ट होता है कि 21.15 प्रतिशत उत्तरदात्रियों के लड़के कमाने लगे हैं इस कारण वे स्कूल नहीं जाते। 12.50 के पास पढ़ाने के लिए पैसा नहीं है, 10.58 प्रतिशत के लड़के छोटे हैं, 11.54 प्रतिशत पढ़ना ही नहीं चाहते 15.38 प्रतिशत ने बच्चों को विद्यालय न भेजने सम्बन्धी अन्य कारण बताया जैसे शिक्षा का साधन नहीं है, वे पढ़ चुके हैं आदि का उल्लेख किया है।

अतः तथ्यों के विश्लेषण से यह स्पष्ट होता है कि अधिकांश श्रमिक महिलाओं के लड़के स्कूल पढ़ने जाते हैं। स्कूल न जाने वाले लड़कों की संख्या भी पर्याप्त है जिसे शैक्षणिक विकास एवं

उन्नति की दृष्टि से सन्तोषजनक नहीं कहा जा सकता। इसी सन्दर्भ में उत्तरदात्रियों से यह पूछा गया कि उनकी लड़की यदि स्कूल नहीं जाती है, तो इसका कारण क्या है? इस सम्बन्ध में प्राप्त आंकड़ों को सारणी संख्या 5.4 के अन्तर्गत दिया गया है

सारणी संख्या 5.4: लड़कियों के स्कूल न जाने का कारण

कारण	आवृत्ति	प्रतिशत
शिक्षा की आवश्यकता नहीं	–	–
आर्थिक कठिनाइयों के कारण	16	14.81
विवाह करने में कठिनाई	12	11.11
लड़की छोटी है	49	45.37
लड़की नहीं है	31	28.71
योग	108	100.00

उपरोक्त सारणी में दिये गये तथ्यों से स्पष्ट होता है कि 14.81 प्रतिशत लड़कियां आर्थिक कठिनाई के कारण स्कूल नहीं जा पाती, 11.11 प्रतिशत का मानना है कि शिक्षा से विवाह करने में कठिनाई होती है, 45.37 प्रतिशत के अनुसार उनकी लड़कियां छोटी हैं तथा 28.71 प्रतिशत उत्तरदात्रियों को लड़कियां नहीं है। अतः तथ्यों के विश्लेषण से ज्ञात होता है कि अधिकांश महिलाओं की लड़कियां छोटी है तथा कुछ आर्थिक कठिनाई व विवाह न होने के डर से लड़कियों को पढ़ाने में असमर्थ हैं। अतः श्रमिक

महिलाओं को शिक्षित करना अत्यन्त आवश्यक है, जिससे कि वे अपने बच्चों को शिक्षा प्रदान करा सकें।

शिक्षा ग्रहण करने का उद्देश्य

शिक्षा सामाजिक–आर्थिक गतिशीलता का आधारभूत कारक हैं। यह व्यक्ति के सर्वांगीण विकास के लिए अति आवश्यक है। शिक्षा एक उद्देश्यपूर्ण और निर्धारित लक्ष्य को प्राप्त करने की प्रक्रिया है। साधारणतया शिक्षा का उद्देश्य ज्ञान प्राप्ति माना जाता है, परन्तु शिक्षा केवल ज्ञान–पिपासा से प्रेरित एक प्रक्रिया मात्र नहीं है। अनेक व्यक्तिगत, सामाजिक और आर्थिक प्रेरकों से प्रभावित होकर व्यक्ति शिक्षा ग्रहण करता है। अधिकतर समाजों में शिक्षा समाज के सम्पन्न और प्रतिष्ठित वर्ग के अधिकार क्षेत्र की वस्तु थी, परन्तु आधुनिक काल में शिक्षा के प्रसार और शिक्षा में समानता की अवधारणा के कारण समाज के प्रत्येक वर्ग को शिक्षा प्राप्त करने का अवसर प्राप्त है। अतः निम्न वर्ग के सदस्यों के लिए शिक्षा नवीन सामाजिक प्रतिष्ठा और पद प्राप्त करने का माध्यम बन चुका है।

शिक्षा का उद्देश्य मानव में सहयोग, श्रमप्रियता, रचनात्मक, बौद्धिक चैतन्य एवं वैचारिकी स्पष्टता आदि गुणों का विकास करना है। इसके साथ ही शिक्षा का मुख्य उद्देश्य समाज द्वारा अनुमोदित मूल्यों के अनुरुप चरित्र एवं व्यक्तित्व का विकास करना है। यह ज्ञानवृद्धि के साथ–साथ व्यक्ति के आत्मविश्वास तथा आत्मनिर्भरता में भी सहायक है। इसके साथ ही शिक्षा रोजगार प्राप्त करने, प्रस्थिति सुधार तथा अच्छे वैवाहिक सम्बन्धों को प्राप्त करने में सहायक है[13]। व्यक्ति की दृष्टि से शिक्षा आर्थिक उपलब्धि का साधन बन गयी है क्योंकि केवल शिक्षित व्यक्ति ही अति विशिष्टीकृत व्यवसायों में प्रवेश कर सकते हैं। पं. मदन मोहन मालवीय ने शिक्षा के उद्देश्य को स्पष्ट करते हुए कहा था कि "शिक्षा का ध्येय नवयुवकों को योग्य नागरिक बनाना तथा जनता

की वृद्धि का विकास करना है। शिक्षा समाज में क्रियाशील रहने की क्रिया है[14]।

आधुनिक काल में शिक्षा व्यक्ति और समाज की आर्थिक–प्रगति का स्रोत है। शिक्षा और व्यवसाय का सम्बन्ध इतना घनिष्ठ हो गया है कि शिक्षा को समाज के आर्थिक आधार का एक अंग माना जाने लगा[15]। विकासशील समाजों में शिक्षा, आधुनिकीकरण के द्वार खोलने की कुंजी है। विकसित देशों में शिक्षा आर्थिक श्रेष्ठता को बनाये रखने के लिए ज्ञान और क्षमता प्रदान करती है। व्यक्तिगत दृष्टि से शिक्षा जीविकोपार्जन का एक साधन है। आधुनिक विशेषीकृत समाज में उच्च नौकरियों और विशेषज्ञ कार्यो को सम्पादित करने के लिए विशेष दक्षता और कुशलता की आवश्यकता होती है। शिक्षा इस नवीन आवश्यकता की पूर्ति करके व्यक्ति को नवीन व्यवसायिक संरचना में प्रवेश के योग्य बनाती है। अतः आधुनिक युग में शिक्षा और व्यवसायिक संरचना अन्तःसम्बन्धित हो गयी है[16]। आर्थिक लाभ के अतिरिक्त शिक्षा व्यक्ति को ऐसी कुशलता और दक्षता प्रदान करती है जिसके द्वारा व्यक्ति आधुनिक प्रौद्योगिक युग की जटिल आवश्यकताओं को पूरा करने के योग्य बनता है। शिक्षा के द्वारा ऊर्ध्व गतिशीलता के क्षितिज का विस्तार होता है[17] तथा एक नवीन अभिजात वर्ग, विशेषज्ञ और बुद्धिवादी वर्ग का जन्म होता है जो समाज के भविष्य का निर्धारण करते हैं।

सहभागी समाज में शिक्षा राजनीतिक सहभागिता का एक महत्वपूर्ण माध्यम है क्योंकि इसके द्वारा व्यक्ति में राजनीतिक जागरुकता का विकास होता है, उसके राजनीतिक मूल्यों और अभिवृत्तियों का स्पष्टीकरण होता है तथा राजनीतिक व्यवस्था में उसके सहभागिता की मात्रा और दिशा का निर्धारण भी होता है। राजनीतिक व्यवस्था के स्थायित्व और सन्तुलन का आधार शिक्षा ही है। स्कूल और कालेज न केवल बौद्धिक उपलब्धि के प्रतीक

हैं बल्कि राजनीतिक व्यवस्था के निरन्तरता के आधार भी हैं[18]।

इस अध्ययन में उत्तरदात्रियां शिक्षा को क्यों आवश्यक मानती हैं? प्राप्त उत्तर इस प्रकार रहे:

सारणी संख्या – 5.5: शिक्षा ग्रहण करने का उद्देश्य

उद्देश्य	आवृत्ति	प्रतिशत
नौकरी हेतु	6	02.00
आर्थिक स्थिति में सुधार हेतु	192	64.00
आत्मनिर्भरता हेतु	72	24.00
व्यक्तित्व के विकास हेतु	21	7.00
अन्य	9	3.00
योग	300	100.00

उपर्युक्त तथ्यों से स्पष्ट होता है कि 2 प्रतिशत उत्तरदात्रियां शिक्षा को नौकरी हेतु आवश्यक मानती हैं, जबकि सर्वाधिक 64 प्रतिशत उत्तरदात्रियां आर्थिक स्थिति में सुधार हेतु शिक्षा को आवश्यक मानती हैं तथा 24 प्रतिशत उत्तरदात्रियां आत्मनिर्भरता के लिए शिक्षा को आवश्यक मानती हैं। 7 प्रतिशत व्यक्तित्व के विकास के लिए शिक्षा को आवश्यक समझती है। अतः तथ्यों के विश्लेषण से स्पष्ट होता है कि अधिकांशतः महिलाएं अपनी आर्थिक स्थिति में सुधार हेतु शिक्षा को आवश्यक मानती हैं।

शिक्षा का आधार चाहे जैसा भी हो किन्तु 21वीं सदी की शिक्षण व्यवस्था में इस बात को ध्यान देना अनिवार्य है कि शिक्षा को आने वाले समय में उद्योग तथा समाज से सीधे जोड़ा जाये। इसके लिए आवश्यकता होगी उत्तम शिक्षा प्रदान करने वाली संस्थाओं की जिसके लिए एकेडमिक, औद्योगिक और सरकारी तीनों क्षेत्रों को अपनी–अपनी भागीदारी ईमानदारी के साथ निभानी होगी। इन तीनों क्षेत्रों के संयुक्त प्रयास से भारत की महाशक्ति बनकर विश्व पटल पर चमकेगा जिसके लिए शिक्षा राष्ट्र विकास की कुंजी के रूप में कार्य करेगी।

जाति और आय के आधार पर शिक्षा ग्रहण करने का उद्देश्य भी विश्लेषित करने का प्रयास किया गया, जो इस प्रकार है

सारणी संख्या – 5.6: जाति और आय के आधार पर शिक्षा ग्रहण का उद्देश्य

जाति	नौकरी हेतु (%)	आर्थिक स्थिति में सुधार (%)	आत्म–निर्भरता हेतु (%)	व्यक्तित्व के विकास हेतु (%)	अन्य (%)	योग (%)
सामान्य जाति	–	–	–	–		–
पिछड़ी जाति	3 (02.33)	85 (65.89)	30 (23.25)	9 (06.98)	2 (01.55)	129 (100)
अनुसूचित जाति व जनजाति	2 (03.51)	25 (43.86)	19 (33.33)	7 (12.28)	4 (07.02)	57 (100)
अन्य जाति (मुस्लिम)	1 (0.88)	82 (71.93)	23 (20.18)	5 (04.39)	3 (02.63)	114 (100)
योग						
आय (रु0)						
1000 या इससे कम	1 (08.33)	3 (25.00)	4 (33.34)	3 (25.00)	1 (08.33)	12 (100)
1001–1500	1 (0.79)	93 (73.81)	21 (16.67)	8 (06.35)	3 (02.38)	126 (100)
1501–2000	1 (0.88)	77 (64.54)	27 (23.68)	7 (06.14)	2 (01.75)	114 (100)
2001 या उपर	3 (6.25)	19 (39.58)	20 (41.67)	3 (06.25)	3 (06.25)	48 (100)
योग	**6 (02.00)**	**192 (64.00)**	**72 (24.00)**	**21 (07.00)**	**9 (03.00)**	**300 (100)**

सारणी 5.6 के विवरण से स्पष्ट होता है कि 65.89 प्रतिशत पिछड़ी जाति की उत्तरदात्रियां आर्थिक स्थिति में सुधार हेतु,

23.26 प्रतिशत आत्मनिर्भरता हेतु शिक्षा को आवश्यक मानती हैं जबकि 2.33 प्रतिशत उत्तरदात्रियां नौकरी हेतु, अनुसूचित जाति व जनजाति कि 43.86 प्रतिशत उत्तरदात्रियां आर्थिक स्थिति में सुधार हेतु, 33.33 प्रतिशत उत्तरदात्रियां आत्मनिर्भरता हेतु जबकि 3.51 प्रतिशत नौकरी हेतु शिक्षा को आवश्यक मानती हैं। अन्य जाति (मुस्लिम) 71.93 प्रतिशत उत्तरदात्रियां आर्थिक स्थिति में सुधार हेतु, 20.18 प्रतिशत आत्मनिर्भरता हेतु व 0.88 प्रतिशत नौकरी हेतु शिक्षा को आवश्यक मानती हैं। आय के आधार पर प्राप्त आंकड़ों से स्पष्ट होता है कि 1000 रुपये या इससे कम मासिक आय वाली उत्तरदात्रियां, 1001–1500 रु0, 1501–2000 रु0, तथा 2001 रु0 से अधिक मासिक आय वाली उत्तरदात्रियां क्रमशः 25 प्रतिशत, 73.81 प्रतिशत, 67.54 प्रतिशत तथा 39.58 प्रतिशत आर्थिक स्थिति में सुधार हेतु शिक्षा को आवश्यक मानती हैं, जबकि क्रमशः 33.34 प्रतिशत, 16.67 प्रतिशत, 23.68 प्रतिशत, 41.67 प्रतिशत आत्मनिर्भरता हेतु शिक्षा को आवश्यक मानती हैं जबकि क्रमशः 8.33 प्रतिशत, 0.79 प्रतिशत, 0.88 प्रतिशत व 6. 25 प्रतिशत उत्तरदात्रियां नौकरी हेतु शिक्षा को आवश्यक मानती हैं। अतः उपर्युक्त तथ्यों जाति और आय से प्राप्त विवरण के आधार पर कहा जा सकता है कि ज्यादातर उत्तरदात्रियां आर्थिक स्थिति में सुधार हेतु तथा आत्मनिर्भरता हेतु शिक्षा को आवश्यक मानती हैं।

राजनीतिक सहभागिता

बीड़ी श्रमिक सामाजिक–आर्थिक रूप से पिछड़े कम शिक्षित एवं निम्न वर्ग के होते हैं। परम्परागत सामाजिक निर्योग्यताएं उनकी विशेषताएं है, जिसके कारण समाज में दूसरे समूहों से उनकी अन्तःक्रिया के अवसर सीमित रहे हैं। अपने परिवेश के प्रति भी वे अधिक सजग नहीं हो पाते और न ही अपने हितों की रक्षा के लिए अधिक सक्रिय हो पाते हैं। राजनीतिक व्यवस्था

में अधिक सक्रिय रूप से भाग नहीं ले पाते। लेकिन अब शैक्षणिक जागरूकता के चलते उनकी निष्प्रभावी स्थिति पिछले कुछ वर्षों में परिवर्तित हुई है। क्षेत्रिय राजनीतिक दलों के साथ–साथ राष्ट्रीय राजनीतिक दलों से सम्बद्ध होने का उन्हें अवसर मिला है। अतः यह नहीं कहा जा सकता है कि किसी दल विशेष के सदस्य या सक्रिय सहभागी के रूप में उनकी भूमिका अभी भी सीमित है। लेकिन क्या ऐसा है? इसी परिप्रेक्ष्य को ध्यान में रखते हुए अध्ययन में महिला बीड़ी श्रमिकों से यह जानने का प्रयास किया गया है कि वे राजनीतिक दल की सदस्यता लिए हुए है अथवा नहीं? इस सम्बन्ध में उत्तरदात्रियों से प्राप्त प्रत्युत्तरों से ज्ञात हुआ कि **शत्–प्रतिशत उत्तरदात्रियां किसी भी रानजीतिक दल की सदस्यता नहीं ली है।** सर्वाधिक 90.33 प्रतिशत उत्तरदात्रियों ने कहा कि वे चुनाव में अपने मताधिकार का प्रयोग करती हैं, जबकि 9.67 प्रतिशत उत्तरदात्रियां चुनाव में मतदान करने में कोई रूचि नहीं रखती हैं। अतः तथ्यों के आधार पर कहा जा सकता है कि सर्वाधिक महिला श्रमिक चुनाव में मतदान करती हैं, जो कि भारत जैसे प्रजातांत्रिक देश के लिए बहुत हीं महत्वपूर्ण एवं शुभ संकेत है।

संघ या संगठन की सदस्यता

व्यक्तित्व निर्माण की प्रक्रिया में संघ या सामाजिक संगठनों की भूमिका अत्यन्त महत्वपूर्ण होती है। संघ या संगठन कुछ विशिष्ट मूल्यों पर आधारित होते हैं और इनका गठन उद्देश्यमूलक रहता है। इसके सदस्य संगठन के नियमों के अनुरूप व्यवहार करते हैं तथा निर्धारित लक्ष्य की प्राप्ति के लिए संघ या संगठन की रणनीति के अनुरूप कार्य करते हैं। आधुनिक सामाजिक संगठनों में स्थानीय हितों, जातिगत हित सामुदायिक सामंजस्य और राजनीतिक वर्चस्व आदि के अनुकूल व्यवहार की प्रवृत्तियां पायी जाती हैं। कुछ संगठन जनकल्याण, परम्परागत मूल्यों के

संरक्षण आदि को भी दृष्टि में रखकर गठित किये जाते हैं। वेतन भोगी श्रमिकों के लिए श्रमिक संघ रहता है। यह ऐच्छिक संगठन है जो विशेष रूप से औद्योगिक शांति स्थापित करने तथा श्रमिकों के अधिकारों एवं हितों की रक्षा करने के लिए बनाया जाता है। इसका मुख्य उद्देश्य श्रमिकों को अच्छी कार्य की दशाएं उपलब्ध करवाना तथा उनके जीवन स्तर में सुधार करना है।[19] वी0वी0 गिरि के अनुसार, "श्रमिक संघों से अभिप्राय ऐसे संगठनों से है जिनका निर्माण ऐच्छिक रूप में सामूहिक शक्ति के आधार पर श्रमिकों के हितों की रक्षा के लिए किया जाता है।"[20]

औद्योगिक क्रान्ति का प्रतिफल विश्व बाजार व्यवस्था में पूंजी के प्रसार, उद्योगों के विकास के साथ श्रम संगठनों के रूप में देखा जा सकता है। संगठन श्रमिकों के हितों की रक्षा के उद्देश्य से बनाये जाते हैं। बीड़ी उद्योग में भी कई संगठन हैं। इस प्रकार के संगठन श्रमिकों की स्थिति में सुधार लाने के लिए सदैव प्रयत्नशील रहते हैं। बीड़ी उद्योग में प्रथम यूनियन 8 अगस्त, 1934 में देखा गया। केरल के कैनोर में 6 दिसम्बर, 1937 को इसकी प्रथम हड़ताल 1000 बीड़ी बनाने पर 10 आना भुगतान के लिए हुई।[21] इस अध्ययन में उत्तरदात्रियों से यह पूछा गया कि क्या वे किसी संघ या संगठन की सदस्य हैं या नहीं ?

तथ्यों से स्पष्ट हुआ कि 95.67 प्रतिशत उत्तरदात्रियों का कहना है कि बीड़ी श्रमिकों का कोई संघ या संगठन नहीं है, जबकि 04.33 प्रतिशत उत्तरदात्रियां इस सम्बन्ध में अनिश्चित मत दर्शाती हैं। उन्हें इसकी कोई जानकारी नहीं है। अतः तथ्यों से स्पष्ट होता है कि सर्वाधिक महिला श्रमिकों का संघ या संगठन का सदस्य नहीं होना यह दर्शाता है कि उनमें जागरूकता की कमी है। वे अपने अधिकारों के प्रति संगठित नहीं हैं, जिस कारण उन्हें सरकारी कार्यक्रमों व योजनाओं का पूर्ण लाभ प्राप्त नहीं हो पाता है।

इस अध्ययन की तुलना अन्य अध्ययनों से करने पर हम पाते हैं कि सारावनन के कैटरी गांव के अध्ययन में काई भी बीड़ी श्रमिक ट्रेड यूनियन, एनजीओ या जातिय संगठनों का सदस्य नहीं था जबकि गांव में ट्रेड यूनियन था और अन्य लोग इसके क्रियाकलापों में भाग लेते थे। मोहनदास के अध्ययन में इसके विपरीत निष्कर्ष पाया गया। उनके अनुसार केरल के बीड़ी श्रमिक राजनीतिक एवं संगठनात्मक रूप से बहुत ही गतिशील थे। 45.5 प्रतिशत सीआईटीयू, 27.3 प्रतिशत, इंटक, 1.8 प्रतिशत हिन्द मजदूर सभा के सदस्य थे। फजल अहमद के अध्ययन में महिला उत्तरदात्रियों में कोई भी संघ या संगठन ले क्रिया कलापों में महिला होने के कारण भाग नहीं लेता था। मुस्लिम महिलाएं तो घर से बाहर भी बहुत कम जाती थीं।[22]

जादू–टोना में विश्वास

धार्मिक विश्वासों का एक महत्वपूर्ण पक्ष जादू है। व्यक्तिगत उद्देश्यों की पूर्ति के लिए इसका प्रयोग किया जाता है।[23] परम्परागत भारतीय समाज में रूढ़िवादी वैचारिकी का विशेष स्थान रहा है जिसके अन्तर्गत व्यक्ति धर्म के साथ–साथ जादू–टोने में भी विश्वास करते रहे हैं। **बी0 मेलिनोवस्की** के अनुसार, 'जादू विशुद्ध व्यावहारिक क्रियाओं का योग है जिन्हें उद्देश्यों की पूर्ति के साधन के रुप में प्रयोग किया जाता है।[24] **दूबे** के अनुसार, ' जादू उस व्यक्ति विशेष का नाम हैं जिससे अतिमानवीय जगत पर नियन्त्राण प्राप्त किया जा सके और उसकी क्रियाओं को अपनी इच्छानुसार भले या बुरे, शुभ–अशुभ उपयोग में लाया जा सके।'[25]

यद्यपि जादू और टोना किसी न किसी रुप में धार्मिक विश्वास एवं धार्मिक आस्था से जुड़ा हुआ सम्प्रत्यय है जिसकी पुष्टि दुर्खीम ने अपने अध्ययन में स्वीकार किया है। भूत–प्रेत, जादू–टोने इत्यादि में विश्वास करना परम्परागत भारतीय ग्रामीण संस्कृति की एक महत्वपूर्ण विशेषता रही है जिसके अन्तर्गत स्वीकार किया

जाता है कि सामाजिक–प्रघटनाओं का सम्पादन किसी न किसी अलौकिक या परलौकिक शक्तियों के माध्यम से होता है। उत्तरदात्रियों के जादू–टोने में विश्वास सम्बन्धी आँकड़ों से स्पष्ट होता है कि अधिकांश 86 प्रतिशत उत्तरदात्रियां जादू–टोने में विश्वास करती हैं जबकि 14 प्रतिशत जादू–टोने में विश्वास नहीं करती है। साक्षात्कार द्वारा यह भी ज्ञात हुआ कि जूनियर हाईस्कूल या इससे उच्च शिक्षित महिला श्रमिकों की अपेक्षा अशिक्षित महिलाएं जादू–टोने में अधिक विश्वास रखती पायी गयीं।

धर्म के प्रति आस्था

मानव व्यवहारों को समझने की दिशा में समाजशास्त्रियों ने धर्म के महत्व को विशेष मान्यता प्रदान की है। राधाकृष्णन के अनुसार, "धर्म के अन्दर वे सभी स्वरूप और क्रिया–कलाप आ जाते हैं जो मानव जीवन को निर्मित व जीवित रखते हैं। मनुष्य की विभिन्न रुचियों, इच्छाओं, विरोधी आवश्यकताओं आदि में सामंजस्य करना धर्म का प्रकार्य है।"[26] भारतीय समाज सदैव से धर्म परायण समाज रहा हैं। धर्म की यह परम्परा भारतीय समाज की प्राचीन परम्परा है। मनुष्य की सभी क्रिया–कलापों का अंतिम लक्ष्य धर्म संचय करना है। भारतीय जीवन का मूल आधार धर्म ही है चाहे वह हिन्दू जीवन दर्शन हो या मुस्लिम, कुरान संहिता हो या सिक्ख, जैन, पारसी की आचार्य संहिता। सभी धर्म का एक लक्ष्य होता है जिसके अनुसार व्यक्ति अपने जीवन पर्यन्त क्रियाओं का सम्पादन करता है। धर्म के विषय में जब उत्तरदात्रियों से पूछा गया तो शत्–प्रतिशत ने चाहे वे हिन्दू धर्म की हों या मुस्लिम, अपने धर्म के प्रति आस्था को स्वीकार किया। इसी क्रम में जब उत्तरदात्रियों से उनके मन्दिर, जाने के विषय में जाना गया तो शत्–प्रतिशत हिन्दू उत्तरदात्रियों का कहना था कि वे मन्दिर जाती हैं।

तथ्यों के विश्लेषण से यह भी स्पष्ट हुआ कि सर्वाधिक 98 प्रतिशत उत्तरदात्रियां धार्मिक क्रिया–कलापों को अत्यधिक महत्व देती हैं जबकि 2 प्रतिशत इसे सीमित महत्व देती हैं। अतः यह कहा जा सकता है कि महिला बीड़ी श्रमिक चाहे वे हिन्दू हों या मुस्लिम धार्मिक क्रिया–कलापों को महत्व देती है। 94 प्रतिशत तो धार्मिक ग्रन्थों के प्रवचन को सुनने में रूचि रखती पायी गयीं जबकि 6 प्रतिशत का इस सम्बन्ध में कोई रुचि नहीं है।

छुआ–छूत, जातीय भेदभाव में विश्वास

भारतीय समाज में जाति स्तर पर सर्वाधिक असमानताएं तथा निर्योग्यताएं अस्पृश्यता में नीहित थीं। परम्परागत भारतीय संस्कारणात्मक सोपान में यह माना जाता था कि कुछ जातियां ऐसी हैं जिनके शरीर के स्पर्श से द्विज या सवर्ण अपवित्र हो जाते हैं। कुछ मामलों में निश्चित दूरी तक इनका प्रवेश वर्जित है और कहीं–कहीं इनका दर्शन भी सामाजिक अपराध है।[27] स्वामी दयानंद, महात्मा फुले, वीर सावरकर, महात्मा गांधी और अंबेडकर ने इस अमानवीय व्यवहार का विरोध किया। आजादी के बाद इस प्रकार के छुआ–छूत की भावना के संविधान के अनुच्छेद 17 तथा अनुच्छेद 15, खण्ड–1 के अन्तर्गत अवैध घोषित कर दिया गया है।

आधुनिक औद्योगिक एवं आर्थिक रूपान्तरण की प्रक्रिया ने विभिन्न जातियों को एक–दूसरे के पास ला खड़ा किया है, उच्च जातियों और निम्न जातियों में छुआ–छूत आदि जैसी भावनाओं में कमी आयी है। आज सभी जातियां प्रत्येक क्षेत्र में एक साथ कार्य को निष्पादित कर रही हैं। अतः छुआ–छूत, जातीय भेदभाव से सम्बन्धित तथ्यों का संकलन आवश्यक समझा गया। प्राप्त उपर्युक्त तथ्यों के विवरण से स्पष्ट हुआ है कि 7.33 प्रतिशत उत्तरदात्रियां छुआ–छूत, जाति–पाति को मानती हैं जबकि

92.67 प्रतिशत छुआ–छूत, जाति–पाति को नहीं मानती हैं। जाति के आधार पर उत्तरदात्रियों का छुआ–छूत, जाति–पाति के प्रति विचार को विश्लेषित करने का हमने प्रयास किया। प्राप्त आंकड़ों को सारणी संख्या 5.7 में दर्शाया गया है:

सारणी संख्या – 5.7: जाति के आधार पर उत्तरदात्रियों का छुआ–छूत एवं जाति–पाति में विश्वास

जाति	*विश्वास*		*योग*
	है	*नहीं है*	
सामान्य	–	–	–
पिछड़ी	9 (06.98%)	120 (93.02%)	129 (100.00%)
अनुसूचित जाति व जनजाति	6 (10.53%)	51 (89.47%)	57 (100.00%)
अन्य जाति (मुस्लिम)	7 (06.14%)	107 (93.86%)	114 (100.00%)
योग	**22 (7.33%)**	**278 (92.67)**	**300 (100.00%)**

उपर्युक्त तथ्यों के विवरण से यह स्पष्ट होता है कि 6.98 प्रतिशत पिछड़ी जाति की उत्तरदात्रियां छुआ–छूत व जाति–पाति को मानती हैं जबकि 93.02 प्रतिशत नहीं मानती हैं, अनुसूचित जाति व जनजाति की 10.53 प्रतिशत उत्तरदात्रियां छुआ–छूत व जाति –पाति को मानती हैं, जबकि 89.47 प्रतिशत नहीं मानती हैं तथा अन्य जाति (मुस्लिम) की 6.14 प्रतिशत उत्तरदात्रियां छुआ–छूत व जाति–पाति को मानती हैं, जबकि 93.86 प्रतिशत उत्तरदात्रियां नहीं मानती हैं। अतः तथ्यों के विश्लेषण अधिकांश महिला बीड़ी श्रमिक छुआ–छूत व जाति–पाति को नहीं मानती हैं, फिर भी अनुसूचित जाति व जनजाति की उत्तरदात्रियों की

अपेक्षा पिछड़ी व अन्य जाति (मुस्लिम) की उत्तरदात्रियां छुआ–छूत व जाति–पाति को अधिक मानती हैं।

खान–पान सम्बन्धी अन्तःक्रिया

भारतीय ग्रामीण समाज संरचना में खान–पान सम्बन्धी अन्तः क्रिया के विभिन्न प्रतिमान दिखाई देते हैं। खान–पान सम्बन्धी स्वीकृति एवं निषेध का क्षेत्र जाति, उपजाति, समूह एवं परिवार होते हें। खान–पान सम्बन्धी सम्बन्धों में दो महत्वपूर्ण तथ्य भोजन ग्रहण करना एवं जल ग्रहण करना होता है। भोजन दो प्रकार के होते हैं – पक्का खाना और कच्चा खाना। सामान्यतः उच्च जातियां निम्न जातियों से कच्चा भोजन नहीं ग्रहण करती हैं जबकि पक्का भोजन ग्रहण किया जाता है। प्रायः तेल या घी में तली हुई पूड़ियां शुद्ध मानी जाती हैं। कुछ जातियों में मुक्त भोजन विनिमय का प्रारूप पाया जाता है, तो किसी में इसके निषेध का पालन कठोरतापूर्वक किया जाता है। वर्तमान अध्ययन में उत्तरदात्रियों से पूछा गया कि अन्य जातियों के साथ उनके खान–पान का सम्बन्ध कैसा है ? प्राप्त आंकड़े इस प्रकार रहे–

सारणी संख्या – 5.8: अन्य जातियों के साथ खान–पान का सम्बन्ध

सम्बन्ध	*आवृत्ति*	*प्रतिशत*
घनिष्ठ	35	11.68
सामान्य	260	86.66
खराब	5	1.66
योग	**300**	**100.00**

उपर्युक्त तथ्यों के विवरण से स्पष्ट होता है कि 11.68 प्रतिशत उत्तरदात्रियों का अन्य जातियों के साथ खान–पान का घनिष्ठ सम्बन्ध है जबकि 86.66 प्रतिशत उत्तरदात्रियों का सामान्य सम्बन्ध है। 1.66 प्रतिशत का अन्य जातियों से खान–पान का सम्बन्ध खराब है। अतः यह कहा जा सकता है कि अधिकांश महिला बीड़ी श्रमिकों का अन्य जातियों के साथ खान–पान का सामान्य सम्बन्ध है। स्पष्ट है कि छुआ–छूत, जाति–पाति की भावना अब खत्म हो रही है।

पड़ोसियों से अन्तःक्रिया

सामाजिक अन्तःक्रिया का क्षेत्र परिवार, पड़ोस, नातेदारी, बाजारों, धार्मिक केन्द्रों तथा एक बृहत्तर सांस्कृतिक परम्परा के इतर ग्राम संगठन तक फैला होता है। जहां तक पड़ोस का प्रश्न है, समाजीकरण की प्रक्रिया में परिवार के बाद यदि किसी अभिकरण का महत्व रहता है तो वह पड़ोस है। पड़ोस लोगों को एक–दूसरे से मिलने, सहयोग करने, दैनिक जीवन की परेशानियों को हल करने, सामान्य समस्याओं को समाप्त करने का अवसर प्रदान करते हैं। साथ ही सामाजिक अन्तःक्रिया में तनाव, संघर्ष एवं प्रतिस्पर्धा भी हमें पड़ोस में देखने को मिलता है। इस अध्ययन में उत्तरदात्रियों से पूछा गया कि पड़ोसियों से उनकी अन्तःक्रिया कैसी है ? शत्–प्रतिशत उत्तरदात्रियों का कहना था कि अपने पड़ोसियों से अन्तःक्रिया सभी कार्यों या कार्यक्रमों जैसे एक दूसरे के घर आना–जाना, शादी–विवाह में जाना, एक दूसरे की मदद करना, गृहस्थी के वस्तुओं का लेन–देन आदि में करती है। अतः यह कहा जा सकता है कि महिला बीड़ी श्रमिकों का अपने पड़ोसियों से अन्तःक्रिया सभी कार्यों या कार्यक्रमों में होता रहा है।

References

1. E.B. Tylor: Primitive Culure, New York, 1974, p. 1.
2. S.C. Dubey: Towards a Cultural Policy (ed.) in Satish Saberwal, Vikas Publishing House, New Delhi, 1965, p. 111.
3. Paul D. Wiebe: Social Life in and Indian Slum, Vikas, New Delhi, 1975, pp. 124-141.
4. Yogendra Singh: Modernisation of Indian Traditions, Thompson Press, New Delhi, 1973, p. 66.
5. Karl Mannheim : Freedom, Power and Democratic Planning, Oxford University Press, London, 1950; Also Alfred C. Clark, Leisure and Occupational Prestige, American Sociological Review, XXI, 3 (June 1956) pp. 301-307.
6. Mayer and Broadwill: Community Recreation, Angliwood Cliffs, N J, 1956, p. 48.
7. Olive Banks: The Sociology of Educatioin, Routledge and Kegan Paul, London, 1954, pp. 291-307.
8. A.T. Mosher : Getting Agriculture Moving, Frederick A. Praegar Publishers, New York, 1996, pp. 125-126.
9. शिरीश खरेः आधी दुनिया; 'आधी आबादी और शिक्षा' राष्ट्रीय सहारा, अंक 47, 19 जनवरी 2011, पृ. 1.
10. विजय सिंह राघवः भारत में महिला शिक्षा की स्थिति, कुरुक्षेत्र वर्ष 52, अंक 11, सितम्बर 2006, पृ0 27।
11. शिरीश खरे, उपरोक्त, जनवरी 19, 2011.
12. उपर्युक्त, जनवरी 19, 2011.
13. Leela Viswanath: Social Mobility among Scheduled Caste women in India: A Study of Kerala, Uppal Publishing House, New Delhi, 1995, p. 72.
14. A.K.C. Ottaway: Education and Society, Routledge and Kegan Paul Ltd., New York, 1960, p. 1.
15. Clark R. Burton: Educating the Expert Society, Chandler, San Fransico, 1962, p. 48.
16. M.S. Gore: Some Problems of educated Youth in India, in appardorai (ed.) India, Studies in Social and Political Development, 1947-1967, Asia Publishing House, New Delhi, 1968, p. 79.

17. Tumin and Fieldman: Status Prespective and Class Structure in Puretorico American Sociological Review, August 1956, p. 470.
18. Glass Davis: Education and Social Change in Modern World, in Halsey et. al. (Eds.) Education, Economy and Society, The Free Press of Glencoe, New York, 1961, p. 395.
19. वी0सी0 सिन्हा व जया सिन्हा: औद्योगिक समाज विज्ञान, मयूर पेपरबैक्स, नोएडा, 2004, भाग–2, पृ0 15.
20. V.V. Giri : Labour Problems in Indian Industry, Asia Publishing house, Bombay, 1958, p. 1.
21. M. Mohandas: Economic and Political Weekly, Vol. 15, No. 36 (Sept. 6, 1980), p. 1523.
22. V. Saravanan: *op. cit.*, Jan. 3, 2003; also M. Mohandas, op. cit., Sept. 6, 1980; Fazal Ahmed, *op. cit.*, 1999.
23. James Sir Frazer: The Golden Bough, The Mac Millan Co., New York, 1950, p. 450.
24. B. Malinowski: Magic, Science and Religion and other essays, Glencoe, 1974. p. 70.
25. S.C. Dubey: Manav Aur Sanskriti, Pafkand Prakash, Delhi, 1960, p. 138.
26. S. Radhakrishnan: Religion and Society, London, George Allien and Unwin Ltd., 1947, pp. 104-10.
27. F.G. Bailey: Caste and The Economic Fronter, Oxford University Press, Bombay, 1968.

6
कार्य की प्रकृति और सेवायोजन की दशाएं

कार्य की दशाओं के अन्तर्गत उन विविध बातों का समावेश किया जाता है, जिनमें श्रमिक कार्य करते हैं। साधारणतः कारखाने के भीतर व बाहर की सफाई, उचित तापमान, वायु तथा रोशनी का प्रबन्ध, खतरे वाली मशीनों से सुरक्षा का प्रबन्ध, पीने के लिए जल की सुविधाएं, केन्टीन, स्नानागार, कपड़े धोने के जलाशय का प्रबन्ध विश्राम–गृह की व्यवस्था, मनोरंजन शिशु–सदन तथा अन्य कल्याणकारी कार्यों की व्यवस्था, काम करने के उचित घण्टे, उचित पाली– प्रणाली, इत्यादि बातें 'कार्य दशाओं' के क्षेत्र में शामिल की जाती है।[1] सामाजिक गतिशीलता की दृष्टि से भी कार्य की दशाएं महत्वपूर्ण हैं क्योंकि व्यक्ति के कार्य करने की दशाएं ही समाज में पद और स्थिति के उच्च सामाजिक गतिशीलता का मापदण्ड है।[2]

श्रमिकों के व्यवहार का प्रभाव सम्पूर्ण व्यवसाय या उद्योग पर पड़ता है। केवल अच्छी मजदूरी के द्वारा ही श्रमिकों को सन्तुष्ट

नहीं किया जा सकता, बल्कि कार्य दशाएं भी अपना महत्व रखती हैं। यदि श्रमिकों को और अधिक कार्यकुशल बनाना है, तो उनकी मानसिक दशाओं को भी ध्यान में रखना होगा, क्योंकि उन्हीं मानसिक दशाओं के ऊपर ही मनोवृत्ति का निर्माण होता है। यदि श्रमिकों की मनोवृत्ति अच्छी रहती है, तो वे अधिक उत्साह से कार्य करने की ओर प्रेरित होते हैं।[3] डॉ0 राधाकमल मुखर्जी के अनुसार यदि कार्य का भौतिक पर्यावरण और कार्य की दशाएं अनुकूल हों, तो प्रतिष्ठान के उत्पादकता में वृद्धि होती है।[4]

आज कल–कारखानों, खेती, सड़क निर्माण, भवन निर्माण, चाय बागान, खानों, दाल और चावल मिलों, पापड़, व बीड़ी उद्योग में देश की कुल जनसंख्या का लगभग एक चौथाई से अधिक भाग कार्यरत है। इनमें महिला श्रमिक दयनीय स्थिति में समरत हैं। बैरेट का कथन है कि पूंजीपति रोजगार दाता पुरुषों की अपेक्षा महिलाओं को सरलतापूर्वक कम मजदूरी पर नियुक्त करने में सफल होता है। तीसरी दुनिया के राष्ट्रों में महिलाओं के शोषण की यह सामान्य प्रकृति है।[5] बीड़ी जैसे उद्योग में महिलाओं को अन्धेरे अथवा धुंधले प्रकाश में काम करना पड़ता है। स्थानाभाव के कारण पुरुषों, महिलाओं और बालकों को काम करने के लिए एक–दूसरे से सटकर बैठना पड़ता है। इस अनियन्त्रित उद्योग में स्वच्छता की पर्याप्त व्यवस्था नहीं है। गन्दा वातावरण गन्दी मनोवृत्तियों को जन्म देता है जिसकी उनकी कार्य कुशलता पर गहरा प्रभाव पड़ता है।

श्रमिकों की कार्यदशाओं के सम्बन्ध में अनेक अधिनियम बने हुए हैं। इन अधिनियमों के अन्तर्गत पेमेण्ट ऑफ बोनस एक्ट, 1965, इन्डस्ट्रियल डस्टफीट एक्ट, 1947, कोड आफ डीसीप्लीन इण्डस्ट्रीयल वर्क्स एक्ट, 1962, इण्डस्ट्रीयल इन प्राइवेट प्रोटेक्शन एक्ट, 1948, चिल्ड्रेन लेबर एक्ट, 1986, ट्रेड यूनियन एक्ट, 1926, वर्कमैन्स कम्पनसेशन एक्ट, 1923, मातृत्व लाभ अधिनियम, 1961,

बिल्डिंग एण्ड कन्सट्रक्षन एक्ट, 1988, इण्टर (स्टेट) माइग्रेट वर्कमैन एक्ट, 1979, बीड़ी और सिगार श्रमिक (सेवा से स्थिति) अधिनियम, 1966 आदि प्रमुख हैं। इस अधिनियम के अन्तर्गत अन्तर्राष्ट्रीय श्रम संगठन, अखिल भारतीय ट्रेड यूनियन, राष्ट्रीय श्रमिक संस्थान, केन्द्रिय श्रमिक शिक्षा बोर्ड और सामाजिक सुविधा के विभिन्न प्राविधान किये गये हैं। असंगठित श्रम क्षेत्र में श्रमिकों के कल्याण के लिए केन्द्र और राज्य सरकारों द्वारा समय–समय पर कल्याणकारी योजनाएं बनायी जाती रही हैं। राष्ट्रीय स्तर पर ग्रामीण श्रमिकों को, गांव से शहरों की ओर प्रवासित होने वाले श्रमिकों के लिए कल्याणकारी उपाय हेतु सरकार द्वारा अधिनियम बनाये गये हैं। इनमें अन्तर राजकीय आवास श्रमिक अधिनियम, 1979 है, यह 2 अक्टूबर 1980 से प्रभावित हुआ है, लेकिन भिन्न कारणों से राज्य सरकार इस अधिनियम को व्यावहारिक रूप देने में असफल रही है। ग्रामीण श्रमिकों के लिए गठित आयोग 1987 के समक्ष इस प्रकार के मत विचाराधीन हैं।[6]

उपरोक्त अधिनियम और निहित प्राविधान के बावजूद सेवा आयोजकों के द्वारा श्रमिकों को उपलब्ध की जाने वाली मजदूरी और कार्य दशाएं यथोचित नहीं हैं। यदि कोई राष्ट्र चाहता है कि औद्योगिक दृष्टि से वह पूर्णतः सम्पन्न हो तथा उत्पादकता श्रेष्ठतम हो, तो वहां के श्रमिकों के लिए काम करने की उचित दशाओं का होना बहुत आवश्यक हैं। यदि श्रमिकों के लिए उचित कार्य दशाएं न होंगी तो उनसे उच्च उत्पादनशीलता की आशा भी नहीं की जा सकती। यदि कार्य दशाएं अस्वच्छ, नीरस एवं कोलाहलपूर्ण होगी तो श्रमिक अधिक काम करने में समर्थ नहीं होगा। श्रमिकों के लिये उचित कार्यदशाओं की व्यवस्था करके औद्योगिक सम्बन्धों को भी सुधारा जा सकता है। साथ ही उन्हें कार्य की निरसता एवं थकान का अनुभव नहीं होगा तथा उनके स्वास्थ्य पर बुरा प्रभाव नहीं पड़ेगा। इससे श्रम–शक्ति के दृढ़

होने के साथ–साथ उसमें स्थायित्व की भी वृद्धि होगी जो आधुनिक उद्योगों की उन्नति के लिये एक आवश्यक शर्त है।[7]

इस अध्याय में हमने बीड़ी उद्योग में संलग्न महिलाओं के कार्य की प्रकृति, सेवायोजन की दशाओं, सुधार के विभिन्न कार्यक्रमों आदि को जानने का प्रयास किया है।

बीड़ी उद्योग में प्रवेश की आयु

बीड़ी रोलिंग का कार्य हुनर व कुशलता पर आधारित होने के कारण अधिकांश महिलाएं प्रायः अपनी बाल्यावस्था में और कई बार तो 10 वर्ष से कम की उम्र से बीड़ी–रोलिंग के कार्य से जुड़ या जोड़ दी जाती हैं। वे वयस्क होने तक सहायक बीड़ी श्रमिक के रूप में मुख्य बीड़ी कारीगर के संयुक्त खाते में ही काम करती हैं। प्रायः माँ अपनी बेटियों को यह हुनर सिखाती है। यह 'हुनर स्थानान्तरण' इसलिए भी संभव हो पाता है कि इससे इन निर्धन परिवारों को अपने आर्थिक दबाव को एक सीमा तक कम करने का अवसर मिल जाता है। इस कार्य में महिलाएं परम्परागत रूप से लगी होती है।[8] वर्तमान अध्ययन में हमने बीड़ी उद्योग में प्रवेश करते वक्त उत्तरदात्रियों से उनकी आयु जानने का प्रयास किया, जिसका विवरण सारणी संख्या 6.1 के अन्तर्गत दिया गया है।

सारणी संख्या – 6.1: बीड़ी उद्योग में प्रवेश के समय आयु

आयु (वर्षों में)	*आवृत्ति*	*प्रतिशत*
10 वर्ष या कम	9	3.00
11–20	180	60.00
21–30	101	33.67
31 या ऊपर	10	03.33
योग	**300**	**100.00**

उपर्युक्त सारणी से स्पष्ट होता है कि 60.00 प्रतिशत उत्तरदात्रियां 11–20 वर्ष में, 33.67 प्रतिशत 21–30 वर्ष में तथा 3.33 प्रतिशत 31 या इससे अधिक वर्ष की आयु में बीड़ी से संलग्न कार्य में प्रविष्ट हुई हैं। 3.00 प्रतिशत 10 या इससे कम आयु से हो इस कार्य को कर रही हैं। अतः तथ्यों से स्पष्ट होता है कि 11 से 20 वर्ष की आयु में इस कार्य में संलग्न होने वाली महिलाओं की संख्या पर्याप्त है जो यह स्पष्ट कर रहा है कि बीड़ी से सम्बन्धित कार्यों में कम आयु में हीं व्यक्ति संलग्न हो जाता है। निश्चय ही इसका उनके स्वास्थ्य, मानसिक विकास व शिक्षा आदि पर प्रतिकूल प्रभाव पड़ता होगा। इस अध्ययन की तुलना जब हम अन्य अध्ययनों से करते हैं तो यह ज्ञात होता है कि कैटरी गांव के अध्ययन में सारावनन ने भी पाया कि 82 प्रतिशत बूढ़े श्रमिक 10 वर्ष की आयु से ही बीड़ी रोलिंग का कार्य कर रहे थे। धर्मालिंगम के अध्ययन में तमिलनाडु के कैवियर गांव की 40 वर्ष से नीचे की आयु की ज्यादातर महिलाएं 20 वर्षों बीड़ी बनाने का कार्य कर रही थीं। अमृता अब्राहम के मुम्बई के अध्ययन में 31 वर्ष से ऊपर आयु की ज्यादातर महिलाएं 25 वर्षों से इस कार्य को कर रही थीं। फजल अहमद के अध्ययन में 56 प्रतिशत बीड़ी श्रमिक 17 वर्षों से, 30 प्रतिशत अठारह–बीस वर्षों से तथा 14 प्रतिशत बीस वर्ष से ऊपर इस कार्य का कर रहे थे।[9]

उपर्युक्त तथ्यों को जाति, शिक्षा व धर्म के आधार पर विश्लेषित करने का भी हमने प्रयास किया जिसे सारणी संख्या 6.2 के माध्यम से प्रदर्शित किया गया है :

सारणी संख्या 6.2: जाति, शिक्षा व धर्म के आधार पर बीड़ी उद्योग में प्रवेश की आयु

जाति	आयु (वर्षों में)				योग (%)
	10 वर्ष या कम (%)	11–20 (%)	21–30 (%)	31 या ऊपर (%)	
सामान्य	–	–	–	–	–
पिछड़ी जाति	3 (2.33)	90 (69.76)	34 (26.36)	2 (01.55)	129 (100)
अनुसूचित जाति व जनजाति	1 (01.75)	34 (59.66)	20 (35.09)	2 (03.51)	57 (100)
अन्य जाति (मुस्लिम)	5 (04.39)	56 (49.12)	47 (41.23)	6 (05.26)	114 (100)
योग					
शिक्षा					
अशिक्षित	4 (02.02)	128 (64.65)	61 (30.81)	5 (02.52)	198 (100)
प्राइमरी	2 (02.78)	39 (54.10)	28 (38.89)	3 (04.17)	72 (100)
जूनियर हाईस्कूल	2 (11.11)	7 (38.89)	8 (44.44)	1 (05.56)	18 (100)
हाईस्कूल	1 (08.33)	6 (50.00)	4 (33.33)	1 (08.33)	12 (100)
योग					
धर्म					
हिन्दू	**4** (0215)	124 (66.67)	54 (29.03)	4 (02.15)	186 (100)
मुस्लिम	**5** (04.39)	56 (49.12)	47 (41.23)	6 (05.26)	114 (100)
योग	**9 (03.00)**	**180 (60.00)**	**101 (33.67)**	**10 (03.33)**	**300 (100)**

उपर्युक्त तथ्यों के विश्लेषण से स्पष्ट होता है कि पिछड़ी जाति, अनुसूचित जाति व जनजाति की अपेक्षा अन्य मुस्लिम जाति की अधिकांश उत्तरदात्रियां 21–30 वर्ष आयु वर्ग में बीड़ी उद्योग में प्रवेश की हैं, जबकि 11–20 वर्ष आयु वर्ग में अन्य (मुस्लिम) जाति की अपेक्षा पिछड़ी जाति तथा अनुसूचित जाति व जनजाति की अधिकांश उत्तरदात्रियां बीड़ी उद्योग में प्रवेश की हैं। अशिक्षित, प्राइमरी, व हाईस्कूल की अपेक्षा जूनियर हाईस्कूल की अधिकांश उत्तरदात्रियां 21–30 वर्ष आयु वर्ग में जबकि अशिक्षित, प्राइमरी तथा हाईस्कूल की अधिकांश उत्तरदात्रियां 11–20 वर्ष आयु वर्ग में बीड़ी उद्योग में प्रवेश की हैं। धर्म से प्राप्त तथ्य से स्पष्ट होता है कि हिन्दू की अपेक्षा मुस्लिम धर्म की अधिकांश उत्तरदात्रियां 21–30 वर्ष आयु वर्ग में जबकि मुस्लिम की अपेक्षा हिन्दू धर्म की अधिकांश उत्तरदात्रियां 11–20 वर्ष आयु वर्ग में बीड़ी उद्योग में प्रवेश की हैं।

कार्य की अवधि

असंगठित क्षेत्रों में कार्यरत महिला–मजदूरों को कम मजदूरी, अधिक घंटों तक कार्य, रोजगार की असुरक्षा और शारीरिक शोषण जैसी समस्याओं का सामना करना पड़ता है। इनकी विभिन्न समस्याओं के चलते सेवा योजन एक्ट 1966 पास किया गया।* यद्यपि विधि के समक्ष समान कार्य हेतु, समान मजदूरी का प्रावधान है, परन्तु असंगठित क्षेत्रों में महिलाओं को पुरुषों की अपेक्षा अधिक कार्य करने पर भी उनके समान मजदूरी नहीं मिलती है। महिला श्रमिकों को एक दिन में 8–12 घण्टे कार्य करने से उनमें थकावट व शिथिलता आ जाती है, जिसका उनकी कार्य क्षमता पर प्रतिकूल प्रभाव पड़ता है। अतः यह आवश्यक है कि श्रमिकों के कार्य की अवधि निर्धारित मानक से अधिक नहीं होने चाहिए। कार्य की अवधि में कमी के साथ–साथ उनका उचित वितरण भी आवश्यक है। श्रमिकों को कार्य के दौरान उचित विश्राम देने से उनकी

कार्य क्षमता व उत्पादकता में वृद्धि होती है। इस सम्बन्ध में उत्तरदात्रियों से उनके कार्य की अवधि जानने का प्रयास किया गया।

तथ्यों से ज्ञात हुआ 28 प्रतिशत उत्तरदात्रियां 6 से 10 घण्टें बीड़ी कार्य में व्यतीत करती हैं, जबकि 66.34 प्रतिशत उत्तरदात्रियां 11 या इससे अधिक घण्टें बीड़ी बनाने में व्यतीत करती हैं। ज्यादा घण्टे कार्य करने से निश्चय ही उनकी कार्य क्षमता व स्वास्थ्य आदि पर प्रतिकूल प्रभाव पड़ता है। थिपइया (1989) ने नगरीय परिवेश के असंगठित क्षेत्र में महिला श्रमिकों को सबसे अधिक शोषित समूह के रूप में विश्लेषित किया है। उनका कथन है कि दैनिक मजदूरी पर कार्य करने वाली अधिकांश महिलाएं ग्रामीण क्षेत्र की थीं। उनकी शिक्षा और कौशल स्तर अत्यधिक निम्न स्तर का था। अधिकांश 18 से 32 वर्ष की थीं। अधिकांश झुग्गी झोपड़ियों में रहती थीं। इनकी आय औपचारिक क्षेत्र में कार्यरत पुरुष श्रमिकों से भी कम थी। उन्हें अवकाश की सुविधा भी नहीं थी। सामान्यतः घरेलू कार्य के अतिरिक्त इन्हें प्रतिदिन 10–12 घण्टे कार्य करना पड़ता था।[10]

इस अध्ययन की तुलना जब हम अन्य अध्ययनों से करते हैं तो यह ज्ञात होता है कि केरल में मोहनदास के बीड़ी श्रमिकों के अध्ययन में फैक्ट्री आधारित व्यवस्था में 78 प्रतिशत 8 घण्टे कार्य करते थे जबकि गृह आधारित में 35.3 प्रतिशत 12 घण्टे या अधिक कार्य करते थे। सारावनन के कैटरी गांव के अध्ययन में 72.5 प्रतिशत महिलाएं 8 घण्टे कार्य करती थीं। शेष बिना किसी विश्राम के 9 घण्टे से ज्यादा कार्य करती थीं। धर्मालिंगम द्वारा तमिलनाडु के कैवियर गांव की 90 प्रतिशत महिलाएं 10 घण्टे बीड़ी बनाने में व्यतीत करती थीं।[11] कार्य में व्यतीत समय को आयु के आधार पर विश्लेषण करने का भी हमने प्रयास किया। सम्बन्धित विवरण सारणी संख्या 6.3 में दर्शाया गया है:

सारणी संख्या–6.3: आयु के आधार पर कार्य में व्यतीत समय की जानकारी

आयु	5 या कम (%)	6 से 10 घण्ट (%)	11 या अधिक (%)	योग (%)
20–30 वर्ष या कम	2 (03.92)	10 (19.61)	39 (76.47)	51 (100)
31 से 40	4 (03.81)	16 (15.24)	85 (80.95)	105 (100)
41 से 50	5 (06.10)	17 (20.73)	60 (73.17)	82 (100)
51 से 60	3 (13.04)	14 (60.87)	6 (26.09)	23 (100)
61 या ऊपर	3 (07.69)	27 (69.23)	9 (23.08)	39 (100)
योग	**17 (05.66)**	**84 (28.00)**	**199 (66.34)**	**300 (100)**

उपर्युक्त तथ्यों के विश्लेषण से स्पष्ट है कि 30 वर्ष या कम आयु वर्ग, 31–40 वर्ष आयु वर्ग तथा 41–50 वर्ष आयु वर्ग की अधिकांश महिला श्रमिक 11 या अधिक घण्टे कार्य में व्यतीत कर रहीं हैं जबकि 51 वर्ष या इससे अधिक आयु वर्ग की महिला श्रमिक प्रतिदिन 6–10 घण्टे बीड़ी कार्य में समय व्यतीत करती हैं।

कार्य में पारिवारिक सहभागिता

उत्तरदात्रियों से बीड़ी कार्य में पारिवारिक संलग्नता से सम्बन्धित तथ्यों का संकलन करने पर ज्ञात हुआ है कि

24 प्रतिशत उत्तरदात्रियों को बीड़ी कार्य में पारिवारिक सहयोग नहीं प्राप्त होता है, जबकि 76 प्रतिशत उत्तरदात्रियों को बीड़ी कार्य में पारिवारिक सहयोग प्राप्त होता हैं। अतः हम कह सकते हैं कि अधिकांश महिलाओं को बीड़ी बनाने में पारिवारिक सहयोग प्राप्त होता है। इसी सम्बन्ध में उत्तरदात्रियों से बीड़ी कार्य में अपने बच्चों की संलग्नता से सम्बन्धित तथ्यों का भी संकलन किया गया। प्राप्त तथ्यों से ज्ञात हुआ कि शत्–प्रतिशत उत्तरदात्रियां इस कार्य में अपने बच्चों की संलग्नता नहीं चाहती हैं।

कच्ची सामग्री की आपूर्ति

अन्तर्राष्ट्रीय श्रम संगठन ने अपने अध्ययन में पाया है कि महिला बीड़ी कारीगरों को बिचौलिए (ठेकेदार, एजेंट, वेंडर) द्वारा तैयार करने के लिए कच्ची सामग्री की कम आपूर्ति की जाती है। इन श्रमिकों को 1000 बीड़ी रौल करने हेतु 800 ग्राम तेन्दू पत्ता, 300 ग्राम तम्बाकू एवं एक लच्छा सूती धागा मिलना चाहिए किन्तु इन बिचौलियों द्वारा इस सामग्री की प्रायः अपर्याप्त मात्रा में आपूर्ति की जाती है। महिला बीड़ी कारीगरों को प्रायः इन बिचौलियों के घर पर कम कच्ची सामग्री की आपूर्ति की शिकायत करते हुए देखा जा सकता है। ठेकेदार से पर्याप्त मात्रा में कच्ची सामग्री की आपूर्ति करने के लिए दवाब बढाने पर कारीगर को काम मिलना भी बन्द हो जाता है।

गरीबी की गर्त में गिरी इन महिला कारीगरों के सामने ठेकेदार से कम मात्रा में कच्ची सामग्री को स्वीकारने के सिवाए कोई विकल्प ही नहीं होता है। इस अपर्याप्त आपूर्ति को महिला ऊंचे मूल्य पर कच्ची सामग्री खरीद कर पूरा करती है। ऐसा नहीं करने पर इन महिला कारीगरों की मजदूरी से इसी अनुपात में ठेकेदार द्वारा कटौती कर ली जाती है। इसलिए महिलाएं मजदूरी में कटौती एवं काम नहीं मिलने के भय से खुद ही इस कमी को पूरा करती है, जो उन्हें अपने बटुए से लगाना होता है।

इसके अतिरिक्त ठेकेदारों द्वारा तैयार बीड़ी को बड़े पैमाने पर खराब गुणवत्ता के नाम पर छांट दिया जाता है। इसे वो लेने से अस्वीकार कर देता हैं। इस छांटी गई तैयार बीड़ी की मजदूरी महिलाओं को नहीं मिल पाता है। साथ ही साथ छांटी गई बीड़ी की संख्या के अनुपात में अगले दिन के लिए कच्ची सामग्री की कटौती भी कर ली जाती है।[12] इसी आधार पर उत्तरदात्रियों से बीड़ी बनाने के लिए कच्ची सामग्री की आपूर्ति के माध्यम से सम्बन्धित तथ्यों का संकलन किया गया जिसमें शत्–प्रतिशत उत्तरदात्रियों ने बताया कि वे कच्चे सामग्री की आपूर्ति मालिक द्वारा प्राप्त करती हैं।

बीड़ी बनाने में प्रयुक्त औजार की प्राप्ति

बीड़ी बनाने में प्रयुक्त औजार के बारे में जब उत्तरदात्रियों से पूछा गया कि उन्हें बीड़ी बनाने के लिए औजार (ज्वक्से) मालिक से दिये जाते हैं या नहीं ? इस सम्बन्ध में 20 प्रतिशत उत्तरदात्रियों ने कहा कि बीड़ी बनाने में प्रयुक्त औजार उन्हें मालिक द्वारा दिया जाता है, जबकि 80 प्रतिशत उत्तरदात्रियों का कहना है कि बीड़ी बनाने के लिए प्रयुक्त औजार मालिक द्वारा नहीं दिये जाते हैं। इस अध्ययन की तुलना जब हम अन्य अध्ययन से करते हैं तो यह ज्ञात होता है कि ए0 मोहनदास[13] द्वारा केरल के मालावार क्षेत्र तथा तालचीर जिले के बीड़ी मजदूरों को भी बीड़ी बनाने के लिए बांस की टोकरी, बैठने के लिए चटाई या बाक्स, पत्ती काटने के लिए कैंची आदि कुछ नहीं मिलता था। फैक्टरी आधारित उद्योग व्यवस्था में केवल 64 प्रतिशत को ही यह सुविधा प्राप्त थी।

प्रतिदिन बीड़ी बनाने की संख्या

प्रायः महिला बीड़ी श्रमिक अपने परिवार के कार्यों, बच्चों की देखभाल के साथ ही जितना समय पर्याप्त बचता है उसमें बीड़ी

बनाने का कार्य करती हैं। प्रतिदिन वे कितनी बीड़ी बना लेती है? इस सम्बन्ध में प्राप्त आकड़े इस प्रकार है :

सारणी संख्या–6.4: प्रतिदिन बीड़ी बनाने की संख्या

संख्या	आवृत्ति	प्रतिशत
250 या कम	10	3.34
251 से 500	21	07.00
501 से 750	54	18.00
751 से 1000	138	46.00
1001 से 1250	65	21.66
1251 या ऊपर	12	04.00
योग	**300**	**100.00**

स्पष्ट है कि 3.34 प्रतिशत 250 या कम तथा उत्तरदात्रियां 500 तक, 18 प्रतिशत 501 से 750, 46 प्रतिशत 751 से 1000 तक, 21 प्रतिशत 1001 से 1250 तथा 4 प्रतिशत उत्तरदात्रियां 1251 या इससे ऊपर बीड़ी प्रतिदिन बना लेती हैं। अतः तथ्यों के विश्लेषण के आधार पर कहा जा सकता है कि अधिकांश महिला बीड़ी श्रमिक 751 से 1000 तक बीड़ी प्रतिदिन बना लेती हैं।

बीड़ी बनाने में दबाव का अनुभव

मानव जीवन में व्यक्ति हमेशा कार्य करता रहता है, कार्य करते समय व्यक्ति अपनी स्वेच्छा से लगा रहता है, लेकिन

कभी–कभी वह किसी के दबाव का भी अनुभव करता है। महिला बीड़ी श्रमिक बीड़ी बनाने में किसके दबाव का अनुभव करती हैं? इस सम्बन्ध में 65 प्रतिशत उत्तरदात्रियों ने कहा कि वे मालिक या मेठ का, 20 प्रतिशत पति का, 10 प्रतिशत माता–पिता/सास–ससूर का तथा 5 प्रतिशत अन्य का बीड़ी बनाने में दबाव का अनुभव करती हैं। अतः यह कहा जा सकता है कि महिला बीड़ी श्रमिक, बीड़ी बनाने में मालिक या मेठ के दबाव का अनुभव करती रहती हैं।

हुनर का स्थानान्तरण

संस्कृति, कला व हुनर एक पीढ़ी से दूसरे पीड़ी में हस्तान्तरित होती रहती है। मानव अपने पूर्वजों से सीखता चला आ रहा है। किसी भी वस्तु को बनाने की कला या हुनर परम्परागत होती है और वह हस्तान्तरित होती रहती है। महिला बीड़ी श्रमिकों से यह जानने का प्रयास किया गया कि वे अपने हुनर का स्थानान्तरण अन्य को करती हैं या नहीं। 10 प्रतिशत ने कहा कि वे पुत्र को, 52 प्रतिशत पुत्री को, 30 प्रतिशत दोनों को व 8 प्रतिशत अन्य को अपने हुनर का स्थानान्तरण करती हैं। अतः तथ्यों के विश्लेषण के आधार पर कहा जा सकता है कि अधिकांश महिला बीड़ी श्रमिक अपने हुनर का स्थानान्तरण अपनी पुत्री को करती हैं।

बीड़ी बनाने के कार्य को सीखना

व्यक्ति अपने पूरे जीवन में हमेशा कुछ न कुछ सीखता रहता है। महिला बीड़ी श्रमिक भी बीड़ी बनाने के कार्य को किससे सीखी हैं? इससे प्राप्त आकड़े इस प्रकार हैं:

सारणी संख्या–6.5: बीड़ी बनाने के कार्य को सीखना

सीखी हैं	*आवृत्ति*	*प्रतिशत*
मां–बाप से	147	49.00
पति से	27	09.00
रिश्तेदारों से	60	20.00
पड़ोसी से	21	07.00
स्वतः	45	15.00
योग	**300**	**100.00**

उपर्युक्त तथ्यों से स्पष्ट होता है कि बीड़ी बनाने के कार्य को 49 प्रतिशत उत्तरदात्रियां मां–बाप से, 9 प्रतिशत पति से, 20 प्रतिशत रिश्तेदारों से, 7 प्रतिशत पड़ोसी से तथा 15 प्रतिशत स्वतः, सीखी हुयीं हैं। अतः तथ्यों के विश्लेषण से स्पष्ट होता है कि अधिकांश महिला बीड़ी श्रमिक, बीड़ी बनाने के कार्य को अपने मां–बाप से सीखी हैं, जो यह दर्शाता है कि बीड़ी एक परम्परागत कार्य के साथ–साथ इसका हस्तान्तरण एक पीढ़ी से दूसरी पीढ़ी में होता रहता है। इस अध्ययन की तुलना जब हम अन्य अध्ययन से करते हैं तो यह पाते हैं कि सारावनन के अध्ययन[14] में इस कौशल को कार्य को अपने माता–पिता से तथा युवाओं में भी 73 प्रतिशत ने इसे अपने माता–पिता से सीखा था।

महिला श्रमिकों का यौन/शारीरिक शोषण

पुरुष प्रधान समाज में महिलाओं क शोषण की समस्या निरन्तर बनी रहती है। विश्व के प्रत्येक देश एवं काल में महिलाओं के शोषण की घटनायें पायी गयी हैं। लेकिन जब यह शोषण प्रस्थापित सामाजिक आदर्शों, मानकों एवं व्यवहार प्रतिमानों के

प्रतिकूल होता है, तो महिलाओं की सामाजिक प्रस्थिति में तीव्र ह्रास परिलक्षित होता है। पुरुष और स्त्री के प्राकृतिक सम्बन्धों को समाज ने कुछ परिसीमाओं में आबद्ध कर रखा है।

वर्तमान आर्थिक संकटपूर्ण स्थितियों में विपन्नता से ग्रसित श्रमिक वर्ग यौन/शारीरिक शोषण का शिकार होता है। दूसरी ओर कुछ मध्यम और निम्नवर्गीय परिवार सामाजिक प्रतिबन्धों की आड़ में शोषित हो रहे हैं। शारीरिक रूप से शोषित होने वाली महिलाएं सामान्यतः घटना को छुपा ले जाती हैं जिससे शोषित करने वाले की प्रवृत्ति को बढ़ावा मिलता है। असंगठित श्रम क्षेत्रों में महिला श्रमिकों का शोषण सहकर्मी पुरुष मजदूरों, मालिक या ठेकेदारों या मेठ द्वारा आसानी से किया जाता है। महिला श्रमिकों की यह एक मूल समस्या है। प्रस्तुत अध्ययन में शोषण से सम्बन्धित संकलित तथ्यों को सारणी संख्या 6.6 के अन्तर्गत दिया गया है :

सारणी संख्या–6.6: महिला बीड़ी श्रमिकों का यौन/शारीरिक शोषण

शोषण	*आवृत्ति*	*प्रतिशत*
होता है	12	04.00
नहीं होता है	234	78.00
कह नहीं सकती	54	18.00
योग	**300**	**100.00**

उपर्युक्त सारणी में दिये गये तथ्यों से स्पष्ट होता है कि अधिकांश 78 प्रतिशत महिला श्रमिकों का यौन/शारीरिक शोषण नहीं होता है, जबकि 18 प्रतिशत यौन/शारीरिक शोषण के बारे में जानती ही नहीं कि ऐसा होता है। 4 प्रतिशत महिला श्रमिकों ने बताया कि उनका शोषण होता है।

मजदूरी और उसके भुगतान की अवधि

श्रमिक अपनी आजीविका के लिए श्रमरत रहता है, श्रम की दशाओं के निर्धारण में मजदूरी प्राप्त करने की प्रवृत्ति का महत्वपूर्ण स्थान होता है। स्थायी सरकारी एवं गैर–सरकारी संगठित श्रम क्षेत्रों में सामान्यतः निर्धारित वेतनमानों के अन्तर्गत नियमित मजदूरी देय होती है, जबकि असंगठित श्रम क्षेत्रों में मजदूरी भुगतान की कई प्रविधियां प्रचलित हैं। चूंकि असंगठित श्रम क्षेत्र कार्य की उपलब्धता पर गतिशील एवं स्थायी या अस्थायी होते हैं, अतएव इन क्षेत्रों में मजदूरी भुगतान की प्रकृति भी श्रमिक के अनुसार भिन्न–भिन्न होती है। कुछ कुशल श्रमिक ठेकेदारों से नियमित मजदूरी प्राप्त करते हैं, तो कुछ हतावार या दैनिक मजदूरी पर कार्य करते हैं। असंगठित श्रम क्षेत्र में दैनिक मजदूरी पर कार्य करने वाले श्रमिकों की संख्या सर्वाधिक होती है। यदि श्रमिक को पर्याप्त मजदूरी मिलती रहे, तो उसकी कार्यक्षमता एवं कौशल में भी वृद्धि की आशा की जा सकती है।

वस्तुतः अनौपचारिक क्षेत्रों में बीड़ी उद्योग, निर्माण एवं सेवा कार्यों में अधिकांश महिलाओं को रोजगार प्रदान किया जाता है, जिसका मूल कारण कम मजदूरी पर श्रम की उपलब्धता सुनिश्चित करना होता है। सेवायोजक श्रमिक को दी जाने वाली मजदूरी भुगतान की नियमित या अनियमितता से अप्रभावी रहता है, क्योंकि श्रम बाजार में महिला श्रमिकों की मोल–तोल की शक्ति अभी भी प्रभावी नहीं हो पायी है।[15] समुचित मजदूरी से श्रमिक का जीवन स्तर ऊंचा हो जाता है। इसके विपरीत यदि उसे अपर्याप्त मजदूरी मिलती है, तो उसका जीवन–स्तर नीचा हो जाता है और कार्यक्षमता भी घट जाती है। अध्ययन में से यह पूछा गया था कि क्या उन्हें मजदूरी नियमित रूप से मिलती है ? प्राप्त तथ्यों से स्पष्ट हुआ है कि शत्–प्रतिशत उत्तरदात्रियों ने कहा कि उन्हें मजदूरी नियमित रूप से मिलती है। लेकिन मजदूरी भुगतान की

अवधि क्या होती है, इससे सम्बन्धित तथ्यों के विवरण से ज्ञात हुआ कि 86.67 प्रतिशत उत्तरदात्रियों को मजदूरी रोज प्राप्त हो जाती है, जबकि 10 प्रतिशत उत्तरदात्रियो को हते में मजदूरी मिलती है। 3.33 प्रतिशत उत्तरदात्रियो को मासिक मजदूरी मिलती है। निश्चय ही मजदूरी नियमित रूप से रोज प्राप्त हो जाने से बीड़ी महिला श्रमिकों को अपने घरेलू आवश्यकताओं को पूरा करने में थोड़ी सहायता अवश्य प्राप्त हो जाती होगी। लेकिन क्या मजदूरी में वृद्धि भी होती है? इस सम्बन्ध में 13.33 प्रतिशत उत्तरदात्रियों ने बताया कि उनके मजदूरी में वृद्धि नहीं होती है, जबकि 83.33 अधिकांश प्रतिशत उत्तरदात्रियों ने बताया कि उनके मजदूरी में कभी–कभी वृद्धि होती है। मात्र 3.34 प्रतिशत उत्तरदात्रियां स्वीकार करती हैं कि उनके मजदूरी में वृद्धि होती हैं।

मजदूरी से सन्तुष्टि

श्रमिक अपने तथा अपने परिवार की आजीविका के लिये यथाशक्ति धनोपार्जन करता है। उसकी मजदूरी से सन्तुष्टि आजीविका आपूर्ति के साथ अन्य आकांक्षाओं से भी सम्बन्धित है। कार्य के अवसर एवं दशाएं भी श्रमिक की मजदूरी के प्रति सन्तुष्टि को प्रभावित करते हैं। यदि परिवार में एक ही आयकर्ता हो तो कार्यविधि के दिनों में प्राप्त होने वाली उसकी कुल मजदूरी भी परिवार के भोजन की आवश्यकता को पूरा नहीं कर सकती। श्रमिक महिलाओं को जो मजदूरी दी जाती है वही उनकी आजीविका का साधन होती है। महिलाओं को उनके कार्य के अनुसार उचित मजदूरी नहीं दी जाती है। निर्धारित न्यूनतम मजदूरी से भी कम वेतन उन्हें मिलता है। परन्तु विवशता की वजह से वह कम मजदूरी पर भी कार्य करना स्वीकार करती हैं। मजदूरी से सन्तुष्टि के विषय में प्राप्त तथ्यों से स्पष्ट होता

है कि 18.67 प्रतिशत उत्तरदात्रियां अपनी मजदूरी से सामान्यतः सन्तुष्ट हैं, जबकि सर्वाधिक 81.33 प्रतिशत उत्तरदात्रियां अपनी मजदूरी से असन्तुष्ट हैं। कम मजदूरी के कारण ये अपनी आवश्यकताएं पूरी नहीं कर पाती। मेन्चर और मोनीक (1982) ने महिला श्रमिकों को दी जाने वाली मजदूरी का विश्लेषण करते हुए यह स्पष्ट किया है कि कम मजदूरी पर महिला श्रमिक आसानी से प्राप्त हो जाती हैं। यदि पुरुष या महिला दोनों एक ही कृषि कार्य साथ–साथ करते हों तो महिलाओं को कम मजदूरी दी जाती है। इस सन्दर्भ में यह तर्क दिया जाता है कि महिलाएं कमजोर होती हैं और पुरुषों की भांति कुशलतापूर्वक कार्य नहीं कर पाती हैं।[16]

ज्ञात करने पर स्पष्ट हुआ कि 90 प्रतिशत अपने वर्तमान कार्य को छोड़कर अन्य कार्य करने के प्रति अपनी रुचि प्रदर्शित करती हैं। इसका कारण वे अधिक आय व प्रस्थिति सुधार दोनों को मानती हैं कि अभिव्यक्ति को प्रदर्शित करती हैं। पटना नगर पर आधारित फजल अहमद के अध्ययन, रेहाना और आसिया, जेयम केनान तथा महिन्द्र कुमार के अध्ययन में भी ज्यादातर बीड़ी श्रमिक अवसर मिलने पर इस कार्य को छोड़ने को तैयार थीं।[17]

बीड़ी व्यवसाय के चयन का कारण

व्यक्ति में प्रत्येक कार्य करने की योग्यता एवं क्षमता नहीं होती हैं। बीड़ी के गृह आधारित एवं परम्परागत कार्य होने के कारण व्यक्ति की संलग्नता इस कार्य में है। प्रायः देखा गया है कि जिन समुदायों की सांस्कृतिक परम्परा में महिलाओं के लिए पर्दा एवं एकांतता पर जोर दिया जाता है उन समुदायों में महिलाओं के लिए बीड़ी निर्माण जैसे गृह–आधारित कार्य को ही सामाजिक स्वीकृति मिलती है। निर्धन परिवार की महिलाएं अपने अधिकतम उपयोग के लिए बीड़ी रोलिंग कार्य के अवसर को स्वीकार्य करती

हैं। पारिवारिक आर्थिक दबाव के कारण भी वे इस कार्य में लग तो जरूर जाती हैं, लेकिन इससे उनके जीवन में एक और संघर्ष जुड़ जाता है, जिसकी कीमत उन्हें अपनी नींद, आराम, व फुर्सत के पल आदि को गंवाकर चुकानी पड़ती है। अध्ययन में उत्तरदात्रियों से इस व्यवसाय के चयन का कारण जानने का प्रयास किया गया। सम्बन्धित विवरण सारणी संख्या 6.7 के अनुसार है :

सारणी संख्या–6.7: बीड़ी व्यवसाय के चयन का कारण

कारण	*आवृत्ति*	*प्रतिशत*
अच्छी आमदनी	–	–
परम्परागत कार्य	191	63.66
घर से नजदीकी	3	1.00
परिचितों के कारण	6	02.00
बेकारी	70	23.33
जानकारी का अभाव	24	8.00
अन्य	6	2.00
योग	**300**	**100.00**

उपर्युक्त आंकड़े दर्शाते हैं कि 63.66 प्रतिशत उत्तरदात्रियों के बीड़ी व्यवसाय के चयन का कारण उनका परम्परागत कार्य हैं। 2 प्रतिशत का परिचितों के कारण तथा 23.33 प्रतिशत बेकारी के कारण इस व्यवसाय को कर रही हैं। 8 प्रतिशत को अन्य कार्यों की जानकारी नहीं है इसलिए वे इस कार्य को कर रही हैं। स्पष्ट है कि अधिकांश महिला श्रमिक बीड़ी व्यवसाय के चयन का कारण परम्परागत कार्य मानती हैं। इसके विपरीत फजल अहमद के अध्ययन में 60.4 प्रतिशत कोई विकल्प न होने तथा 20.4 प्रतिशत विशेष कौशल की जरूरत न होने के कारण बीड़ी व्यवसाय को अपनाया बताया था।[18]

स्वास्थ्य की स्थिति

गृह आधारित काम होने के अपने फायदे एवं नुकसान होते हैं। इसका प्रतिकूल प्रभाव न केवल महिला श्रमिक पर बल्कि उसके परिवार के सम्पूर्ण सदस्यों पर पड़ता है। दिन–रात तम्बाकू के साये में रहने के कारण निकोटीन का जहर इन श्रमिकों के फेफड़ों को धीरे–धीरे गलाना शुरू कर देता है। तम्बाकू की तेज गंध की धांस इनके फेफड़ों को बुरी तरह से झुलसा देती है। फलतः तम्बाकू की तेज गंध व निकोटीन के जहरीले प्रभाव छोटे एवं बंद कमरों में लम्बे समय तक काम करने वाली महिलाओं को टी0बी0, अस्थमा, ब्रोनकाइटिस, साइटिका, अधिक मासिक स्राव, एनिमिया, नेत्रदोष, सरदर्द, कमर झुक जाना, कमर की हड्डी में पानी बन जाना जैसी बीमारियां, अपना आसान शिकार बना लेती हैं। इनके व्यावसायिक रोगों के इलाज के लिए स्थानीय चिकित्सालयों से चिकित्सा सुविधा प्राप्त न होना या कम प्राप्त होना इनकी बीमारी को अति गंभीर बना देता है। प्रति हजार बीड़ी उत्पादन पर केन्द्र सरकार 5 रुपया बीड़ी मालिक से लेती है, जिसका उपयोग केन्द्रीय श्रम मंत्रालय अपने बीड़ी चिकित्सालय, बीड़ी अस्पताल के माध्यम से मुफ्त चिकित्सा सेवा सुविधा जरूरतमंद श्रमिकों एवं उसके परिवार के सदस्य को प्रदान करता है।

वर्तमान अध्ययन में स्वास्थ्य सम्बन्धी स्थिति को ध्यान में रखते हुए उत्तरदात्रियों से यह पूछा गया कि स्वास्थ्य की दृष्टि से वे अपने कार्य को कैसा समझती हैं। प्राप्त आंकड़ों से स्पष्ट हुआ कि शत्–प्रतिशत उत्तरदात्रियां अपने बीड़ी रोलिंग कार्य को स्वास्थ्य की दृष्टि से हानिकारक समझती हैं। केरल के तालचीर जिले के बीड़ी मजदूरों के अध्ययन में ए. मोहनदास ने भी पाया कि लगातार बीड़ी रोलिंग के कारण श्रमिकों की उंगलिया घिस कर पतली हो गयी थीं। धर्मालिंगम द्वारा तमिलनाडु के कैवियर गांव तथा तिमिर बसु के सिनार टाउन के अध्ययन में बीड़ी रोलिंग के क्षेत्र में लगे श्रमिकों में 50 प्रतिशत की मौत टी0बी0 और

अस्थमा से हुई। मोहनदास के ही अध्ययन में 40.5 प्रतिशत कोल्ड एलर्जी, 19.1 प्रतिशत सिरदर्द, 21.4 प्रतिशत गैस ट्रबुल, 2.4 प्रतिशत आंतों में दर्द से परेशान थे। कैटरी गांव के अध्ययन में सारावनन ने पाया कि ज्यादातर बीड़ी श्रमिक पीठ दर्द से परेशान थे। कर्नाटक में कन्नाडा जिले के महिला बीड़ी श्रमिकों को अध्ययन में राजशेखर तथा श्रीधर ने पाया कि 25 प्रतिशत पीठ दर्द, 6.3 प्रतिशत अस्थमा, 9.3 प्रतिशत तपेदिक से पीड़ित थे। फजल अहमद के अध्ययन में 61.53 प्रतिशत तपेदिक तथा शेष श्वांस की बीमारी, पीठ दर्द आदि से ग्रस्त थे।[19]

बीड़ी श्रमिकों को होने वाले रोग

यह एक सर्वविदित तथ्य है कि बीड़ी श्रमिकों को सभी तरह की बीमारियों का सामना करना पड़ता है। इसलिए जो लोग इन कामों में लगे हैं उन्हें तम्बाकू से होने वाले सभी बीमारियां होने की सम्भावना बनी रहती है। आज नही तो कल प्रत्येक श्रमिक इस तरह की बीमारियों से ग्रस्त हो हीं जाता है। इसलिए इन श्रमिकों की स्वास्थ्य स्थिति जानने के लिए पूछा गया कि क्या उन्हें किसी भी प्रकार की बीमारियां हैं ? प्राप्त आकड़े इस प्रकार हैं :

सारणी संख्या–6.8: होने वाले रोग के प्रकार

रोग	*आवृत्ति*	*प्रतिशत*
टी0बी0 (तपेदिक)	118	39.33
गैस की समस्या	35	11.67
पीठ दर्द	36	12.00
उंगली में सूजन	16	05.33
श्वांस रोग	28	09.34
अन्य	10	03.33
कोई रोग नहीं	57	19.00
योग	**300**	**100.00**

उपर्युक्त तथ्यों से ज्ञात होता है कि अधिकांश 39.33 प्रतिशत उत्तरदात्रियां टी0बी0 (तपेदिक) से ग्रस्त हैं। 11.67 प्रतिशत गैस की समस्या, 12 प्रतिशत पीठ दर्द, 5.33 प्रतिशत उंगली में सूजन, 9.34 प्रतिशत श्वांस रोग, 3.33 प्रतिशत अन्य रोग (बोनकाइटिस, अस्थमा, कैंसर आदि) से ग्रस्त हैं। 19 प्रतिशत को कोई रोग नहीं हुआ है। अतः यह कहा जा सकता है कि ज्यादातर महिला बीड़ी श्रमिकों को किसी न किसी प्रकार की बीमारी रहती है। इसमें भी अधिकता टी0बी0 (तपेदिक) की रहती है। टी0बी0 एक आम बीमारी है, जो सीधे तौर पर उन श्रमिकों को ग्रसित करता है जो बीड़ी रोलिंग का कार्य करते हैं।

अनेक अध्ययनों से भी पता चलता है कि तम्बाकू के सम्पर्क में हमेशा रहने तथा एक हीं स्थान पर बैठकर बीड़ी निर्माण कार्य करने से उन्हें कई बीमारियां हो जाती है। ये बीमारियां काफी समय तक रहती हैं जैसा कि सारणी संख्या 6.9 से स्पष्ट है।

सारणी संख्या 6.9: बीड़ी श्रमिकों को होने वाले रोग की अवधि

रोग	*समय*				
	2 वर्ष से	*3–5 वर्ष*	*6–8 वर्ष*	*9 वर्ष या इससे ज्यादा*	*योग*
टी0बी0 (तपेदिक)	17 (50.00%)	23 (42.59%)	18 (30.00%)	60 (63.16%)	**118** (39.33%)
गैस की समस्या	5 (14.71%)	9 (16.67%)	13 (21.67%)	8 (08.42%)	**35** (11.67%)
पीठ दर्द	6 (17.65%)	8 (14.81%)	10 (16.67%)	12 (12.63%)	**36** (12.00%)
उंगली में सूजन	1 (02.94%)	4 (07.41%)	6 (10.00%)	5 (05.26%)	**16** (05.33%)
श्वांस रोग	3 (08.82%)	7 (12.96%)	8 (13.33%)	10 (10.53%)	**28** (09.34%)
अन्य रोग	2 (05.88%)	3 (05.56%)	5 (08.33%)	–	**10** (03.33%)
योग	**34 (100%)**	**54 (100%)**	**60 (100%)**	**95 (100%)**	**243 (100%)**

उपरोक्त तथ्यों से स्पष्ट होता है कि तपेदिक से 42.59 प्रतिशत 3–5 वर्ष, 30 प्रतिशत 6–8 वर्ष, 63.16 प्रतिशत 9 वर्ष या इससे ज्यादा समय से ग्रस्त हैं। गैस की समस्या से 21.67 प्रतिशत 6–8 वर्ष, 8.42 प्रतिशत 9 वर्ष या इससे ज्यादा समय से परेशान हैं। पीठ दर्द से 16.67 प्रतिशत 6–8 वर्ष, 12.63 प्रतिशत 9 वर्ष या इससे ज्यादा समय से परेशान हैं। उंगली में सूजन से ग्रस्त 7.41 प्रतिशत 3–5 वर्ष, 10 प्रतिशत 6–8 वर्ष, 5.26 प्रतिशत 9 वर्ष या इससे ज्यादा समय से हैं। इसी तरह श्वांस रोग से 12.96 प्रतिशत 3–5 वर्ष, 13.33 प्रतिशत 6–8 वर्ष, 10.53 प्रतिशत 9 वर्ष या इससे ज्यादा समय से हैं, अन्य रोग (ब्रोनकाटिस, अस्थमा, कैंसर आदि) से 5.88 प्रतिशत 2 वर्ष से, 5.56 प्रतिशत 3–5 वर्ष, 8.33 प्रतिशत 6–8 वर्ष से ग्रसित हैं। अतः विश्लेषण से स्पष्ट है कि सभी रेागों से महिला बीड़ी श्रमिक काफी समय से ग्रसित हैं। मुख्यतः तपेदिक से ग्रसित महिला बीड़ी श्रमिकों की संख्या ज्यादा है और वह लम्बे समय से इस बीमारी से ग्रसित है।

सरकारी कार्यक्रमों की जानकारी

असंगठित क्षेत्र में श्रमिकों का कल्याण केन्द्र और राज्यों में एक के बाद एक सभी सरकारों के लिए एक बड़ी चिंता का विषय रहा है। इनकी दुर्दशा ने स्वतंत्रता से अब तक सभी सरकारों का ध्यान आकर्षित किया है। उनका असंगठित होना ही उनके लिए सबसे बड़ा अभिशाप है। वे आर्थिक और सामाजिक सुरक्षा से वंचित हैं। देश की श्रमिक संख्या में लगभग 94 प्रतिशत असंगठित क्षेत्र में हैं, जो न केवल बिखरे हुए हैं, बल्कि एक स्थान से दूसरे स्थान को जाते रहते हैं। इनमें ज्यादातर अनपढ़ हैं और मकान, भोजन और कपड़े जैसे बुनियादी आवश्यकताएं भी इन्हें उपलब्ध नहीं हैं। इतना ही नहीं वे इस तरह के काम में कई पीढ़ियों से लगे हुए हैं। ऐसे लोगों में अपना काम धंधा करने

वाली भी हैं, जैसे गलियों में फेरी लगाने वाले, छोटे दुकानदार, कारीगर, बुनकर, छोटे और बहुत छोटे किसान, मछुआरे और मेहनत मजदूरी करने वाले निर्माण मजदूर, खेतिहर मजदूर, घरेलू नौकर, रिक्शा चालक और बीड़ी श्रमिक आदि। असंगठित और बिखरे होने के कारण इनकी तरफ लोगों का ध्यान कम ही जाता है।

श्रम मंत्रालय असंगठित क्षेत्र के श्रमिकों को सामाजिक सुरक्षा प्रदान करने के लिए इनके लिए कल्याण निधियों की स्थापना की है। इनमें भवन तथा अन्य निर्माण कर्मचारी, बीड़ी श्रमिक, सिनेमा कर्मचारी और गैर–कोयला खान श्रमिकों के कुछ वर्ग शामिल हैं। इन निधियों से स्वास्थ्य देखभाल, आवास, बच्चों को शिक्षा तथा पेंशन व बीमा कवर जैसी सामाजिक सुरक्षा प्रदान करने में सहायता मिली है। सेनगुप्ता आयोग द्वारा भी मई 2006 में राष्ट्रीय न्यूनतम सामाजिक सुरक्षा रिपोर्ट में बीमारी के समय चिकित्सा लाभ, बीमारी भत्ता और प्रसूति लाभ, प्राकृतिक या दुर्घटना में मृत्यु होने पर जीवन बीमा राशी और गरीबी की रेखा से ऊपर वालों के लिए भविष्य निधि कोष–सह–बेरोजगारी राशी तथा गरीबी की रेखा के नीचे के 60 वर्ष और इससे अधिक उम्र के श्रमिकों के लिए 200 रु0 मासिक पेंशन की सिफारिश की है।

जहां तक बीड़ी मजदूरों का प्रश्न है इनके कल्याण पर खर्च में निरन्तर वृद्धि हुई है, जो 2000–01 में लगभग 50 करोड़ रुपये से बढ़कर 2004–05 में 88.88 करोड़ रुपये हो गया है। इसके लिए धन की ओर ज्यादा व्यवस्था करने के उद्देश्य से बीड़ी पर उपकर की दर 2 रुपये प्रति हजार से बढ़ाकर अप्रैल 2005 से 4 रुपये हजार कर दी गई है। इस वृद्धि से इस कल्याण निधि में 70 से 75 करोड़ रुपये प्रतिवर्ष की अतिरिक्त आय होगी। पुनः 1.4.2006 से 5 रूपये प्रति हजार बीड़ियां कर दिया है।[20]

बीड़ी कर्मियों व उनके आश्रितों के स्वास्थ्य देखभाल के लिए इस समय पूरे देश में 4 अस्पताल व 206 डिस्पेंसरियां हैं।

महिला बीड़ी कर्मियों को मातृत्व लाभ के साथ–साथ सामूहिक बीमा योजना चलाई गयी है, जिसके लिए उन्हें कोई प्रीमियम नहीं देना होता है। बीड़ी कर्मियों के वास्ते मकान निर्माण के लिए आवास योजना को भी संशोधित व उदार बनाया गया है। इस प्रयोजन के लिए बीड़ी कर्मियों को उपलब्ध आर्थिक सहायता को प्रति इकाई दोगुना करके 40 हजार रुपये कर दिया गया है और वेतन सीमा 3500 रुपये से बढ़ाकर 6500 रुपये करने के साथ–साथ पात्रता मानदंडों में भी छूट दी गई है।

इस अध्ययन में उत्तरदात्रियों से पूछा गया था कि उन्हें सरकार द्वारा अपनी दशाओं में सुधार हेतु बनाये गये विभिन्न विधानों* तथा चलाये गये विभिन्न कार्यक्रमों की जानकारी है ? तथ्यों से ज्ञात हुआ कि अधिकांश महिला श्रमिकों को अपनी दशा सुधारने हेतु विभिन्न सरकारी कार्यक्रमों की जानकारी नहीं है, जो उनमें जागरूकता का अभाव व सरकारी नीतियों के प्रचार–प्रसार की में कमी को दर्शाता है। न्यूनतम मजदूरी समिति (1965) की एक रिपोर्ट (पृ0 19) के अनुसार श्रमिकों के कल्याण सम्बन्धी सुविधाओं का लाभ केवल केरल, कर्नाटक तथा तमिलनाडु के थोड़े से बीड़ी श्रमिक उठा पाये थे, वह भी केवल परिवार कल्याण सम्बन्धी मामलों में। राजशेखर और श्रीधर के अध्ययन में 47 प्रतिशत बीड़ी श्रमिक कल्याणकारी योजनाओं से परिचित थे लेकिन 19 प्रतिशत ने ही मातृत्व अवकाश, बच्चों को छात्रवृत्ति, चिकित्सकीय सहायता आदि का लाभ उठाया।[21]

उपर्युक्त तथ्यों को शिक्षा के आधार पर विश्लेषित किया गया जिसका विवरण सारणी संख्या 6.10 में प्रदर्शित किया गया है।

सारणी संख्या–6.10: शिक्षा के आधार पर श्रमिकों के दशाओं में सुधार हेतु कार्यक्रम की जानकारी

शिक्षा	*जानकारी*		*योग*
	हैं	*नहीं हैं*	
अशिक्षित	1 (0.51%)	197 (99.49%)	198 (100%)
प्राइमरी	3 (04.17%)	69 (95.83%)	72 (100%)
जूनियर हाईस्कूल	6 (33.33%)	12 (66.67%)	18 (100%)
हाईस्कूल	8 (66.67%)	4 (33.33%)	12 (100%)
योग	**18 (06.00%)**	**282 (94.00%)**	**300 (100%)**

उपर्युक्त तथ्यों के विश्लेषण से ज्ञात होता है कि अशिक्षित महिला श्रमिकों को अपने स्थिति सुधार हेतु किसी भी सरकारी कार्यक्रम की जानकारी नहीं है* जबकि हाईस्कूल तक शिक्षित महिला श्रमिकों को अपने परिस्थिति में सुधार के लिए चलाये जाने वाले सरकारी कार्यक्रमों की जानकारी है जो यह दर्शाता है कि अशिक्षितों की अपेक्षा शिक्षित व्यक्ति अपने अधिकारों एवं कर्तव्यों के प्रति अधिक जागरूक हैं।

कार्यक्रमों से लाभान्वयन

महिला श्रमिकों से सरकार द्वारा चलाए गये विभिन्न कार्यक्रमों से लाभान्वयन सम्बन्धी तथ्यों का भी संकलन किया गया। तथ्यों के विश्लेषण से ज्ञात होता है कि अधिकांश 94 प्रतिशत महिला बीड़ी श्रमिक, सरकार द्वारा चलाए गये विभिन्न कार्यक्रमों से

लाभान्वित नहीं हुई हैं। 36.33 प्रतिशत उत्तरदात्रियों ने विभिन्न सरकारी कार्यक्रमों से लाभान्वयन न होने का कारण अज्ञानता, 19.33 प्रतिशत ने प्रचार का अभाव व 38.34 प्रतिशत ने सरकारी अधिकारियों के भ्रष्टाचार को माना है जबकि मात्र 6 प्रतिशत उत्तरदात्रियां हीं इससे लाभान्वित हुई हैं।

सारणी संख्या–6.11: लाभान्वयन न मिलने का कारण श्रम अधिकारियों एवं उनके कार्यालय की जानकारी

कारण	*आवृत्ति*	*प्रतिशत*
अज्ञानता	109	36.33
प्रचार का अभाव	58	19.33
सरकारी अधिकारियों का भ्रष्टाचार	115	38.34
लाभान्वित हैं	18	6.00
योग	**300**	**100.00**

मजदूरों के हितों की रक्षा के सरकार द्वारा संवैधानिक व्यवस्था के अन्तर्गत श्रमिकों के कल्याणार्थ कार्यावधि, वेतन, छुट्टी, आवास, चिकित्सा इत्यादि को निर्धारित करने हेतु श्रम कार्यालय एवं उनके अधिकारियों की व्यवस्था है। इस अध्ययन में उत्तरदात्रियों से श्रम अधिकारियों एवं उनके कार्यालय की जानकारी लेने पर पाया गया कि 01.52 प्रतिशत अशिक्षित उत्तरदात्रियों को इस सम्बन्ध में जानकारी है जबकि 98.48 प्रतिशत को नहीं है। प्राइमरी तक शिक्षित उत्तरदात्रियों में 04.17 प्रतिशत को जानकारी है, जबकि 95.83 प्रतिशत को जानकारी नही है। जूनियर हाईस्कूल तक शिक्षित उत्तरदात्रियों में 22.22 प्रतिशत को श्रम अधिकारियों एवं उनके कार्यालय की जानकारी है, जबकि 77.78 प्रतिशत को नही है। हाईस्कूल तक शिक्षित उत्तरदात्रियों में 66.67 प्रतिशत को इसकी जानकारी है, जबकि 33.33 प्रतिशत को जानकारी नहीं है।

सारणी संख्या–6.12: साक्षरता के आधार पर श्रम अधिकारियों एवं उनके कार्यालय की जानकारी

साक्षरता	*जानकारी*		*योग*
	है	*नहीं है*	
अशिक्षित	3 (01.52%)	195 (98.48%)	198 (100.00%)
प्राइमरी	3 (04.17%)	69 (95.83%)	72 (100.00%)
जूनियर हाईस्कूल	4 (22.22%)	14 (77.78%)	18 (100.00%)
हाईस्कूल	8 (66.67%)	4 (33.33%)	12 (100.00%)
योग	**18 (06.00%)**	**282 (94.00%)**	**300 (100%)**

तथ्यों के विश्लेषण से स्पष्ट होता है कि जैसे–जैसे साक्षरता बढ़ती जा रही है वैसे–वैसे जानकारी भी बढ़ती जा रही हैं। हाईस्कूल तक शिक्षित उत्तरदात्रियां अपने से कम शिक्षित उत्तरदात्रियों की अपेक्षा जानकारी ज्यादा रखती हैं। अमृता अब्राहम द्वारा मुम्बई के बीड़ी श्रमिकों पर आधारित अध्ययन में भी 25 वर्षों से काम करने वाली बहुत महिलाओं को भी श्रम अधिकारियों एवं उनके कार्यालय की जानकारी नहीं थी। उनका नाम भी रजिस्टर में दर्ज नहीं था। बीड़ी मालिक रजिस्टर में केवल 50 नाम लिखता था जबकि 200 श्रमिकों की वह सेवा लेता था। 10 महिलाओं के समूह में केवल एक को भुगतान कार्ड दे रखा था। महिला श्रमिक फैक्ट्री इन्सपेक्टर को न तो कभी देखी थीं और न ही वह इनके घरों पर आता था। बीड़ी निर्माण आमदनी का द्वैतीयक स्रोत होने के कारण श्रम कार्यालय के अन्य सदस्य भी नहीं आते थे।[22]

न्यूनतम मजदूरी

विभिन्न उद्योगों में श्रमिकों के न्यूनतम मजदूरी निर्धारित करने से सम्बन्धित अधिनियम को 'न्यूनतम मजदूरी अधिनियम' (Minimum Wages Act) कहते हैं जो मार्च, 1948 में पास हुआ। इस अधिनियम का मुख्य उद्देश्य औद्योगिक शांति, श्रमिकों के जीवन स्तर में वृद्धि, श्रमिकों के शोषण का अंत तथा राष्ट्रीय उत्पादन में वृद्धि करना है।[23]

महिला बीड़ी श्रमिकों को मजदूरी सम्बन्धी तीन प्रकार की समस्याओं का सामना करना पड़ता है कि (1) न्यूनतम मजदूरी दूसरे काम की तुलना में बीड़ी रोलिंग में कम होना, (2) सरकार द्वारा निर्धारित न्यूनतम मजदूरी अधिसूचित तिथि से नहीं मिलना, (3) न्यूनतम मजदूरी एवं अन्य सुविधाओं की मांग करने पर इसके लिए आवाज उठाने पर बीड़ी कम्पनी मालिक द्वारा अपने स्थानीय बीड़ी गोदाम को हटाकर दूसरे आर्थिक रूप से पिछड़े क्षेत्र में स्थानांतरित कर देना। इसके अतिरिक्त मनमाने ढ़ंग से औसतन महीने में 10 से 15 दिन काम नहीं देना, जिससे इन निर्धन बीड़ी श्रमिकों के सामने भूखों मरने की नौबत आ जाती है।[24] न्यूनतम मजदूरी के सम्बन्ध में उत्तरदात्रियों से पूछा गया कि उन्हें सरकार द्वारा न्यूनतम निर्धारित मजदूरी की जानकारी है ? 39.33 प्रतिशत ने कहा कि उन्हें न्यूनतम निर्धारित मजदूरी की जानकारी है, जबकि अधिकांश 60.67 प्रतिशत उत्तरदात्रियों को इसकी जानकारी नहीं है। अतः तथ्यों के विश्लेषण से ज्ञात होता है कि सर्वाधिक महिला श्रमिकों को न्यूनतम निर्धारित गजदूरी की जानकारी नहीं है।

परिचय पत्र

श्रम मंत्रालय द्वारा बीड़ी श्रमिकों को परिचय पत्र दिया जाता है।* देश के 31 प्रतिशत (14 लाख) बीड़ी श्रमिकों को परिचय

पत्र निर्गत नहीं हो पाया है। इसका दुर्भाग्यपूर्ण पहलू यह है कि पुरुष श्रमिकों की तुलना में कई गुना अधिक महिला बीड़ी कारीगर स्थानीय बीड़ी चिकित्सालय, श्रम मंत्रालय द्वारा जारी परिचय पत्र से वंचित हैं। मुस्लिम समुदाय में पर्दा प्रथा के कारण भी महिलाएं अपने नाम का परिचय पत्र नहीं बनवा पाती हैं। इसका दुष्परिणाम यह होता है कि इन परिचय पत्र विहीन महिला बीड़ी श्रमिक को श्रम मंत्रालय, भारत सरकार द्वारा प्रदान की जाने वाली मुफ्त चिकित्सा सुविधा एवं कल्याण सम्बन्धी सुविधाओं से वंचित होना पड़ता है। इस प्रकार वे अपनी टी0बी0, अस्थमा, साइटिका, कमर की हड्डी में पानी, नेत्र दोष सम्बन्धी रोग का मुफ्त इलाज, सरकारी बीड़ी डिस्पेंसरी में नहीं करवा पाती हैं। इस कार्ड को निर्गत करवाने में कई बार इन महिलाओं को सम्बन्धित श्रम कार्यालय एवं श्रमिक संघ के नेता की मुट्ठी भी गर्म करनी पड़ती है।[25] जिन बीड़ी श्रमिकों का परिचय पत्र बना हुआ है, वह भी सरकारी कल्याण सुविधाओं का लाभ नहीं प्राप्त कर पाते हैं। इस अध्ययन में 87.67 प्रतिशत उत्तरदात्रियों का परिचय पत्र बना हुआ है जबकि 12.33 प्रतिशत उत्तरदात्रियों का बीड़ी श्रमिक परिचय–पत्र नहीं बना है। बीड़ी श्रमिक परिचय–पत्र बने होने के बावजूद महिला श्रमिकों को सरकार द्वारा चलाये गए कार्यक्रमों, सरकारी सुविधाओं कल्याणकारी योजनाओं की जानकारी नहीं है। स्वास्थ्य सम्बन्धी सुविधाओं से वे वंचित हैं। अतः जब तक बीड़ी श्रमिकों के लिए किये गए सरकारी प्रयासों को इन तक नहीं पहुँचाया जाएगा, तब तक उनके स्वास्थ्य तथा अन्य क्षेत्रों में जागरूकता नहीं बढ़ पायेगी।

सुविधाओं की आवश्यकता

बीड़ी श्रमिक समाज के सबसे निम्न तबके से सम्बन्ध रखते हैं। उनके पास जिन्दगी की मूलभूत सुविधायें भी उपलब्ध नही है। इसलिए वे उनकी मांग करते रहते हैं। उन्हें किस तरह की

सुविधाएं चाहिए इस सम्बन्ध में अध्ययन में महिला श्रमिकों से पूछा गया। प्राप्त आकड़े इस प्रकार हैं :

सारणी संख्या–6.13: उत्तरदात्रियों को सुविधाओं की आवश्यकता

सुविधाएं	*आवृत्ति*	*प्रतिशत*
सेवा कार्ड	40	13.33
चिकित्सकीय सुविधाएं	80	26.67
आवासीय सुविधाएं	30	10.00
कार्य स्थान पर साफ–सफाई	16	05.33
राशन कार्ड	30	10.00
ऋण योजना	10	03.33
बच्चों को छात्रवृत्ति	05	01.67
वृद्धावस्था पेंशन	10	03.33
उपर्युक्त सभी	79	26.34
योग	**300**	**100.00**

उपर्युक्त तथ्यों से स्पष्ट है कि 13.33 प्रतिशत उत्तरदात्रियां सेवा कार्ड की सुविधा चाहती हैं। 26.67 प्रतिशत चिकित्सकीय सुविधा, 10 प्रतिशत आवासीय सुविधा, 5.33 प्रतिशत कार्य स्थान पर साफ–सफाई, 10 प्रतिशत राशन कार्ड, 3.33 प्रतिशत ऋण योजना, 1.67 प्रतिशत बच्चों को छात्रवृत्ति, 3.33 प्रतिशत वृद्धावस्था पेंशन की सुविधा तथा 26.34 प्रतिशत उपर्युक्त सभी प्रकार की सुविधाओं को चाहती हैं। अध्ययन के आधार पर कहा जा सकता है कि महिला बीड़ी श्रमिक, वास्तविक रूप में जिन्दगी की सभी

मूलभूत एवं सुविधाओं से वंचित हैं और उन्हें उपर्युक्त सभी सुविधाओं के प्रदान करने की जरूरत है।

सरकारी योजनाओं व अधिनियमों की जानकारी

असंगठित क्षेत्र की श्रमिक महिलाओं के सर्वांगीण विकास के लिए राष्ट्रीय स्तर पर बहुआयामी कार्यक्रम चलाए जा रहे हैं। इन कार्यक्रमों का मुख्य उद्देश्य विकास की मूल धारा से महिलाओं को संयुक्त करना है तथा उन्हें विकास के लाभांशों के उपयोग के समान अवसर उपलब्ध कराना है। तृतीय विश्व के अधिकांश राष्ट्रों में महिलाओं की सामाजिक एवं आर्थिक प्रस्थिति विकसित राष्ट्रों की अपेक्षा अत्यधिक दयनीय है। शिक्षा, स्वास्थ्य, रहन–सहन आदि के साथ–साथ लैंगिक असमानताओं से प्रजनित परम्परागत असमानताओं ने महिलाओं को समाज में पुरुषों पर आश्रिततापूर्ण जीवन व्यतीत करने तथा रोजगार के लिए बाध्य किया है।

भारत का संविधान महिलाओं को न सिर्फ समानता का अधिकार देता हैं अपितु राज्य को यह अधिकार भी देता है कि ऐसे सकारात्मक कदम उठाएं जाए जो कि महिलाओं के प्रति भेदभावपूर्ण रवैए को समाप्त कर सके। अभी तक सामाजिक, आर्थिक, शैक्षणिक एवं राजनैतिक कारणों से महिलाएं आर्थिक गतिविधियों में पुरुषों की अपेक्षा पिछड़ी हुई हैं।

असंगठित क्षेत्र के मजदूरों की सामाजिक सुरक्षा और कल्याण की देख–रेख के लिए सरकार ने विधायी उपायों तथा कल्याण योजनाओं और कार्यक्रमों की द्विपक्षीय नीति अपनाई है। विधायी उपायों में न्यूनतम मजदूरी कानून, 1948; कर्मकार मुआवजा अधिनियम, 1923; मातृत्व अभिलाभ अधिनियम, 1961; बन्धुआ मजदूर प्रथा (उन्मूलन) अधिनियम 1976; ठेका मजदूर (विनियमन और उन्मूलन) अधिनियम 1970; अन्तर्राज्यीय प्रवासी कर्मकार

(रोजगार विनियमन और सेवा शर्त) अधिनियम, 1979; भवन और अन्य निर्माण श्रमिक अधिनियम, 1966 आदि शामिल हैं।[26]

भारत सरकार ने बीड़ी मजदूरों, कोयले को छोड़कर अन्य खानों के मजदूरों और सिने–कर्मियों के कल्याण के लिए कल्याण कोष का गठन किया है। इन कल्याण कोषों का उपयोग मजदूरों को उनके बच्चों की शिक्षा, मनोरंजन, सामूहिक बीमा, चिकित्सा एवं स्वास्थ्य सेवाओं, मकानों के निर्माण आदि पर किया जाता है। भवन और अन्य निर्माण श्रमिक (रोजगार विनियमन और सेवा शर्त) अधिनियम, 1966 के तहत यह भी प्रावधान किया गया है कि प्रत्येक राज्य सरकार कल्याण बोर्ड/कोश की स्थापना कर निर्माण कार्य में लगे श्रमिकों के कल्याण/सामाजिक सुरक्षा के लिए कदम उठाए। कुछ राज्यों जैसे–केरल ने असंगठित क्षेत्र के इन श्रमिकों के लिए कल्याण कोश की स्थापना की है।[27]

इस अध्ययन में उत्तरदात्रियों से यह पूछा गया था कि उन्हें सरकार द्वारा चलाये गये विभिन्न योजनाओं व अधिनियमों की जानकारी है? संकलित तथ्यों से ज्ञात हुआ कि शत्–प्रतिशत उत्तरदात्रियों को सरकार द्वारा चलायी जाने वाली मातृत्व लाभ योजना, मजदूरी भुगतान अधिनियम, समान पारिश्रमिक अधिनियम, बीड़ी व सिगार श्रमिक अधिनियम आदि के विषय में जानकारी नहीं है।

वैयक्तिक अध्ययन संख्या–1

श्रीमति 'अ' की उम्र 37 वर्ष है। वह बीड़ी बनाने का कार्य करती हैं। विवाह हो चुका है। प्रतिदिन 800 बीड़िया बना लेती हैं। दो बच्चे भी हैं– एक लड़का और एक लड़की। इन्होंने अपनी लड़की के विवाह में एक सेठ से 10 हजार रुपये कर्ज लिया था और इसके बदले में कुछ गहने और अपना मकान गिरवी रखा था। विवाह किये 3 वर्ष हो गये हैं, लेकिन अभी तक कर्ज

चुका नहीं पायी हैं। पति जो कुछ रिक्शा चलाकर कमाता है, उसका दारू पी जाता है। पास में इतने पैसे नहीं बचते कि घर का कार्य सुचारू रूप से चल सके। श्रीमती 'अ' ने बताया की जिस सेठ से उन्होंने कर्ज ले रखा है उसके घर कोई कार्यक्रम होता है, तो उसे जाकर काम करना पड़ता है। घर में जब कोई बीमार पड़ता है, तो सेठ से ही उसे कुछ पैसे उधार लेना पड़ता है। इसके बदले में सेठ के घर पर काम करना पड़ता है।

वैयक्तिक अध्ययन संख्या–2

श्रीमती 'ब' 29 वर्ष की हिन्दू धर्म को मानने वाली पिछड़ी जाति की महिला बीड़ी श्रमिक हैं। वह एक कच्चे–पक्के मकान में अपने दो लड़के, एक लड़की और पति के साथ रहती हैं। श्रीमती 'ब' अशिक्षित हैं और इसका कारण वह निर्धनता और निम्न आर्थिक स्थिति को मानती है। बच्चे स्कूल जाते हैं लेकिन लड़की नहीं, इसका कारण उसका छोटा होना बीड़ी के बताती हैं। श्रीमती 'ब' काम में जब 12 वर्ष की थी तब से संलग्न हैं। इनका विवाह 16 वर्ष की आयु में हुआ।

श्रीमती 'ब' प्रत्येक दिन 10–12 घण्टे कार्य करती हैं और 900–1000 बीड़ी बना लेती हैं। इन्हें मजदूरी नियमित मिलती है, लेकिन अपनी आर्थिक स्थिति और मजदूरी दोनों से वे असन्तुष्ट हैं। इसके बावजूद इस कार्य को वह नहीं छोड़ना चाहती क्योंकि इसका कोई दूसरा विकल्प नहीं है। श्रीमती 'ब' ने बताया कि वह कर्ज भी ली हैं लेकिन कर्ज तभी लेती हैं, जब घर में कोई ज्यादा बीमार हो जाता है। उन्होंने बताया की 5 माह पहले पुत्री को मलेरिया बुखार हो गया था जो काफी दिनों तक रहा। पूरा परिवार परेशान रहा। बीड़ी मालिक से इन्होंने 1000 रुपये उधार लिया, जिसे धीरे–धीरे चुका रही हैं। श्रीमती 'ब' ने बताया कि उनके परिवार में कोई नशा नहीं करता है। इनका कोई श्रमिक संघ या संगठन भी नहीं है। बीड़ी परिचय पत्र और राशन कार्ड

बना हुआ है। स्वास्थ्य ठीक रहता है। बस खासी आती रहती है, जो ठीक ही नहीं होती। सरकारी कार्यक्रमों या योजनाओं के बारे में इन्हें कोई जानकारी नहीं है।

वैयक्तिक अध्ययन संख्या–3

श्रीमती 'स' 36 वर्ष की मुस्लिम धर्म को मानने वाली पिछड़ी जाति की विवाहित महिला बीड़ी श्रमिक हैं। वह एक कच्चे मकान में रहती हैं, जिसमें 3 कमरे हैं। इनके पास भूमि नहीं है। दो पुत्री और दो पुत्र हैं। एक पुत्री साथ में बीड़ी बनाने का कार्य करती है और एक अभी छोटी है। एक पुत्र चाय की दुकान पर तथा दूसरा मोटर साइकिल बनाना सिखता है। पति दुकान पर मजदूरी करते हैं। श्रीमती 'स' ने बताया कि वह और उनके पति दोनों अशिक्षित हैं। उनके बच्चे भी कभी स्कूल नही गये क्योंकि उनकी आर्थिक स्थिति अच्छी नहीं है।

श्रीमती 'स' ने बताया कि बीड़ी उद्योग में 20 वर्ष पहले से ही वह संलग्न हैं लेकिन कार्य से सन्तुष्ट नहीं हैं। इसे छोड़ना चाहती हैं। ये चाहती हैं कि बीड़ी श्रमिकों की स्थिति में सुधार हो, उनकी मजदूरी अच्छी हो, किसी भी प्रकार का शोषण न हो, स्वतन्त्रता हो। इन्होंने किसी भी प्रकार का कर्ज नहीं लिया है। प्रतिदिन 10–12 घण्टे बीड़ी कार्य में लगाती हैं और 900–1100 बीड़ी बना लेती हैं। मजदूरी नियमित मिलती है। किसी श्रमिक संघ या संगठन के बारे में ये नहीं जानती। सरकारी सुविधा या सरकारी कार्यक्रमों की भी जानकारी नही है।

वैयक्तिक अध्ययन संख्या–4

श्रीमती 'द' हिन्दू धर्म की 45 वर्षीया अनुसूचित जाति की बीड़ी श्रमिक हैं। पति जूता सिलते हैं। 3 बच्चे हैं जिसमें से दो लड़के और एक लड़की है। बड़ा लड़का विवाह करने के बाद

अलग रहता है। परिवार में अब 4 लोग रहते हैं। श्रीमती 'द' ने बताया कि वह अशिक्षित हैं, लेकिन अपनी लड़की को पढ़ा रही हैं। लड़का मिठाई की दुकान पर काम करता है। मकान कच्चा है। बरसात में बहुत दिक्कत होती है। श्रीमती 'द' का 15 वर्ष की आयु में विवाह हो गया, तब से यह बीड़ी उद्योग में संलग्न हैं। बीड़ी बनाने में इनकी पुत्री कुछ मदद भी करती है। प्रत्येक दिन 8–10 घण्टे कार्य करती हैं और लगभग 800–1000 बीड़ी बना लेती हैं। अपने कार्य से ये असन्तुष्ट हैं। नियमित मजदूरी मिलती है। फिर भी आर्थिक स्थिति से असन्तुष्ट हैं।

वैयक्तिक अध्ययन संख्या–5

श्रीमती 'य' की उम्र 37 वर्ष है। मुस्लिम धर्म को मानने वाली पिछड़ी जाति की ये बीड़ी श्रमिक हैं। परिवार में 8 लोग हैं। पति लकड़ी का खिलौना बनाते हैं। दो पुत्र और 3 पुत्रियां हैं। सास–ससुर साथ में रहते हैं लेकिन स्वयं अशिक्षित हैं। अपनी एक पुत्री को पढ़ाती हैं, एक पुत्री अभी छोटी है। दोनों पुत्र मजदूरी करते हैं। श्रीमती 'य' का 14 वर्ष की आयु में इनका विवाह हो गया तभी से ये इस कार्य में संलग्न हैं। सास भी बीड़ी बनाती हैं। स्वयं रोजाना 8–10 घण्टे कार्य करती हैं तथा 800–900 बीड़ी बना लेती है। स्वास्थ्य ठीक नहीं रहता है। तपेदिक की बीमारी 8 वर्ष से हैं। सास को भी तपेदिक की बीमारी है। लेकिन इस बात का ध्यान रखा जाता हैं कि यह बीमारी परिवार में किसी और को न फैले। सरकारी अस्पताल से दवा हो रही है। बीमारी के कारण त्यौहार का आनन्द परिवार नहीं ले पाता है। आर्थिक स्थिति खराब होने के कारण बच्चों को नया कपड़ा भी नहीं खरीद पाती हैं।

वैयक्तिक अध्ययन संख्या–6

35 वर्ष की हरिजन जाति की श्रीमती 'र' अशिक्षित हैं। इनके परिवार में 5 सदस्य हैं। पति मजदूरी का कार्य करते हैं और ये बीड़ी बनाने का कार्य करती हैं। 3 बच्चे हैं, दो लड़का और एक लड़की। बच्चे स्कूल जाते हैं। 3 कमरों का अपना मकान भी है। भूमि 1 बिस्सा है। विवाह 19 वर्ष में हो गया था और तब से इस उद्योग में लगी हुयी हैं। पति बीमार रहते हैं। उनके पत्थरी के आपरेशन के लिए 4 वर्ष पहले बीड़ी मालिक से 8 हजार रुपये कर्ज ली थीं जिसे धीरे–धीरे चुका दिया है। बीड़ी बनाने में ये 10–12 घण्टे समय देती हैं और रोज लगभग 900–1100 बीड़ी बना लेती हैं। लेकिन स्वास्थ्य ठीक नहीं रहता। पीठ में दर्द रहता है और खांसी आती है। सरकारी अस्पताल से दवा मिल तो जाती है लेकिन वह कारगर साबित नहीं रहती।

वैयक्तिक अध्ययन संख्या–7

श्रीमती 'ल' 28 वर्ष की मुस्लिम धर्म को मानने वाली पिछड़ी जाति की महिला बीड़ी श्रमिक हैं। प्राइमरी तक शिक्षित हैं और विकास के लिए शिक्षा को महत्वपूर्ण मानती हैं। श्रीमती 'ल' ने बताया कि परिवार में 9 सदस्य हैं, 2 लड़कियां और एक लड़का। तीनों स्कूल जाते हैं। पति मजदूरी करते हैं। 'ल' का विवाह 15 वर्ष में हो गया था। तभी से बीड़ी बनाती हैं। प्रतिदिन 12–14 घण्टे बीड़ी बनाने के कार्य में लगता है। और 1000–1200 बीड़ी बना लेती है। बीड़ी बनाने में अपने बच्चों की थोड़ी मदद लेती हैं, लेकिन चाहती हैं कि बच्चे इस क्षेत्र में नहीं आयें। मजदूरी नियमित मिलती है और इससे सामान्य सन्तुष्ट हैं क्योंकि इसका कोई और विकल्प नहीं है। अपना मकान है और उसमें 4 कमरे हैं। श्रीमती 'ल' ने बताया की अपनी ननद की शादी में साहूकार से 12 हजार कर्ज लिया था। कर्ज लिए 3 वर्ष हो गये हैं लेकिन

उसे चुका नहीं पायी हैं। इनका कोई श्रम संगठन भी नहीं है जो इनके अधिकारों के लिए लड़ सके। पति शराब पीते है, लेकिन कभी–कभी। राशनकार्ड, व बीड़ी परिचय कार्ड बना हुआ है। उन सरकारी कार्यक्रमों या कानूनों को नहीं जानती जो सरकार द्वारा बीड़ी श्रमिकों के कल्याण के लिए चलायी गयी हैं। स्वास्थ्य भी ठीक नहीं रहता है, फिर भी बीड़ी बनाने का कार्य करना पड़ता है, ताकि परिवार का खर्च चलता रहे। इनके सर, आँख और पीठ में दर्द रहता है उपर्युक्त के बावजूद अपनी आर्थिक स्थिति से ये सामान्य सन्तुष्ट हैं।

वैयक्तिक संख्या–8

श्रीमती 'व' की उम्र 28 वर्ष है। ये पिछड़ी जाति कि महिला बीड़ी श्रमिक हैं। परिवार में 4 सदस्य हैं। पति सब्जी बेचते हैं। 2 लड़कियां हैं। मकान पक्का है। जूनियर हाईस्कूल तक शिक्षित हैं। अपने दोनों पुत्रियों को स्कूल भेजती हैं। इनका मानना है कि शिक्षा से ही समाज में सम्मान और आत्मनिर्भरता मिलेगी। दोनों पुत्रियों को अपने बीड़ी कार्य से दूर ही रखती हैं।

श्रीमती 'व' का विवाह 17 वर्ष की आयु में हुआ था। तभी से इस कार्य से जुड़ी है। प्रतिदिन 6–8 घण्टे बीड़ी कार्य में देती हैं। प्रत्येक दिन 600–800 बीड़ी बना लेती है। स्वास्थ्य अभी ठीक है। इन्होंने कोई कर्ज नहीं लिया है। मजदूरी भी नियमित मिलती है। अपनी आर्थिक स्थिति से सामान्य सन्तुष्ट हैं लेकिन इस कार्य को छोड़कर अन्य कार्य करना चाहती हैं क्योंकि न्यूनतम मजदूरी भी नही दी जाती है और अपने अधिकारों के प्रति नहीं लड़ पाती हैं। एक बार बीड़ी मालिक से सरकार द्वारा निर्धारित न्यूनतम मजदूरी के बारे में कहा तो मालिक नाराज हो गया और बोला की "तुम इस कार्य को छोड़ दो।"

श्रीमती 'व' का राशन कार्ड व बीड़ी परिचय–पत्र बना हुआ है। सरकारी सुविधाओं और कार्यक्रमों की भी जानकारी है लेकिन सरकारी सुविधाओं और कार्यक्रमों से असन्तुष्ट हैं क्योंकि उनका क्रियान्वयन सही तरीके से नही किया जाता है। इनका कहना है कि अन्य बीड़ी श्रमिकों को भी सरकार द्वारा चलाये गये कल्याण कार्यक्रमों की जानकारी नहीं है। जब तक सही तरीके से कार्यक्रमों का संचालन नहीं होगा बीड़ी श्रमिकों की दशा में सुधार नहीं होगा।

Notes

* The Beedi and Cigarette Workers (Conditions of Employment) Act 1966, passed by the Centre, was challenged by the beedi manufacturers. The Supreme Court, however, upheld the Act in a judgment delivered on January 31, 1974. The Act stripulates, *inter alia,* that workers shall not be made to work more than nine hours a day or 48 hours a week; that workers shall be entitled to, in addition to a paid weekly holiday, annual leave at the rate of one day for every 20 days worked during the preceding year; that the workers shall be paid wages for the leave period at rate equal to his average daily wages during the month immediately preceding his leave; that for the weekly, holiday; The Workers shall be paid at a rate equal to his average daly wage for the days immediately preceding the weekly holiday. (Timir Basu : E.P.W., June, 1974, p. 945).

* Important among these are the Beedi and Cigar Workers (Conditions of Employment) Act, 1996, the Beedi Workers Welfare Cess Act, 1976 and the Beedi Workers Welfare Fund Act, 1976, Besides, the beedi workers are also covered under the Minimum Wages Act. Employees Insurance Act and several other labour laws [Department of Labour 2001].

* Another difficulty that might come in the way of beedi workers accessing the benefits is the large-scale illiteracy prevailing among women beedi workers. As a result, doubts have been expressed on the effective coverage of beedi workers under various welfare schemes and legal provisions.

* Employers are required to issue photo-identity cards to every

workers and failure to issue identity cards may entail fine up to Rs 2000. In spite of this, many employers are reluctant to issue identity cards. Government responded to the situation by declaring that identity cards issued by the local authorities, welfare commissioners or other officers implementing the Beedi Workers Welfare Fund would be valid for eligibility to welfare schemes. Even then, the issue of identity cards is progressing slowly [Bhattacharya and Bhattacharya 2000].

References

1. एस0सी0 सक्सेना : श्रम समस्याएं एवं सामाजिक सुरक्षा, रस्तोगी पब्लिकेशन्स, मेरठ, 1999, पृ0 97.
2. R.M. MacIver and C.H. Page: Society : an Introductory Analysis, London, 1963.
3. R.F. Maier: Psychology in Industry, Norma, p. 12.
4. Radha Kamal Mukerjee : The Indian Working Class, Third edition (Revised & Enlarged) 1951.
5. M. Burrett : Women's Oppression today, verso, London.
6. भारत 2010: वार्षिक रिपोर्ट, प्रकाशन विभाग, सूचना और प्रसारण मंत्रालय भारत सरकार, 54वां संस्करण, 2010. पृ0 784–809. .
7. एस0सी0 सक्सेना, पूर्वोक्त, पृ0 98–99.
8. रवि प्रकाश यादव और नंदन कुमार : 'महिला बीड़ी कारीगर : एक व्यापक विश्लेषण', कुरूक्षेत्र, वर्ष 52, अंक 5, मार्च 2006, पृ0 22.
9. V. Saravanan : *op. cit.*, 2003, also, A. Dharmalingam : E.P.W., op. cit., July, 1993 ; Amrita Abraham, E.P.W., Nov. 1980, Fazal Ahmed, *op. cit.*, 1999.
10. P. Thippaiah : "Womens Workers in Urban Unorganised Sector". G. Ravindra. The Central Social Welfare Board, Jeevan Deep, Recorders Press, New Delhi, Vol. XXVI No. 2, 1989, pp. 20-30.
11. M. Mohandas : E.P.W., op. cit., Sept. 6, 1980; also, V. Saravanan, op. cit., 2003; A. Dharmalingam, E.P.W., July, 1993.
12. रवि प्रकाश यादव और नंदन कुमारः पूर्वोक्त.
13. A. Mohandas : E.P.W., op. cit., Sept. 6, 1980.
14. V. Saravanan : E.P.W., op. cit., Jan. 3, 2003.
15. S. Acharya : Women's Work and Economic Development in Women's Studies in India, ed. B M.K. Raj, 1986, pp. 109-111.

16. Mencher, J. and Saradamonik, "Muddy Feet, Dirty Hands," Economic and Political Weekly, (Review of Agriculture), 1982.

17. Fazal Ahmed : op. cit., 1999, p. 127, also, A.K. Raihana and A Asiya, 1990, p. 115; Jayam Kannan *op. cit.,* 1990; Mohindra Kumar, *op. cit.,* 1991, p. 7.

18. Fazal Ahmed: *op. cit.,* 1999, p. 126.

19. M. Mohandas: E.P.W., op.cit., Sept. 6, 1980, also, A. Dharmalingam, *op. cit.,* July, 1993; Timir Basu, Jan. 22, 1977; V. Saravanam, Jan. 3, 2003; D. Rajashekhar and G. Sreedhar, E.P.W. Sept. 28-Oct. 4, 2002, Fazal Ahmed, *op. cit.,* 1999.

20. श्रम और रोजगार मंत्रालय, भारत सरकार, वार्षिक रिपोर्ट 2009–2010, पृ0 4.

21. Dr. Rajashekhar and G. Sreedhar : op.cit., Sept. 28-Oct. 4, E.P.W., 2002.

22. Amrita Abraham : E.P.W., *op. cit.,* Nov. 1980.

23. वी0सी0 सिन्हा व जया सिन्हा : औद्योगिक समाज विज्ञान, मयूर पेपर बैक्स, नोएडा, 2004, पृ0 175

24. रवि प्रकाश यादव और नंदन कुमार : 'महिला बीड़ी कारीगर : एक व्यापक विश्लेषण' कुरूक्षेत्र, वर्ष 52, अंक 5, मार्च 2006, पृ0 22।

25. उपर्युक्त।

26. श्रमिक और श्रमिक कानून, कुरूक्षेत्र, वर्ष 52, अंक 7, मई 2006, पृ0 13, साभार : भारत, 2006।

27. उपर्युक्त ।

7
निष्कर्ष एवं सामान्यीकरण

बीड़ी राष्ट्रीय महत्व का एक प्रमुख लघु एवं कुटीर उद्योग है। यह भारत के देशी व विदेशी व्यापार का एक पारम्परिक उत्पाद और महत्वपूर्ण वाणिज्यिक फसल है। सिगरेट उद्योग की तुलना में यह बड़ी संख्या में अशिक्षित एवं ग्रामीण महिलाओं को रोजगार के अवसर उपलब्ध कराता है। ग्रामीण श्रमिकों की संख्या को सीमित करके शहर में उनके प्रवसन को रोकने में भी यह सहायक है। आबकारी राजस्व, विदेशी मुद्रा व आय के माध्यम से यह राष्ट्रीय राजकोष की वृद्धि में योगदान देता है। बीड़ी क्या है? इसकी उत्पत्ति कैसे हुई? इस सम्बन्ध में कहा जाता है कि बीड़ी शब्द की उत्पत्ति बीड़ा (Beed) से हुई है।[1] तम्बाकू को पत्ती में रोल करके धूम्रपान करने का कोई ऐतिहासिक प्रमाण उपलब्ध नहीं है।[2] तम्बाकू की खेती 17वीं शताब्दी के अन्त में प्रारम्भ हुई है तथा विस्तार 1930 के बाद तेजी से हुआ। हुक्का धूम्रपान स्थानीय लोगों में प्रचलित था। उसके बाद बीड़ी का विकास गुजरात के खेड़ा और पंचमहल जिले में हुआ जहां तम्बाकू की खेती उच्च थी। इसकी बढ़ी प्रसिद्धि ने इसे गृह आधारित

व्यवसाय के लिए आगे बढ़ने के लिए तत्पर किया। शीघ्र ही बीड़ी हुक्का की अपेक्षा लोगों में अधिक प्रचलित हुई क्योंकि दूसरों की जाति व धार्मिक भावनाओं को प्रभावित किये बिना व्यक्ति इसका सेवन कर सकता था।

बीड़ी बनाने का प्रथम लिखित प्रमाण 1902 के पहले मध्य प्रदेश के जबलपुर जिले में दर्ज किया गया है।[3] इसके उत्पादन की प्रक्रिया तथा कौशल सरल है। इसे जल्द सीखा जा सकता है। सभी आवश्यक कच्ची सामग्री तम्बाकू तथा तेंदू पत्ता भारत में उत्पादित की जाती है। इसके लिए किसी अन्य मशीनरी या विदेशी विनिमय की आवश्यकता नहीं पड़ती। भारत में 60 लाख एकड़ भूमि पर तम्बाकू की खेती होती है और 48 प्रतिशत भारतीय तम्बाकू का उपयोग बीड़ी बनाने में किया जाता है।[4] भारत में तम्बाकू के पौधे मुख्यतः दो प्रकार के उगाये जाते हैं निकोटिना रसटिका और निकोटिना टोवेकम। रसटिका का उपयोग सूर्ती, खैनी, सुंघनी या हुक्के में होता है जबकि टोवेकम का इस्तेमाल सिगार, सिगरेट, बीड़ी या चुरत में होता है। बीड़ी रोलिंग में इस्तेमाल की जाने वाली तेंदू पत्ती स्वदेशीय झाड़ीदार पौधा है जो केन्द्रीय भारत के विभिन्न भागों में फैला है।

बीड़ी बनाने के लिए तेंदू पत्ती को कार्ड बोर्ड और कैंची की सहायता से या छोटे टिन प्लेट से आवश्यक आकार में काट लिया जाता है जो नियोजक द्वारा दिया जाता है। बीड़ी का आकार मांग के अनुसार कटे हुए तेन्दू पत्ती से दिया जाता है। कटी हुई पत्ती आद्रता युक्त होती है जिसे एक या दो घण्टे पानी में रखने के बाद जब वह मुलायम हो जाती है, बीड़ी बनाने के उपयोग में लाया जाता है। इसके बाद उचित मात्रा में तम्बाकू मिश्रण को कटे पत्ते पर फैला दिया जाता है और फिर पत्ती को घुमाकर शंकु आकार दे दिया जाता है। दोनों छोर शूल धातु की सहायता से मोड़कर मजदूर अपने दाहिने हाथ के प्रथम अंगुली

की सहायता से जोड़ते हैं। यह शूल धातु बीड़ी को गोल घूमाने के काम में लाया जाता है। बीड़ी के नुकीले स्थान वाले भाग को सूती धागे की सहायता से मध्य भाग तक सील दिया जाता है जो इसके शंकू आकार को बनाये रखता है। गोल मोटे भाग की सिंकाई करके इसे मुंशी, मेठ, मालिक या कन्ट्रैक्टर को मार्केटिंग के लिए सौंप दिया जाता है।

वैधानिक चेतावनी के साथ धूम्रपान बाजार में आते ही इस बीड़ी का महत्व बढ़ जाता है। क्रानिकल बोनकाइटिस, तपेदिक और श्वांस सम्बन्धी रोगों को बढ़ाने के लिए बीड़ी तैयार रहती है। इसके सेवन से फेफड़े के कैंसर की सम्भावना 5 से 6 गुना बढ़ जाती है। तमिलनाडु में हुए अध्ययन से ज्ञात होता है कि 47 प्रतिशत ग्रामीण पुरुषों की मृत्यु तपेदिक से होती है जिसका कारण बीड़ी धूम्रपान पाया गया। आज देश में लाखों लोगों की मृत्यु तम्बाकू उत्पादों के सेवन के कारण हो रही है।5 धूम्रपान करने वाला व्यक्ति अपने वातावरण में जो धुंआ छोड़ता है, उसमें 4000 रसायन मौजूद होते हैं। स्थिति यहां तक है कि सरकार को पान–मसाला व बीड़ी–सिगरेट आदि की बिक्री से जो राजस्व प्राप्त होता है उससे कहीं अधिक राशि उसे तम्बाकू जनित रोगों से निपटने में खर्च करना पड़ रहा है।

बीड़ी और गुटका के सेवन के कारण कैंसर से ग्रस्त एक युवक ने प्रधानमंत्री, राष्ट्रपति, स्वास्थ्य मंत्री और राष्ट्रीय मानवाधिकार आयोग को लिखे गये पत्र में सवाल किया कि टैक्स से होने वाली कुछ हजार करोड़ रुपये की कमाई के लिए क्या सरकार इसी तरह हर साल 10 लाख लोगों को मौत के मुंह में जाने देती रहेगी ? कीमोथेरेपी के लिए मुम्बई रवाना होने से पहले युवक ने कहा, "मैंने मौत को बेहद करीब से देखा है। इस पीड़ा को दूसरा कोई नहीं समझ सकता। कीमोथेरेपी बेहद दर्दनाक रेडियोथेरेपी है। मुंह का आकार ठीक करने के लिए हुई सर्जरी

के बावजूद मुझे नहीं पता कि मैं अपनी बेटी के अगले जन्म दिन पर उसे आशीर्वाद दे सकूंगा या नहीं।'' नम आंखों से वह आगे बताता है, ''शायद ही कोई रात गुजरी हो जब वह या उसकी पत्नी ठीक से सो पाये हों। रात सोचते बीतती है कि कहीं यह आखिरी रात तो नहीं।''[6]

बीड़ी धूम्रपान के दुष्परिणामों के बावजूद भारतीय बाजार में इसका वर्चस्व है। प्रत्येक एक सिगरेट पर 10 बीड़ी पीने का उपयोग किया जाता है। राष्ट्रीय नमूना सर्वेक्षण के अनुसार बीड़ी पीने वालों को भले ही गरीब माना जाता हो, लेकिन अपने इस लत पर खर्च करने में वह किसी से कम नहीं है। बीड़ी पर इनका मासिक खर्च 93.40 रूपये है। बीड़ी–सिगरेट पीने वालों में बिहार और झारखण्ड के लोगों को सबसे कम रकम इस लत पर लुटाते पाया गया है। बिहार में जहां बीड़ी पीने वाला व्यक्ति हर महीने औसतन 42.70 रूपये खर्च करता है, वही झारखण्ड में 46.60 रूपये। लेकिन राज्यस्थान के लोगों को बीड़ी पर सबसे ज्यादा औसतन 147.80 रूपये इस लत पर लुटाते पाया गया है।

राष्ट्रीय नमूना सर्वेक्षण के अनुसार 76 प्रतिशत लोगों को रोजगार आज अकेले बीड़ी निर्माण उद्योग प्रदान कर रहा है। इनमें 10 मिलियन श्रमिक कार्य करते हैं। बीड़ी रोलिंग कार्य में बड़ी तादाद में महिलाओं की संलग्नता है। असंगठित उद्योग में संलग्न महिला श्रमिकों में से 76 प्रतिशत से ऊपर केवल बीड़ी कार्य में संलग्न हैं।[7] इनमें भी ज्यादातर मुस्लिम औरतें व बच्चे कार्यरत हैं, जो अपनी परम्परा के कारण घर से बाहर कार्य न करने के लिए बाध्य हैं। लेकिन धीरे–धीरे अब निम्न जातियों के लोग भी अपनी निम्न आर्थिक स्थिति के कारण बच्चों सहित बीड़ी बनाने के कार्य में संलग्न होते जा रहे हैं।

ग्रामीण क्षेत्र में बीड़ी घरेलू महिलाओं व गरीबों के लिए रोजगार व आमदनी का प्रमुख साधन हो गया है।[8] कहीं–कहीं

तो हालात यहां तक है कि जब बीड़ी बनाने में महिलाएं अपना जीवन होंम करती है, तभी उनके घर का चूल्हा जलता है। परिवारों के पुरुष सदस्य कोई उद्योग नहीं होने के कारण बेरोजगार रहते हैं अतः परिवार के भरण–पोषण के लिए महिलाओं को बीड़ी बनाने का काम करना ही पड़ता है। ऐसे में जो महिला बीड़ी नहीं बना पाती, वह पति और परिवार के लिए बेकार मान ली जाती है और उसका परित्याग कर दिया जाता है। पश्चिमी बंगाल से सटे झारखण्ड के पाकुड़ और महेशपुर प्रखण्ड में बीड़ी न बना पाने के जुर्म में करीब दो दर्जन महिलाएं तलाक का दंश झेल रही हैं। कई मामले ऐसे भी हैं जहां किसी महिला ने कम बीड़ी बनाई तो उसे पति ने तलाक दे दिया।[9]

आज अधिकांश बीड़ी श्रमिकों को असंगठित क्षेत्र के अन्य श्रमिकों के समानान्तर या उससे कहीं अधिक श्रम करने के बावजूद निरन्तर उपेक्षा एवं व्यक्तित्व हीनता का शिकार होना पड़ रहा है। बीड़ी श्रमिक प्रायः मालिकों एवं ठेकेदारों के मनमानी शर्तों पर काम करने को बाध्य हैं। इनके पास अपने बच्चों के लिए समुचित समय का अभाव है। बच्चों के शिक्षा का स्तर निम्न है। गरीबी, अशिक्षा व अज्ञानता आदि इनके जीवन की विशेषता है। बीड़ी उद्योग के क्षेत्र में श्रमिकों की बढ़ती संख्या, उनकी समस्या और दशा को देखते हुए ही वर्तमान अध्ययन की समस्या "परम्परागत बीड़ी उद्योग में संलग्न श्रमिक परिवारों की सामाजिक दशाओं का अध्ययन" करना रखा गया।

अध्ययन को दिशा प्रदान करने तथा उसकी सीमाओं को सुनिश्चित करने के लिए हमने कुछ उद्देश्य निर्धारित किये थे, जो इस प्रकार हैं :

1. बीड़ी उद्योग में कार्यरत महिला श्रमिकों की सामाजिक पृष्ठभूमि जैसे आयु, जाति, धर्म, विवाह, परिवार एवं आवासीय स्वरूप आदि को जानना।

2. उनकी मासिक आय, कर्ज की स्थिति आय के सापेक्ष व्यय, नशा खोरी और निम्न आर्थिक स्थिति के कारणों का पता लगाना।
3. उनके सामाजिक–सांस्कृतिक जीवन, धार्मिकता, जातीय भेदभाव, छुआ–छूत, की भावना। बच्चों की शिक्षा, राजनीतिक सहभागिता, संघ या संगठन की सदस्यता आदि के बारे में जानकारी प्राप्त करना।
4. बीड़ी उद्योग में कार्य की अवधि, सेवायोजन की प्रकृति, हुनर स्थानान्तरण, मजदूरी, व्यवसाय चयन का कारण और कार्य से सन्तुष्टि को जानना।
5. उनके स्वास्थ्य की स्थिति, बीमारियां, सुरक्षा से सम्बन्धित विभिन्न कल्याण विधानों, योजनाओं और उनसे लाभान्वयन की जानकारी प्राप्त करना।

उपर्युक्त अध्ययन के कुछ प्रमुख उद्देश्य थे जिनके आधार पर वर्तमान अध्ययन कार्य किया गया।

अध्ययन की पद्धतिकी

अत्यधिक जनसंख्या वाले देश भारत में किसी एक व्यक्ति के लिए सभी बीड़ी श्रमिकों का अध्ययन करना सम्भव नहीं है। उत्तर प्रदेश विशेषकर पूर्वी उ0प्र0 के अन्तर्गत 27 जिले हैं जिनमें एक प्रमुख जिला मिर्जापुर है। यह सूक्ष्म अध्ययन केवल मिर्जापुर जिले के अन्तर्गत जमालपुर विकासखण्ड के अहरौरा नगरपालिका क्षेत्र के बीड़ी श्रमिकों तक ही सीमित है। अध्ययन में किसी प्रकार के वृहद या लघु सार्वभौमिक सामान्यीकरण करने या नियमों तथा सिद्धान्तों के प्रतिपादन का महत्वाकांक्षी लक्ष्य नहीं रखा गया है। अध्ययन विश्लेषणात्मक तथा प्रत्यक्ष ज्ञानात्मक है। इसमें वर्णनात्मक प्रारुप का प्रयोग करके बीड़ी श्रमिकों के कार्य की प्रकृति तथा उनकी सामाजिक दशाओं का अध्ययन करने का प्रयास किया गया है।

अहरौरा नगरपालिका क्षेत्र में कुल 25 वार्ड हैं, जिनमें लगभग 20 वार्डों में महिला श्रमिक, बीड़ी कार्यों में संलग्न हैं। इन 20 वार्डों के बीड़ी उद्योग में संलग्न श्रमिक परिवार अध्ययन के समग्र में शामिल हैं। निदर्श में हमने प्रत्येक चौथे वार्ड–बुढ़ादेई, नान्हक बाबा चौक, मल्लाही टोला, छोटी पट्टी, कोइरान बाजार अर्थात् कुल 5 वार्डों के श्रमिक परिवारों का चयन नियमित अंकन विधि (Regular marking system) द्वारा किया है। पूर्व सर्वेक्षण से यह ज्ञात हुआ कि इन श्रमिक परिवारों में पुरूष रिक्शा–ट्राली चलाने, पल्लेदारी, पत्थर तोड़ने, खिलौना बनाने आदि का कार्य करते हैं। बीड़ी बनाने का कार्य ये नहीं करते। इनकी महिलाएं बीड़ी का कार्य करती हैं। अतः हमने पुरूष उत्तरदाताओं की अनुपलब्धता के कारण इन 5 वार्डों में बीड़ी बनाने वाली महिला श्रमिकों को ही जिनकी संख्या 927 थी, का चयन किया। प्रत्येक वार्ड से 34 प्रतिशत उत्तरदात्रियों जिनकी संख्या 315 थी, का चयन हमने उद्देश्यपूर्ण दैव निदर्शन विधि द्वारा किया। गणना की सुविधा हेतु 15 उत्तरदात्रियों को हटाकर हमने यह पूर्णांक 300 कर लिया। समय और साधनों को ध्यान में रखते हुए ही हमने ऐसा किया।

समस्या से सम्बन्धित तथ्यों के संकलन के लिए प्राथमिक एवं द्वितीयक स्रोत प्रयुक्त किये गये हैं। प्राथमिक स्रोत के अन्तर्गत साक्षात्कार–अनुसूची, साक्षात्कार, वैयक्तिक अध्ययन एवं अवलोकन तकनीक का प्रयोग किया गया जबकि द्वितीयक स्रोत के अन्तर्गत पुस्तकों, पत्रिकाओं, रिकार्डों तथा इंटरनेट आदि से प्राप्त सूचनाओं को प्रयोग में लाया गया है। तत्पश्चात् संकलित तथ्यों का वर्गीकरण कर सामग्री का सारणीयन किया गया है। सरल सारणीयों के साथ–साथ बहुचरीय सारणीयों का भी प्रयोग किया गया है। गुणात्मक तथ्यों को परिमाणात्मक आधार पर सारणीयों में प्रतिशत के माध्यम से प्रस्तुत किया गया।

अध्ययन के निष्कर्ष

सामाजिक–आर्थिक पृष्ठभूमि से सम्बन्धित तथ्यों के विवेचन से स्पष्ट होता है कि अधिकांश (35 प्रतिशत) महिला बीड़ी श्रमिकों की आयु 31–40 वर्ष के मध्य है। 27.33 प्रतिशत 41 से 50 वर्ष आयु की हैं। 62.00 प्रतिशत हिन्दू धर्म की व 38.00 प्रतिशत मुस्लिम हैं। हिन्दू धर्म की उत्तरदात्रियों में 43.00 प्रतिशत पिछड़ी जाति व जनजाति की हैं। अध्ययन में 71.34 प्रतिशत उत्तरदात्रियां विवाहित, 16 प्रतिशत विधवा हैं। 90.67 प्रतिशत एकाकी परिवार की हैं तथा 62 प्रतिशत की पारिवारिक सदस्य संख्या 5–8 के मध्य है। 69.33 प्रतिशत उत्तरदात्रियों के परिवार के 2 सदस्य जीविकोपार्जन में संलग्न है। 92.66 प्रतिशत के पास भूमि नहीं है। 5.67 प्रतिशत उत्तरदात्रियों के पास 1 एकड़ से कम भूमि है।

महिला बीड़ी श्रमिकों के आवासीय स्थिति के सम्बन्ध में संकलित तथ्यों से यह स्पष्ट होता है कि अधिकांश (60.67 प्रतिशत) के पास कच्चा मकान है। 6.67 प्रतिशत झोपड़ी में निवास करती हैं। 49.33 प्रतिशत के पास आवासीय कमरों की संख्या 2 है। 6 प्रतिशत के पास 4 या इससे अधिक आवासीय कमरे उपलब्ध हैं। निवास स्थान में उपलब्ध सुविधा से प्राप्त तथ्य यह दर्शाते हैं कि अधिकांश उत्तरदात्रियों (45 प्रतिशत) के निवास स्थान पर पेयजल की सुविधा उपलब्ध है, 67 प्रतिशत के पास पानी और बिजली, 50.30 प्रतिशत के पास पानी और शौचालय तथा 27.33 प्रतिशत के पास बिजली और शौचालय की सुविधा उपलब्ध है। 4.33 प्रतिशत के पास बिजली, पेयजल, शौचालय सभी की सुविधा उपलब्ध है। 23.34 के पास उपर्युक्त कोई सुविधा नहीं है। अध्ययन से यह भी ज्ञात हुआ कि 94.00 प्रतिशत के पानी का स्रोत हैण्डपम्प है। 2.33 प्रतिशत के पीने के पानी का स्रोत नल है।

महिला बीड़ी श्रमिकों के मासिक आय के विवेचन से यह स्पष्ट होता है कि अधिकांश (42 प्रतिशत) की मासिक आय 2001–2500 रु0 के मध्य है। 72 प्रतिशत अपनी आर्थिक स्थिति से असन्तुष्ट हैं। 28 प्रतिशत सामान्य सन्तुष्ट हैं। अपनी निम्न आर्थिक स्थिति का कारण अधिकांश (92.66 प्रतिशत) ने वैकल्पिक रोजगार के अभाव को माना है। 96 प्रतिशत ने यह भी माना है कि उनकी आय के सापेक्ष व्यय की अधिकता हैं। इस सन्दर्भ में जिन महिलाओं के आय के सापेक्ष व्यय अधिक है वे इसकी पूर्ति अन्य स्रोत जैसे 72.61 प्रतिशत मजदूरी द्वारा तथा 6.35 प्रतिशत खिलौने बनाकर करती हैं। 77.0 प्रतिशत सामाजिक प्रस्थिति के निर्धारण में शिक्षा को प्रमुख स्थान देती हैं जबकि 14 प्रतिशत सम्पत्ति को सामाजिक प्रस्थिति का मुख्य निर्धारक मानती हैं।

सामाजिक–सांस्कृतिक जीवन से सम्बन्धित तथ्यों से स्पष्ट होता है कि महिला बीड़ी श्रमिकों के परिवार में सभी संस्कार सम्पन्न होते हैं। अवकाश या खाली समय का उपयोग 29 प्रतिशत घरेलू कार्य में करती हैं। भोजन की मात्रा से प्राप्त तथ्य यह स्पष्ट करते हैं कि अधिकांश उत्तरदात्रियों (82 प्रतिशत) के भोजन ग्रहण करने में अनियमितता है। 14 प्रतिशत ही भरपेट भोजन कर पाती हैं। शत्–प्रतिशत अपने बच्चों को पौष्टिक भोजन देने में असमर्थ हैं। नशे पर खर्च की स्थिति से सम्बन्धित तथ्यों से स्पष्ट होता है कि वे महिला बीड़ी श्रमिक जो नशा करती हैं उनमें 30 वर्ष या इससे कम तथा 51 वर्ष या इससे ऊपर की आयु वर्ग में अधिकांश महिला बीड़ी श्रमिक नशे पर 50 रुपये मासिक या इससे कम खर्च करती हैं। सभी आयु वर्ग के तथ्यों से स्पष्ट होता है कि नशा नहीं करने वाली महिला बीड़ी श्रमिक सर्वाधिक हैं।

कर्ज की स्थिति से सम्बन्धित तथ्य यह दर्शाते हैं कि 89.33 प्रतिशत महिला बीड़ी श्रमिकों ने किसी न किसी प्रकार

का कर्ज ले रखा है, जिसका कारण अधिकांश ने चिकित्सा (30.33 प्रतिशत), शादी–विवाह तथा अन्य मदों पर व्यय को माना है। अध्ययन में 89.33 प्रतिशत वित्तीय संकट का निराकरण कर्ज लेकर करती हैं। व्यक्तिगत कठिनाई में 93.34 प्रतिशत को पारिवारिक सहयोग प्राप्त होता है।

शत्–प्रतिशत उत्तरदात्रियों को ईश्वर या अपने आराध्य में विश्वास है। 86 प्रतिशत को जादू–टोने में विश्वास है। अध्ययन में हिन्दू–मुस्लिम सभी उत्तरदात्रियां धर्म के प्रति आस्था रखती हैं व पूजा–अर्चना करती हैं। 94 प्रतिशत को धार्मिक प्रवचनों को सुनने में रूचि हैं जबकि न्यूनतम 6 प्रतिशत धार्मिक ग्रन्थों में रूचि नहीं रखती हैं। अध्ययन में 92 प्रतिशत दिशा–शूल को मानती है, 2.67 प्रतिशत विवाह में जन्मपत्री का उपयोग करती हैं। 7.33 प्रतिशत छुआ–छूत व जाति–पाति को मानती हैं, जिसमें अनुसूचित जाति व जनजाति के उत्तरदात्रियों की अपेक्षा पिछड़ी व अन्य जाति (मुस्लिम) की उत्तरदात्रियों की संख्या ज्यादा है। 86.66 प्रतिशत का अन्य जातियों के साथ खान–पान का सामान्य सम्बन्ध है जबकि 11.68 प्रतिशत का घनिष्ठ सम्बन्ध है। 1.66 प्रतिशत का सम्बन्ध खराब है। पड़ोसियों से अन्तःक्रिया सम्बन्धी तथ्य यह स्पष्ट करते हैं कि शत्–प्रतिशत उत्तरदात्रियां अपने पड़ोसियों के सभी कार्यक्रमों एवं कार्यों में भाग लेती हैं।

अध्ययन में अधिकांश महिला बीड़ी श्रमिक (66 प्रतिशत) अशिक्षित हैं। 4 प्रतिशत हाईस्कूल तक शिक्षित हैं। अधिकांश अपने बच्चों को स्कूल भेजती हैं, जिनके लड़के स्कूल नहीं जाते हैं, वे इसका कारण उनके कमाने के कार्य में लगे होने को मानती हैं। लड़कियों के स्कूल न जाने का कारण अधिकांश (45.37 प्रतिशत) ने लड़की का कम उम्र होना बताया है। शिक्षा की आवश्यकता पर 74 प्रतिशत ने शिक्षा को आर्थिक स्थिति में सुधार हेतु आवश्यक माना है जबकि 2 प्रतिशत उत्तरदात्रियां शिक्षा

को नौकरी हेतु आवश्यक मानती हैं। जहां तक राजनीति का प्रश्न है यद्यपि अध्ययन में कोई भी महिला बीड़ी श्रमिक किसी भी राजनीतिक दल का सदस्य होना स्वीकार नहीं किया लेकिन चुनाव में मतदान सम्बन्धी प्राप्त तथ्य यह दर्शाते हैं कि अधिकांश (90.33 प्रतिशत) चुनाव में अपने मताधिकार का प्रयोग करती हैं। श्रमिक संघ या संगठन से सम्बन्धित तथ्यों से यह पता चलता है कि अधिकांश बीड़ी श्रमिकों (95.67 प्रतिशत) का कोई संघ या संगठन नहीं है जबकि 4.33 प्रतिशत उत्तरदात्रियां इस सम्बन्ध में अनिश्चित मत को प्रकट करती हैं।

कार्य की प्रकृति एवं सेवायोजन की दशाओं से सम्बन्धित तथ्यों से स्पष्ट होता है कि अधिकांश महिला बीड़ी श्रमिक (60 प्रतिशत) 21 से 30 वर्ष की आयु में बीड़ी कार्य में संलग्न हुयी हैं और 66.34 प्रतिशत प्रतिदिन 11 या इससे अधिक घण्टे कार्य करती हैं। 28 प्रतिशत 6 से 10 घण्टे कार्य में व्यतीत करती हैं, जिसमें 30 वर्ष या कम आयु वर्ग, 31–40 वर्ष आयु वर्ग, 41–50 वर्ष आयु वर्ग की अधिकांश उत्तरदात्रियां 11 या अधिक घण्टे कार्य में व्यतीत करती हैं।

51 वर्ष या इससे ऊपर आयु की महिला बीड़ी श्रमिक 6–10 घण्टे इस कार्य में व्यतीत करती हैं। 74 प्रतिशत को बीड़ी कार्य में पारिवारिक सहयोग भी मिलता हैं।

शत्–प्रतिशत श्रमिक महिलाएं बीड़ी कार्य में अपने बच्चों की संलग्नता नहीं चाहती हैं। बीड़ी बनाने के लिए कच्चे सामग्री की आपूर्ति सभी अपने मालिक द्वारा प्राप्त करती हैं लेकिन इस कार्य के लिए औजार की प्राप्ति केवल 20 प्रतिशत को ही मिला है। अध्ययन में 46 प्रतिशत ने कहा कि वे प्रतिदिन 751 से 1000 तक बीड़ी बना लेती हैं। 25.66 प्रतिशत ने 1000 से ऊपर तक बीड़ी बनाना भी बताया। 65 प्रतिशत का यह भी कहना था कि बीड़ी बनाने में वे मालिक या मेठ के दबाव का अनुभव करती

हैं। 20 प्रतिशत पति के दबाव का अनुभव करती हैं। बीड़ी बनाने के हुनर स्थानान्तरण के सम्बन्ध में सर्वाधिक 52 प्रतिशत ने कहा कि वे इस हुनर को अपनी पुत्रियों में, 10 प्रतिशत पुत्र को तथा 30 प्रतिशत पुत्र–पुत्री दोनों को स्थानान्तरण करती हैं। श्रमिक महिलाओं से यह पूछने पर कि बीड़ी बनाने के कार्य को वे किससे सीखीं हैं ? 49 प्रतिशत ने कहा कि वे मां–बाप से, 20 प्रतिशत अपने रिश्तेदारों से, 9 प्रतिशत पति से तथा 15 प्रतिशत स्वतः देखते–देखते इस कार्य को सीख लेना बताया। बीड़ी उद्योग में क्या महिलाओं का यौन/शारीरिक शोशण होता है ? इस सम्बन्ध में 78 प्रतिशत ने कहा कि ऐसा नहीं होता है। 18 प्रतिशत कुछ नहीं कह सकने की स्थिति में थीं। केवल 4 प्रतिशत ने कहा कि ऐसा होता है।

मजदूरी के सम्बन्ध में सभी महिला बीड़ी श्रमिकों ने कहा कि उन्हें नियमित रूप से मजदूरी मिलती है। 86.67 प्रतिशत को मजदूरी का भुगतान रोज होता है। 10 प्रतिशत को हते में मजदूरी मिलती है। अधिकांश 83.33 प्रतिशत मजदूरी में कभी–कभी वृद्धि को स्वीकारती हैं, जबकि 13.33 प्रतिशत ने मजदूरी में वृद्धि को नहीं स्वीकारा है। श्रमिक महिलाओं में 18.67 प्रतिशत अपनी मजदूरी से सामान्य सन्तुष्ट हैं जबकि 81.33 प्रतिशत असन्तुष्ट हैं। अन्य कार्य की अपेक्षा वर्तमान कार्य कैसा है? इस सम्बन्ध में 72.34 प्रतिशत अनिश्चित मत को प्रदर्शित करती हैं जबकि न्यूनतम 6.33 प्रतिशत उत्तरदात्रियां अन्य कार्य की तुलना में वर्तमान कार्य को निम्न स्तर का मानती हैं। लेकिन 63.66 प्रतिशत परम्परागत कार्य होने के कारण इसमें संलग्न हैं जबकि 23.33 प्रतिशत बेकारी और 2.0 प्रतिशत अपने परिचितों के कारण इस व्यवसाय में संलग्न हैं।

कार्य से सन्तुष्टि के आंकड़े दर्शाते हैं कि अधिकांश महिला बीड़ी श्रमिक (66 प्रतिशत) अपने कार्य से सामान्य सन्तुष्ट हैं।

26 प्रतिशत असन्तुष्ट हैं। 90 प्रतिशत अपने वर्तमान कार्य को छोड़कर अन्य कार्य करने के प्रति अपनी रुचि व्यक्त करती हैं। इस सम्बन्ध में जिन उत्तरदात्रियों ने वर्तमान कार्य को छोड़कर अन्य कार्य के प्रति अपनी सहमति व्यक्त की उनमें 67.0 प्रतिशत ने इसके लिए अधिक आय व प्रस्थिति सुधार दोनों को इसका कारण माना है।

स्वास्थ्य सम्बन्धी तथ्यों से यह स्पष्ट होता है कि शत्–प्रतिशत महिला बीड़ी श्रमिक बीड़ी रोलिंग कार्य को स्वास्थ्य की दृष्टि से हानिकारक समझती हैं। अध्ययन में 11.67 प्रतिशत गैस, 12 प्रतिशत पीठ दर्द तथा 5.33 प्रतिशत उंगली में सूजन से ग्रस्त पायी गयीं 39.33 प्रतिशत तपेदिक से वे लम्बे समय से ग्रस्त थीं। 94 प्रतिशत को श्रमिकों की अपनी दशा में सुधार हेतु किसी भी सरकारी कार्यक्रम की जानकारी नहीं सरकारी कार्यक्रमों से लाभान्वयन के बारे में अधिकांश ने कहा कि वे सरकारी कार्यक्रमों से लाभान्वित नही हुयी हैं। 38.34 प्रतिशत व 36.33 प्रतिशत लाभान्वयन न होने का कारण सरकारी अधिकारियों को भ्रष्ट होना एवं अज्ञानता को माना है। 19.33 प्रतिशत इसके लिए प्रचार का अभाव होना बताया।

94 प्रतिशत उत्तरदात्रियों को श्रम अधिकारियों एवं उनके कार्यालय की जानकारी नहीं है। अध्ययन में अधिकांश महिला बीड़ी श्रमिकों (60.67 प्रतिशत) को सरकार द्वारा न्यूनतम निर्धारित मजदूरी की जानकारी नहीं है। बीड़ी श्रमिक परिचय–पत्र सम्बन्धी तथ्यों से यह स्पष्ट होता है कि अधिकांश 87.67 प्रतिशत का बीड़ी श्रमिक परिचय–पत्र बना हुआ है। शत्–प्रतिशत उत्तरदात्रियों को सरकार द्वारा चलायी जाने वाली मातृत्व लाभ योजना, मजदूरी भुगतान अधिनियम, 1936, समान पारिश्रमिक अधिनियम, 1976, बीड़ी व सिगार श्रमिक अधिनियम 1966 आदि के विषय में भी जानकारी नहीं है। मूलभूत सुविधाओं के अन्तर्गत 26.67 प्रतिशत

चिकित्सकीय सुविधा, 13.33 प्रतिशत सेवा कार्ड, 10 प्रतिशत आवासीय सुविधाएं, 26.34 प्रतिशत उपर्युक्त सभी तथा कुछ अन्य सुविधाओं जैसे राशन कार्ड, ऋण, वृद्धावस्था पेंशन आदि चाहती हैं।

उपकल्पनाओं का परीक्षण

अध्ययन का परिवेश एवं पद्धतितन्त्र अध्याय में हमने कुछ उपकल्पनाओं का निर्माण किया था जिनका क्रमिक परिक्षण इस प्रकार है :

1. हमारी यह उपकल्पना कि ''बीड़ी उद्योग में संलग्न श्रमिक उच्च जाति की अपेक्षा निम्न जातियों के होते हैं और उनमें शिक्षा का स्तर निम्न होता है'', अध्ययन में सही सिद्ध हो रही है। आकड़ों से ज्ञात होता है कि सर्वाधिक 43 प्रतिशत महिला बीड़ी श्रमिक पिछड़ी जातियों की तथा 19 प्रतिशत अनुसूचित जाति व जनजाति की है। शिक्षा सम्बन्धी आकड़े भी यह स्पष्ट करते हैं कि 66 प्रतिशत उत्तरदात्रियां अशिक्षित हैं मात्र 4 प्रतिशत हाईस्कूल पास हैं। पटना नगर पर आधारित बीड़ी श्रमिकों के अध्ययन में फजल अहमद ने भी पाया कि उनके उत्तरदाताओं में ज्यादातर पिछड़े हिन्दू और मुख्यतः मुस्लिम तथा 74 प्रतिशत अशिक्षित थे। इलाहाबाद में बीड़ी उद्योग में कार्यरत महिला श्रमिकों के आर्थिक भूमिका के अध्ययन में जरीना भट्टी ने भी कुछ इसी तरह का निष्कर्ष पाया। अनिल अवाचट, अमृता अब्राहम, धर्मालिंगम तथा सारावनन के अध्ययन में भी ज्यादातर महिला बीड़ी श्रमिक अशिक्षित थीं।[10]
2. हमारी यह उपकल्पना की ''बीड़ी श्रमिक कमजोर आर्थिक वर्ग से सम्बन्धित होते हैं तथा आर्थिक दबाव के चलते बीड़ी रोलिंग का कार्य करते हैं'', अध्ययन में सत्य सिद्ध होती

है। आकड़ों से पता चलता है कि 42 प्रतिशत उत्तरदात्रियों की आय 2001–2500 रूपयों के बीच है। 92.66 प्रतिशत के पास भूमि नहीं है 60.67 के आवास का स्वरूप कच्चा है। 49.33 प्रतिशत मात्र 2 कमरों में रहती हैं। 23.34 प्रतिशत के निवास स्थान में मौलिक सुविधाएं उपलब्ध नहीं हैं और 23.33 प्रतिशत के अनुसार गरीबी तथा बेरोजगारी के कारण बीड़ी व्यवसाय का चयन करना यह स्पष्ट करता है कि बीड़ी श्रमिक कमजोर आर्थिक वर्ग के होते हैं। सारावनन के कैटरि गांव के अध्ययन में भी ज्यादातर बीड़ी श्रमिकों की आय 2500 रूपये या इससे कम था। अनिल अवाचट, मोहनदास, धर्मालिंगम, रामशेखर तथा श्रीधर के अध्ययन में भी बीड़ी श्रमिक कमजोर आर्थिक वर्ग से सम्बन्धित पाये गये। फजल अहमद के अध्ययन में 48.8 प्रतिशत का आवास कच्चा था। 20 प्रतिशत महिला श्रमिक झुगियों में रहती थीं। तिमिर बसु तथा राजशेखर और श्रीधर के अध्ययन में भी कुछ ऐसा ही निष्कर्ष पाया गया।[11]

3. ''बीड़ी श्रमिकों के सामाजिक जीवन में भारतीय ग्रामीण समाज के परम्परागत धार्मिक एवं सांस्कृतिक क्रियाकलापों का विशेष महत्व रहता है'',' यह उपकल्पना भी अध्ययन में सत्य सिद्ध होती है। आकड़े स्पष्ट करते हैं कि हिन्दू, मुस्लिम सभी उत्तरदात्रियां धर्म के प्रति आस्था रखती है तथा ज्यादातर पूजा–अर्चना करती हैं। प्रमुख संस्कारों को मनाती हैं। धार्मिक प्रवचनों को सुनने में रूचि रखती हैं। ये आकड़े उत्तरदात्रियों के सामाजिक जीवन में भारतीय ग्रामीण समाज के परम्परागत धार्मिक एवं सांस्कृतिक क्रिया कलापों के प्रति महत्व को स्पष्ट करते हैं।

4. अध्ययन में 60 प्रतिशत उत्तरदात्रियां 11–20 वर्ष, 33.67 प्रतिशत 21–30 वर्ष तथा 3.33 प्रतिशत 31 वर्ष या

इससे ऊपर उम्र की परम्परागत बीड़ी कार्य में संलग्न हैं तथा 66.34 प्रतिशत 11 या इससे अधिक घण्टे बीड़ी बनाने में अपना समय व्यतीत करती हैं। साक्षात्कार से यह ज्ञात हुआ कि जैसे–जैसे इनके अनुभव में वृद्धि होती जा रही है उत्पादकता में कमी आ रही है। लम्बे अवधि से कार्य करने के कारण 39.33 प्रतिशत उत्तरदात्रियां तपेदिक, 12 प्रतिशत पीठ दर्द तथा 5.33 प्रतिशत उंगली में सूजन से ग्रस्त थी जिसका प्रभाव उनके कार्योंजन पर पड़ रहा है। अतः हमारी यह उपकल्पना सत्य सिद्ध होती है कि ''बीड़ी रोलिंग के क्षेत्र में जैसे–जैसे अनुभव की वृद्धि होती है वैसे–वैसे उत्पादकता में कमी आती जाती है।'' केरल में मोहनदास के अध्ययन में भी बीड़ी उद्योग के गृह आधारित व्यवस्था में 35.3 प्रतिशत उत्तरदात्रियां 12 घण्टे या इससे अधिक कार्य करती थीं। सारावनन के कैटरी गांव के अध्ययन में 72.5 प्रतिशत श्रमिक महिलाएं 8 घण्टे तथा शेष बिना विश्राम के 9 घण्टे से ज्यादा काम करती थीं। धर्मालिंगम के कैवियर गांव के अध्ययन में 90 प्रतिशत महिलाएं 10 घण्टे बीड़ी बनाने में व्यतीत करती थी। कई वर्षों तथा ज्यादा घंटे कार्य करने के कारण उम्र बढ़ने के साथ–साथ इनके भी उत्पादकता में कमी पायी गयी।[12]

5. हमारी यह उपकल्पना कि ''बीड़ी उद्योग में कार्य की दशाएं बीड़ी श्रमिकों के स्वास्थ्य के विकास में सहायक नहीं है'', अध्ययन में सही सिद्ध होती है। कम रोशनीयुक्त कमरे में बैठकर बीड़ी बनाना, निवास स्थान पर सुविधाओं का अभाव, 8 घण्टे से अधिक कार्य करना यह स्पष्ट करता है कि बीड़ी उद्योग में कार्य की दशाएं स्वास्थ्य के विकास में सहायक नहीं हैं। अध्ययन में ज्यादातर बीड़ी श्रमिक महिलाएं तपेदिक, पीठदर्द, उंगलियों में सूजन, गैस आदि

बीमारियों से लम्बे समय से ग्रस्त पायी गयीं। कुछ की उंगलिया घिस कर पतली हो गयी थीं। धर्मालिंगम द्वारा तमिलनाडु के कैवियर गांव तथा तिमिर बसु के सिनार टाउन के अध्ययन में बीड़ी रोलिंग के क्षेत्र में लगे श्रमिकों में 50 प्रतिशत की मौत टी0वी0 और अस्थमा से हुई। मोहनदास के अध्ययन में 40.5 प्रतिशत कोल्ड एलर्जी, 19.1 प्रतिशत सिरदर्द, 21.4 प्रतिशत गैस ट्रबुल, 2.4 प्रतिशत आतों में दर्द से परेशान थे। कैटरी गांव के अध्ययन में सारावनन ने पाया कि ज्यादातर बीड़ी श्रमिक पीठ दर्द से परेशान थे। कर्नाटक में कन्नाडा जिले के महिला बीड़ी श्रमिकों के अध्ययन में राजशेखर तथा श्रीधर ने पाया कि 25 प्रतिशत पीठ दर्द, 6.3 प्रतिशत अस्थमा, 9.3 प्रतिशत तपेदिक से पीड़ित थे। फजल अहमद के अध्ययन में 61.53 प्रतिशत तपेदिक तथा शेष श्वांस की बीमारी, पीठ दर्द आदि से ग्रस्त थे।[13]

अतः हम कह सकते हैं कि बीड़ी उद्योग में कार्य की दशाएं बीड़ी श्रमिकों के स्वास्थ्य को प्रभावित करती हैं।

6. अध्ययन में यह भी पाया गया कि महिला बीड़ी श्रमिकों को अपनी दशा में सुधार से सम्बन्धित सरकारी कार्यक्रमों की जानकारी नहीं है। ज्यादातर ने सरकारी कार्यक्रमों से लाभ होना नहीं बताया। 94 प्रतिशत का यह भी कहना था कि उन्हें श्रम अधिकारियों तथा उनके कार्यालय की कोई जानकारी नहीं है। 60.67 प्रतिशत को न्यूनतम निर्धारित मजदूरी की जानकारी नहीं है। मातृत्व लाभ योजना, मजदूरी भुगतान अधिनियम, समान पारिश्रमिक अधिनियम, बीड़ी व सिगार अधिनियम आदि को भी वे नहीं जानती हैं। उत्तरदात्रियों का यह भी कहना था कि उनका न तो कोई श्रमिक संघ है ना ही वे किसी संगठन की सदस्या हैं।

सारावनन के कैटरी गांव के अध्ययन में भी कोई बीड़ी श्रमिक ट्रेड यूनियन, एनजीओ या जातिय संगठनों का सदस्य नहीं था जबकि गांव में ट्रेड यूनियन था और अन्य लोग इसके क्रियाकलापों में भाग लेते थे। मोहनदास के अध्ययन में इसके विपरीत निष्कर्ष पाया गया। उनके अनुसार केरल के बीड़ी श्रमिक राजनीतिक एवं संगठनात्मक रूप से बहुत ही गतिशील थे। 45.5 प्रतिशत सीआईटीयू, 27.3 प्रतिशत, इंटक, 1.8 प्रतिशत हिन्द मजदूर सभा के सदस्य थे। फजल अहमद के अध्ययन में महिला उत्तरदात्रियों में कोई भी संघ या संगठन के क्रिया कलापों में महिला होने के कारण भाग नहीं लेता था। मुस्लिम महिलाएं तो घर से बाहर बहुत कम ही जाती थीं।14 अतः हमारी यह उपकल्पना की ''बीड़ी श्रमिकों में संगठन का अभाव होता है तथा श्रम कल्याण की सुविधाओं के प्रति वे अनभिज्ञ होते हैं'', वर्तमान अध्ययन में सत्य सिद्ध होती है।

उपसंहार

उपर्युक्त तथ्यों के आधार पर यह कहा जा सकता है कि बीड़ी रोलिंग के क्षेत्र में कार्य कर रही महिलाओं की सामाजिक–आर्थिक दशाएं अत्यन्त दयनीय एवं चिन्तनीय हैं। पारिवारिक आर्थिक दबाव के कारण वे इस कार्य में लग तो जरूर जाती हैं लेकिन इसकी कीमत उन्हें अपनी नींद, आराम व फुर्सत के पलों को गवाकर चुकानी पड़ती है। दशाओं में सुधार के लिए यद्यपि अनेकों सरकारी कार्यक्रम एवं वैधानिक प्रबन्ध किये गये हैं लेकिन इनकी अशिक्षा और अज्ञानता तथा कुछ संस्थागत, अवधारणात्मक एवं वैधानिक अड़चनों के कारण ये कानून प्रभावी नहीं हो सके हैं। इनकी दशा में जितना सुधार होनी चाहिए, उतना नहीं हो पा रहा है। ये उपेक्षित श्रमिक (Neglected workers) हो गये हैं। दशा इतनी कष्टदायक हो चुकी है कि बहुत से

श्रमिक कम मजदूरी के कारण अन्य प्रदेशों एवं धन्धों में पलायन कर रहे हैं। इसे रोकने तथा दशा में सुधार के लिए क्षेत्रीय स्तर पर मजदूरी नीति, श्रमिक सहकारिता और समुचित इलाज के प्रबन्ध की आवश्यकता है। साथ ही संगठनात्मक ढ़ांचे में परिवर्तन के साथ–साथ श्रमिक महिलाओं को भी अपने रूचियों की रक्षा के लिए संगठित और जागरूक होने की आवश्यकता है, तभी दशाओं में सुधार सम्भव है।

References

1. Current Science, Vol. 96, mpè10, May 25, 2009, p. 1335.
2. Biddi Cigaretters : An Emerging Threat of Adolescent Health, Arch Pediatrics Adolescent Medicine 154, Dec. 2000 pp. 1187-1189, and Pranaya Lal: Bidi a short History, Current Science, Vol. 96, No. 10, 2009.
3. Current Science: *op. cit.,* 2009.
4. India at a Glance : A Comprehensive reference book on India, Orient Longman Ltd., Delhi, 1955, p. 1259.
5. NSSO, 1998, A Note on Consumption of Tobacco in India, NSSO 50th round Survey, 21 (3), No. 74, Jan.-April.
6. दृष्टव्य, दैनिक जागरण, मई 31, 2011.
7. R. Sudarshan and R. Kaur: The Tobacco Industry and Women's Employment: Old Cancer and New Emperatives, Indian Labour Econ, 42 (4), 1999, pp. 675-685.
8. Fazal Ahmed: *op. cit.,* 1999, p. 22.
9. दृष्टव्य, राजेन्द्र पाठक, दैनिक जागरण, अप्रैल 24, 2011.
10. Fazal Ahmed: *op. cit.,* 1999, p. 108, also, Z. Bhatty, *op. cit.,* 1981, also Anil Auachat, *op. cit.,* 1978; Amrita Abraham, *op. cit.,* 1980; A Dharamaligam, *op. cit.,* 1993, V. Saravanan, *op. cit.,* 2002, pp. 5206-5214.
11. V. Saravanan: EPW, *op. cit.,* 2003; also, Anil Avachat, *op. cit,* 1978; A. Mohandas, *op. cit.,* 1980, A. Dharmalingam, *op. cit.,* 1993; D. Rajasekhar and G. Sreedhar, *op. cit.,* 2002. Fazal Ahmed: *op. cit.,* 1999, p. 118; also Timir Base : *op.cit.,* 1977; D. Rajashekher and G. Sreedhar, *op. cit.,* 2002, p. 4023.

12. M. Mohandas: E.P.W., *op. cit.,* Sept. 6, 1980; also, V. Saravanan, *op. cit.,* 2003; A. Dharmalingam, E.P.W., July, 1993.

13. M. Mohandas: E.P.W., *op. cit.,* Sept. 6, 1980, also, A. Dharmalingam, *op. cit.,* July, 1993; Timir Basu, Jan. 22, 1977; V. Saravanam, Jan. 3, 2003; D. Rajashekhar and G. Sreedhar, E.P.W., Sept. 28-Oct. 4, 2002, Fazal Ahmed, *op. cit.,* 1999.

14. V. Saravanan: E.P.W., *op. cit.,* Dec. 28, 2002.

सन्दर्भिका

BOOKS:

Ackoff, Russel L.: The Design of Social Research, The University of Chicago Press, Chicago, 1953.

Ahmed, Fazal: Labour in Informal Sector, Manak Publication Pvt. Ltd., Delhi 1999.

Bailey, F.G.: Caste and the Economic Frontier, Oxford University Press, Bombay, 1968.

Banks, Olive: The Sociology of Educatioin, Routledge and Kegan Paul, London, 1954.

Berman, G.D.: Caste and other Inequalities, Faltor Institute, New Delhi, 1979.

Bhogaliwal, T.N. and Bhogaliwal: Labour Economic and Social Security (ed.), Indebtness of Industrial Workers, Agra, 1974.

Bierstedt, Robert: The Social Order, Mc Graw Hill, New Delhi, 1970.

Bottomore, T.B.: Sociology, Unwin University Book, London, 1968.

Broom, Victor H. : Work and Motivation, John Willey and Sons, New York, 1964.

Broon, J. Francis: Educational Sociology, Asia Publishing House, Bombay, 1961.

Burra, Neera: Born to Work : Child Labor in India, Oxford University Press, New Delhi, 1995.

Burton, Clark R.: Educating the Expert Society, Chandler, San Fransisco, 1962.

Chatterjee, Meera: Bidi Workers of Indore, Occupational Health Issue of Home-Based Workers, Indore, SEWA, Gujarat, 1989.

Comfort, Alex: Sex in Sociology, London, Gorald Duck Worth and Co. 1963.

Corpstairs, C.M. : This Island Now, London, Hogarth, 1963.

Davis, Glass: Education and Social Change in Modern World, in Halsey et. al.(Eds.) Education, Economy and Society, The Free Press of Glencoe, New York, 1961.

Desai, A.R.: Rural Sociology in India, Popular Prakashan Bombay, 1978.

Dubey, S.C.: Indian Village, Routledge & Kegan Paul Ltd. London (2nd ed.) 1959.

Durkheim, E.: Elementary Forms of Religious Life, Translated by J.W. Swain, Free Press, Glencoe, 1947.

Frazer, James Sir: The Golden Bough, The Mac Millan Co., New York, 1950.

Giri, V.V.: Labour Problems in Indian Industry, Asia Publishing House, Bombay, 1958.

Giriappa, S.: Beedi Rolling in Rural Development, D.K. Publishers, New Delhi, 1987.

Goode, W.J. and Paul K. Hatt: Methods in Social Research, McGraw Hill Book Company, Inc. New York, 1952.

Gore, M.S.: Some Problems of Educated Youth in India, in Appardorai(ed.) India, Studies in Social and Political Development, 1947-1967, Asia Publishing House, New Delhi, 1968.

Hasan, K.A.: The Cultural Frontier of Health in Village of India, Mankatala Bombay, 1967.

Howell, Amos: 'Human Ecology: A Theory of Community Structure: Ronald Press, New York, 1950.

Jhabwala, Renana and Reva Dhawan: Women Who Rolls Bidis; Two Studis of Gujarat, SEWA, Ahmedabad.

Lipset, S.M. and R. Bendix: Social Mobility in Industrial Society, Barkely and Los Angels, University of California Press, 1959.

Majumdar, D.N.: "Raceses and Cultures of India" Asia Publication House, Bombay, 1961.

Malik, Suneila: Social Intergration of Scheduled Castes, Abhinav Publications, New Delhi, 1979.

Malinowaski, B.: Magic, Science and Religion and Other Essays, Glencoe, 1974.

Mannheim, Karl: Freedom, Power and Democratic Planning, Oxford University Press, London, 1950.

Marshall, C.A.: Education, Manpower and Economic Growth, McGraw Hill, New York, 1964.

Merton, R.K.: Social Theory and Social Structure, Amrindra Publication, New Delhi, 1968.

Mosher, A.T.: Getting Agriculture Moving, Frederick A. Praegar Publishers, New York, 1996.

Opler, M.E.: "Factors of Tradition and Change in a local Election and Rural India". Leadership and political institution in India, Park and Tinker, Oxford University Press, 1960.

Ottaway, A.K.C: Education and Society, Routledge and Kegan Paul Ltd., New York, 1960.

Radhakrishnan, S.: Religion and Society, London, George Allien and Unwin Ltd., 1947.

Rao, M.S.A.: Tradition, Rationality and Change, Popular Prakashan, Bombay, 1972.

Ross, A.D.: The Hindu Family in its Urban Setting, Oxford Unversity Press, Delhi 1973.

Saxena, B.C. and P. Saxena (ed.) : Labour in Unorganised Sector, Labour Economics, National Publishing House, New Delhi, 1984.

Singh, Yogendra: Modernization of Indian Traditions, Thompson Press, New Delhi, 1973.

Srinivas, M.N.: Caste in Modern India and Other Essays, Asia Publishing House, Bombay, 1960.

Srinivas, M.N.: Social Change in Modern India, University of California Press, 1966.

Viswanath, Leela: Social Mobility among Scheduled Caste women in India: A Study of Kerala, Uppal Publishing House, New Delhi, 1995.

Weber, Max: The Theory of Social and Economic Organization (ed. T. Persons) Translated by A.M. Rendesion and T. Parsons, Free Press, New York, 1947.

Wiebe, Paul D.: Social Life in and Indian Slum, Vikas, New Delhi, 1975.

Young, Paulline V.: Scientific Social Surveys and Research, Asia Publishing House, Bombay, 1960.

JOURNALS:

Abraham, Amrita: Beedi Workers of Bombay, Economic and Political Weekly, Nov. 1, 1980.

Agrawal, S.N.: Socio-Economic and Demographic Characteristics of the Rural Migrants and Nonmigrants, Journal of Institution of Economic Research, Vol. III, No. 2, 1968.

Atal, Yogesh: 'Rural Studies: Indian Village', Reproduced from the Eastern Anthropologist, Vol. 14, 1963.

Avachat, Anil: Bidi Workers of Nipani, Economic and Political Weekly, Vol. 13, No. 29, (July 22, 1978).

Basu, Timir: Beedi Workers of Calcutta, Economic and Political Weekly, Jan. 22, 1977.

Basu, Timir: Beedi Workers of Sinnar, Economic and Political Weekly, June 15, 1974.

Bhatty, Z.: The Economic Role and Status of Women in the Beedi Industry in Allahabad, India International Labour Organization, Geneva.

Das, M. Mohan: Beedi Workers in Kerala: Conditions of Life and Work, EPW., Sept. 6, 1980.

Datar, Chaya: Divisors and Unity : Bidi Workers at Nipani, Manushi, No. 33, Vol. 6, No. 3, March-April, 1986.

Dharmalingam, A. : Female Beedi Workers in a south Indian Village, Economic and Political Weekly, Vol. 28, No. 27/28 (July 3-10, 1993).

Fuskde, Mahindra Kumar: Sagar Bidi Workers Unit to Struggle, New Age, 38 (6), Feb. 10, 1991.

Gupta, D., P. Boffetta, V. Gaborieau, S.K. Jindal: Risk factors of Lungs Cancer in Chandigarh, Indian Journal of Medical Research, 2001.

Kannan, L, Lango Jayam : Health Hazard of Women Working in Beedi Industries, Social Welfare 6 (12), March, 1990.

Kapadia, K.M.: Rural Family Pattern-A Study in Urban Rural Relationship, Sociological Bulletin, Vol. 5, No. 2, Sep. 1956.

Lal, Pranay: Bidi- A short History, current Sciences,Vol. 96, Issue 10, May 2009.

Manohar, Murli: Bidi Workers of Nipani, July 1978, E.P.W., Vol. VXI, No. 2.

Mehta, Prayag: We are made to mortage our children: Bidi Workers of Vellore, Manushi, Vol. 4, No. 4, May-June, 1984.

Mohandas, M.: Beedi Workers in Kerla: Conditions of Life and Work, Economic and Political Weekly, Vol. 15, No. 36 (Sept. 6, 1980).

Nair, G. Ravindra: Child Pledging in Beedi Industry, Social Welfare, July, 1990.

Purushottam, P.: A Profile of Beedi Workers; Social Change, Vol. 13, No. 1. March 1983.

Raihana, A.K. and Asiya A: Socio-Economic Survey of Muslim Women Labour in the Bidi Industry, Journal of Objective Studies 2 (1), Jan., 1990.

Rajasekhar, D. and G. Sreedhar: Changing Face of Beedi Industry: A Study in Karnatak, Economic and Political Weekly, Vol. 37, No. 39 (Sept. 28-Oct 4, 2002).

Rao, Nitya : Occupational Health : Issues of Women in Bidi Industry, Mainstream, 30 (21) March 14, 1992.

Ratnakar, R.K. : Bidi Workers Meet, Sagar, New Age, 39 (7) Feb. 24-26, 1991.

Saravanan, V. : Women's Employment and Reduction of Child Labour : Beedi Workers in Rural Tamil Nadu, Economic and Political Weekly, Vol. 37, No. 52, (Dec. 28, 2002- Jan. 3, 2003).

Shah, A.M.: Parameters of Family Policy in India, Economic & Political Weekly, Vol. 24, No. 10, 1989.

Sudarshan, R. and R. Kaur: 'The Tobacoo Industry and Women's Employment : Old Concerns and New Emperatives', Indian Journal Labour Economics. 42 (4), 1999.

Yulu, K. Srinivas: Impact of Liberalisation on Beedi Workers, Economic and Political Weekly, Vol. 32, No. 11 (March 15-21, 1997).

REPORTS:

Bhatt, R. Ela : Legislative Protection, National Commission of Self Employed Women and Women in the Informal Sector, Report Signed on, June, 1998, New Delhi.

Govt. of India, Ministry of Labour, Report of the Committee on Labour Welfare, Vol. III, Part N. (1969).

Kumar, S. Vijay and Smita Ghatate: Restructuring the Beedi Workers Welfare fund, National Commission on Labour, New Delhi, 2001.

Prasad, K.V. Esswara and Anuradha Prasad: Bidi Workers of Central India: A Study of Production, Process and Working and Living Conditions, National Labour Institute, NOIDA (U.P.), 1985.

Report of Socio-Economic Conditions of Women Workers in Selected Bidi units in India, Labour Bureau, Shimla, Ministry of Labour, Govt. of India, 1994-95.

Report on Survey of Labour Conditions in Tabacco curing factories in India (1965-66).New Delhi. Labour Bureau, 1971. Ministry of Labour Employment ad Rehabilitation.

Shoba, J. : In Bidi Smoking and Public Health (eds P.C. Gupa and S. Asma), Ministry of Health and Family Welfare, Govt. of India, 2008.

Srivnivsan, R.: Study on the Problems Faced by Beedi Rolling Workers, (Unpublished Project Report) Sacred Heart College, Tirupattur, 1999.

Vadamalai, L.: A Study of Socio-Economic Conditions of Beedi workers and their problems at Tirupattur, North Arcot Ambedkar District (Unpublished Project Report) Sacred Heart College, Tirupattur, 1990.

परिशिष्ट

(अ) चित्रों की सूची

(i)

(ii)

(iii)

(iv)

Tobacco Leaf

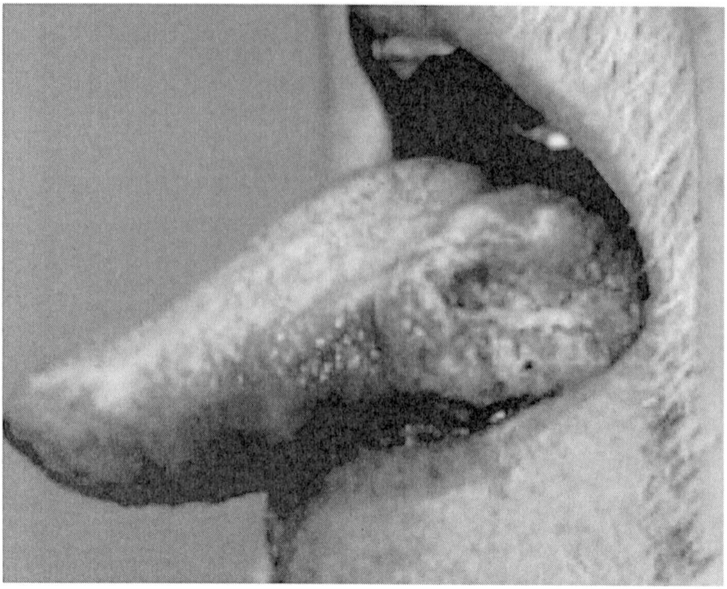

Mouth Cancer

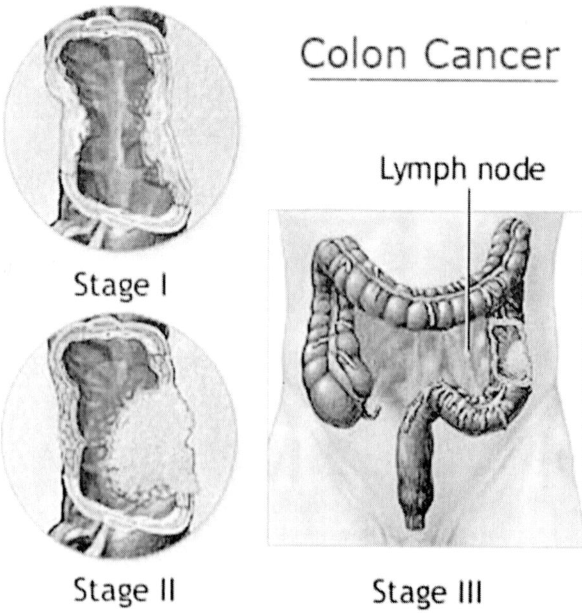

Tobacco use is associated with increased risk of cancers of the lung, mouth and esophagus

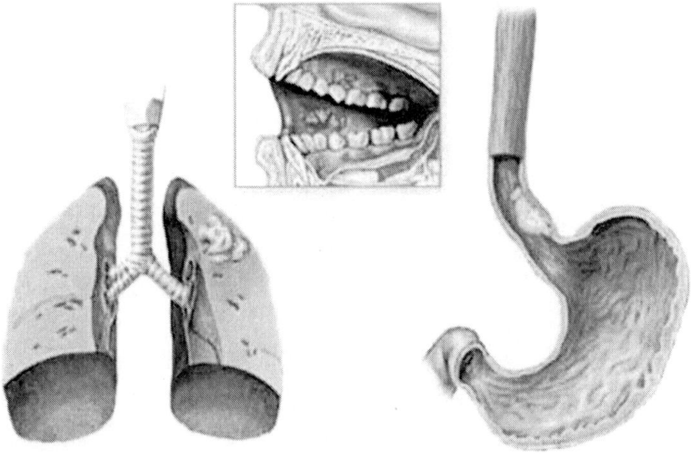

(ब) पारिभाषिक शब्दावली

हिन्दी	*अंग्रेजी*	*हिन्दी*	*अंग्रेजी*
आँकड़ा संकलन	Data Collection	वर्गीकरण	Classification
अवलोकन	Observation	अन्तर्राष्ट्रीय	International
अध्ययन की सीमाएँ	Limitation of Study	समाजिक संस्थाएँ	Social Institutions
अभिमुखीकृत	Oriented	सैद्धान्तिक	Theoretical
आरक्षण	Reservation	सारणीयन	Tabulation
अर्थव्यवस्था	Economy	सहभागिता	Participation
उपकल्पनाएँ	Hypotheses	सूचनादाताओं	Respondents
केन्द्रीयकरण	Centralisation	संस्कृति	Culture
कार्यक्रम	Programme	शोषण	Exploitation
कार्यान्वियन	Performance	प्रतिमान	Pattern
कार्य	Work	पृष्ठभूमि	Background
कानून	Law	प्रदर्शित	Presentation
अधिनियम	Ordinance	अन्वेशणात्मक	Exploratory
जनगणना	Census	वर्णनात्मक	Descriptive
धूम्रपान	Smoking	असंगठित	Unorganised
प्रारूप	Design	अवधि	Period
श्रमिक	Labour	निदर्श	Sampling
उत्तरदात्रियां	Respondents	तथ्य	Data
जानकारी	Knowledge		